向下扎根，向阳生长

山东青年返乡创业实录

李　妍——著

山东人民出版社·济南
国家一级出版社　全国百佳图书出版单位

图书在版编目（CIP）数据

向下扎根，向阳生长：山东青年返乡创业实录/李妍著．—济南：山东人民出版社，2023.12
ISBN 978-7-209-14713-2

Ⅰ．①向… Ⅱ．①李… Ⅲ．①青年-创业-概况-山东 Ⅳ．①F272.2

中国国家版本馆CIP数据核字（2023）第215062号

向下扎根，向阳生长——山东青年返乡创业实录
XIANGXIA ZHAGEN，XIANGYANG SHENGZHANG——
SHANDONG QINGNIAN FANXIANG CHUANGYE SHILU

李 妍 著

主管单位 山东出版传媒股份有限公司
出版发行 山东人民出版社
出 版 人 胡长青
社　　址 济南市市中区舜耕路517号
邮　　编 250003
电　　话 总编室（0531）82098914
市场部（0531）82098027
网　　址 http://www.sd-book.com.cn
印　　装 济南龙玺印刷有限公司
经　　销 新华书店

规　　格 16开（169mm×239mm）
印　　张 19.5
字　　数 280千字
版　　次 2023年12月第1版
印　　次 2023年12月第1次
ISBN 978-7-209-14713-2
定　　价 69.00元

目录

人物 1
001
济南章丘王元虎：
“小猪倌”搭建青创平台，引领共同富裕
（采访时间：2022 年 4 月）

人物 2
015
济南章丘穆峰：
返乡创业，把一方水豆腐推向世界
（采访时间：2022 年 2 月）

人物 3
030
济南章丘宋章峰：
考上大学烤地瓜，成为中国薯类行业创领者
（采访时间：2020 年 10 月）

人物 4
040
济南历城蒋世波：
大学毕业回村养鱼，创建亚洲最大锦鲤单体温室养殖基地
（采访时间：2021 年 10 月）

人物 5
049
济南莱芜毕学堂：
返乡种姜，复兴“江北生姜第一村”
（采访时间：2021 年 6 月）

人物 6
058
青岛城阳王倩：
放弃留学从医，把曹村草莓推向全国
（采访时间：2021 年 6 月）

人物 7
068
淄博博山赵胜建：
大学毕业回乡，把山村打造成连接世界的世外桃源
（采访时间：2015 年 5 月、2022 年 4 月）

人物 8
078
枣庄山亭孙宜良：
投身家乡枣业，把一颗枣创新发展成大产业
（采访时间：2022 年 7 月）

人物 9
089
东营广饶李国敬：
硕士返乡，养殖“私人定制”宠物鸡
（采访时间：2021 年 12 月）

人物 10
099
东营广饶刘超：
国企“白领”转身“新型农民”
（采访时间：2021 年 12 月）

人物 11
110
烟台莱州国峻豪：
东北林蛙山东养殖，创新打造中国特产
（采访时间：2022 年 3 月）

人物 12
122
潍坊高密刘莉：
大学毕业回村，创新发展农场种粮几千亩
（采访时间：2021 年 11 月）

人物 13
133
济宁嘉祥周广胜：
返乡创业，方寸小梳传承百年非遗记忆
（采访时间：2023 年 6 月）

人物 14
150
泰安新泰王云龙：
大学毕业回村，用产业振兴乡村
（采访时间：2020 年 11 月）

人物 15
161
泰安新泰焦圣贵：
辞职创业，小野菜种成大产业
（采访时间：2020 年 11 月）

人物 16
169
威海乳山张娇娇：
为了生存销售乳山牡蛎，成为地方致富带头人
（采访时间：2020 年 2 月）

人物 17
181
威海荣成宋楠：
留学归来种苹果，打造世界一流果业品牌
（采访时间：2022 年 2 月）

人物 18
192
日照岚山袁奇军：
与家乡共生共长，创新发展日照茶
（采访时间：2022 年 5 月）

人物 19 204
临沂平邑武政：
辞职上海银行主管，返乡做起“罐头青年”
（采访时间：2022 年 7 月）

人物 20 217
德州德城刘儒子：
传承创新非遗，要把老字号做成百年企业
（采访时间：2023 年 6 月）

人物 21 231
聊城冠县刘栋田：
跟随“一带一路”，让家乡梨走向世界
（采访时间：2019 年 11 月）

人物 22 240
聊城冠县李新括：
梨园养鸡，复式经济体唱响乡村振兴
（采访时间：2019 年 12 月）

人物 23 248
聊城阳谷薛景霞：
离京返乡养羊，规模养殖带动村民共同致富
（采访时间：2019 年 12 月）

人物 24 256
聊城冠县郭鑫贤：
回村种葫芦，打造全国最大单体葫芦基地
（采访时间：2020 年 9 月）

人物 25 267
滨州博兴祁国胜：
返乡种瓜，要使家乡成为中国网纹甜瓜第一县
（采访时间：2020 年 4 月）

人物 26
275
滨州博兴贾培晓：
返乡创业，带动家乡编织成为亿万产业
（采访时间：2020 年 8 月）

人物 27
285
菏泽曹县胡春青：
博士返乡创业，发展汉服产业
（采访时间：2022 年 1 月）

298
后记
通过此书，看见什么？

济南章丘王元虎：
“小猪倌”搭建青创平台，引领共同富裕

采访时间：2022 年 4 月

▲王元虎

□ 面孔

王元虎，济南源虎食品有限公司总经理，绿涧生态农业专业合作社理事长，三涧溪村党总支青年创业支部党支部书记，2018 年度“山东省乡村好青年”。

王元虎，1979 年 12 月生，济南市章丘区闫家峪乡盆崖村人。1999 年 9 月，他考入山东农业管理干部学院（现为山东农业工程学院），学习畜牧兽医专业；2001 年 7 月，大学毕业后去北京打工；2009 年 4 月，返乡创业，创办济南源虎食品有限公司；2019 年 5 月，成立绿涧生态农业专业合作社，打造“绿涧农创园”田园综合体。

发展至今，王元虎带领团体已在济南市章丘区双山街道三涧溪村、文祖街道黑峪村和湖南省泸溪县建成三个生态养殖基地，总占地面积 2000 余亩，成为集生态养殖、种植、产品直销于一体的济南市农业龙头企业。

01 选择

放弃月薪万元工资，回村养猪

阳春三月，顺着经十路一路向东，行驶在济南最笔直宽阔的道路上，向着太阳奔跑，70 分钟之后，我到达了位于章丘区双山街道三涧溪村的源虎黑猪养殖基地。

进入基地，首先映入眼帘的是一排办公室。办公区墙外印有八个大字：“仰望星空，脚踏实地”。

王元虎介绍：“这里是我创业起步的地方。2009 年，我返乡创业，流转了 200 多亩地，开始养殖黑猪。15 年专注黑猪养殖，如今公司已经发展成为年出栏黑猪 3000 多头的济南农业龙头企业。源虎黑猪肉品牌已在社区开设 16 家直营店，拥有 3 万多家会员家庭。”

▲源虎黑猪养殖基地　　图片来源 / 陈洪芸

可是从办公室向北望去，院子里空荡荡的。猪，一头没见，猪形建筑物，倒有一个。

"猪呢？"我问。

王元虎说："猪都上山了。我承包了一座山，2019 年，在山上建成种猪场，进行生态养殖，那个粉红色建筑就是我们的农乐园项目。原来的养殖场经过规划设计、功能分区，正在建设提升。建好后，这里将成为孩子们的乐园、城里人的休闲地。一期工程大约在今年 5 月完成。走，我们边走边看。"

一只通体粉红、肉嘟嘟、娇憨憨的"猪宝宝"卧在园区，十分吸睛。它体长 73.9 米、宽 16.8 米、高 13.5 米，造型建筑占地 1200 平方米，外部雏形已经建好。

王元虎介绍："这只庞然大猪是农乐园的主体建筑，它叫'猪小福'。建筑表面呈蜂窝造型，猪头部位采用章丘铁锅制造工艺纯手工锤打而成，将来还会申请吉尼斯世界纪录。因为这个造型，额外花费了 200 多万元。比如其中一根管子，方形建筑用 260 厘米粗、0.5 厘米厚的管子即可，而这个弧形造型，为了确保承重，需加粗到 330 厘米，加厚到 1 厘米。"

进入"猪小福"，里面正在施工。王元虎介绍："一层是园区肉、菜、果蔬的分拣、包装、冷链仓储区，主要用于园区生产和主营业务；二层是农创以及文化、科普空间，主要是针对中小学生进行农业相关知识的科普。还有农创、创意、设计和电商直播区，我们将招募优秀青年合伙人，服务更多乡村产业、升级产品，扩大影响。这里还作为校外实训空间和创业创客空间，对想要投身乡村振兴的大学生敞开怀抱，也为章丘培养、留住、用好青年人才！"

▲王元虎介绍建设中的"猪小福农乐园"项目

从"猪小福"里面走出来，东边一排平房映入眼帘。王元虎介绍："此处原来是猪舍，现在里面还有几头猪。拆掉之后要建猪业研究院。研究院由济南市猪业研究院的院士牵头，将在这里进行品种改良等科研活动。”

旁边有棚，信步进入，原来是火龙果。王元虎说：“火龙果树能活 20—50 年，剪开一枝，插枝能活。火龙果特别适合施用有机肥，施用有机肥之后，口味极佳。”

“谁不知道有机肥好，可是它贵啊！”我随口一说。

“我们不贵啊。养猪就有猪粪，院里有沼液池、发酵池。这就是我们种养循环发展模式的优势。”

▲王元虎介绍火龙果

▲火龙果茎

院里有块平整的空闲土地。王元虎说：“这是劳动课、研学体验区，可以进行劳动体验、互动体验项目。我们刚刚施了沼肥，准备用于蔬菜种植。小朋友可以认领一块菜园，周末来种菜，还可以和邻居交换蔬菜果实。将来会安装摄像头，进行云直播，科普农业知识、增强互动体验。”

“怎么想起做农乐园这个研学项目呢？”

“农乐园项目是公司三产融合发展的产物。公司发展到这个阶段，打造休闲农业、旅游农业，实现三产融合发展，是势在必行的。我们从一产养殖开始，发展到切割分装、冷链仓储二产，再到三产，水到渠成，三产融合发展，从而实现优势最大化。我们不限于源虎产品，也将章丘好品囊括其中，向游客展示。”

"回村之前，你在北京工作，为什么会辞职返乡养猪？"我问他。

"我生在农村、长在农村，我喜欢农村，喜欢养殖。我从小我就喜欢养小动物，小学三年级时我和同学比赛，看谁的兔子养得好。为了能赢，我想出各种方法。冬天天冷无草，我就去拔自家地里的小麦苗喂兔子。夜晚很冷，兔粮上冻，我睡觉前就把兔粮拿回屋内，用炉子热化，只为能让兔子多吃一顿。最后我养的兔子就是比其他同学养得好。"说起三年级的那场胜仗，王元虎脸上露出有点孩子气的得意劲儿。"高考成绩并不理想，当时我报的是山东农业管理干部学院的畜牧兽医专业，心里这样计划：只要能考上，我一定好好学习，将来回村创业。"

毕业后，王元虎去北京一家兽药公司工作。几年打拼，王元虎任职山东、江苏两地的大区经理，积极努力的他深受老板器重，管理着十几人的团队，收入颇丰。

别人眼里的好，只是王元虎在为自己创业积累经验和创业资金。返乡创业的梦想一直在他的心底闪烁跳跃。征得妻子李少清同意后，王元虎辞职回乡创业。

"妻子支持你吗？"

"十分支持。媳妇是我大学学妹，小我两级。大学时代，在两万多人的会场上，我坚定地宣告了自己将来的创业理想。我的演讲吸引了学妹少清。她觉得我是个特别有想法的人，敢想敢干，所以特别支持我的决定。"

那时候，村里没有一个大学生毕业回村。我们两人的决定在家里引起轩然大波。岳父说："农村孩子考上大学，就能改变命运，摘了草帽走出农村，再也不要回来了。"

压力重重之下，王元虎不为所动，回到家乡章丘区三涧溪村，当起了"猪倌儿"。

父亲说："家财万贯，带毛的不算。村里也有养猪的，经常是一场猪瘟，血本无归。"观点相异，但父亲所讲的确是事实，王元虎如何应对养殖问题？如何闯出自己的发展之路？

02 问题与方法

快乐养殖，科技兴农

普通白猪，容易生病，比较难养，并且行情不稳、价格不定。思考再三，夫妻两人决定定位中高端市场，养殖黑猪。

“为何选择养殖黑猪？”

“黑猪抗病力强、耐粗饲，产仔率高。选择莱芜黑猪，进行杂交改良，肉质好、风味佳，营养更全。”

创业之初，租赁了一个占地 3 亩的养猪场。为了方便养殖，夫妻两人就在猪圈旁边地上扎起帐篷，临时住了进去。妻子每天起床之后，先进猪圈，观察猪的健康状况，然后拌料喂猪。如果小猪身体出现异样，两人就商量着对症下药或打针，母猪接生也由妻子负责。

养殖场十分简陋，屋顶极低，王元虎夫妻两人在猪圈里只能弯腰作业。夫妻联手，事必躬亲，十分辛苦，两人却乐在其中。经过他们的精心饲养，黑猪的市场反馈良好。

通过实际养猪，王元虎有了信心。王元虎想流转土地、扩大面积，搞规模养殖，可是资金成为头号难题。最早计划投资 150 万，可是资金需求远超计划。百万资金投入进去，后期需求源源不断，养殖黑猪需要投资 650 万元，原本找的合作伙伴退出，王元虎自己咬牙支撑。到处借钱，缺口还有 300 多万元。

怎么办？“一分钱难倒英雄汉。”迫不得已，王元虎找到章丘区三涧溪村党支部书记高淑贞。

高书记带着王元虎夫妇跟村民借款。一户一户地拜访，挨家挨户地借款。村民们凭什么相信毛头小伙儿？借条落款处，高书记先签名，王元虎后签名。钱仍不够，高淑贞就把家里的房产证拿出来给王元虎作抵押。最后借了 30 多家，才凑够了 300 万元。

有人问高淑贞书记："为何如此鼎力帮助王元虎？"高书记说："农村需要年轻人，王元虎是第一批回村的青年创业者，我们要支持。"这份信任也源于师生之情。高淑贞是王元虎的中学体育老师，了解王元虎的为人，也相信他的能力。

"我的体育成绩很好，还创过学校两个体育项目的纪录，高老师经常以我为例：'谁说体育训练耽误学习？看看王元虎就知道。他每天进行体育训练，学习成绩还很不错。'"

在高淑贞书记和村"两委"的帮助下，资金问题得以解决。王元虎又流转了村北头200多亩土地，正式创办济南源虎食品有限公司。2009年，王元虎建起生态养殖场，成为周围村里第一个黑猪养殖户。"小猪倌儿"成了企业家。

说到养猪，王元虎的笑意从嘴角溢出："人们常说猪懒、笨、脏，其实不是！猪脏吗？猪不脏。只要你给猪充足的空间，吃饭、排泄、睡觉区，它会自然分开。猪笨吗？猪不笨。有一次，我在窗口观察院里的猪，院里有棵梨树，低矮果实已被吃没了，高处梨果够不着，怎么办呢？猪坐了起来，它坐起来比平时要高，只见它坐在那儿抓着树枝左右摇晃，直到把梨摇晃下来，然后吃掉。猪懒吗？猪不懒。我们养的猪撒着欢儿地跑，而且会游泳。"

"怎么会想到让猪游泳？"

王元虎介绍："源自一次意外发现。有一次，少了一头猪，我们找了一天，最后在沼气池里的出口处找到了。猪既没淹死，也没落地。当时我就想猪会游泳啊！后来就给猪建了游泳池。让猪游泳，既锻炼身体，又干净卫生。尤其是刚出生的小猪，除了喝母乳，还会添加奶粉。小乳猪奶香奶香的。"

专注养殖、热爱养殖的王元虎夫妇创建了一套"快乐养猪法"，选育优良品种，使用原粮喂养，采用自然散养，贯穿快乐养殖理念，优质的源虎生态黑猪肉受到消费者喜爱。王元虎黑猪养殖规模越来越大。2013年，王元虎成为中国动物福利协会第一批会员。2014年，王元虎承包了一座山。在山上建好种猪场，进行生态养殖。快乐养猪，养出好猪。在此基础之上，王元虎不断运用科技的力量，种养结合，开始了“四位一体”的种养循环模式。

何谓“四位一体”的种养循环模式？我们来到绿涧生态农业专业合作社蔬菜大棚看看。

进入蔬菜大棚，一株株西红柿顺藤而上，红果缀在枝头，只是略显稀疏。王元虎介绍：“西红柿采摘期已过。一个月前，西红柿每天产量能有1000多斤，全部被市区的几家商超订购，部分供给我们的16家黑猪直营店。‘庄稼一枝花，全靠粪当家。’我们的果蔬施用的都是有机肥，所以营养丰富、口感上乘。”

▲王元虎介绍“四位一体”的种养循环模式

▲屋内墙上挂有温湿度显示仪

从西红柿棚出来，就是小型养鸡场。“果蔬叶菜可以喂鸡。西红柿日常零售价在8元左右，同样的价格，我们的质量更好。”

“不是一分钱一分货吗？凭什么这么说？”

“就像你刚才的疑问：有机肥贵，不是增加了成本吗？有机肥贵，可是我们的有机肥不贵。因为我们种养结合，变废为宝，这是我们的优势。来看看我们是怎么用猪粪换蛋白、实现绿色生态种养的。”

养猪产生猪粪，利用猪粪养虫，虫子喂鸡，能够提高鸡蛋的营养价值。虫粪是极好的有机肥，可用作果蔬种植的肥料。种植果蔬过程中，放上芝麻、浇灌牛奶、铺上粪肥，这种循环利用的模式几乎不产生任何污染，真正实现了生态环保。

"大学时代，我在学校两万人的会场上宣告了自己的理想——将来我要当'蛆长'。辞职回村之后，我起初想养蝇。回到老家，焊好笼子，买齐套袖、奶粉，我就外出引种。路上接到我姐的电话：'你别买了，家里的设备全被爸当废品卖了。'我是养不成蝇才养的猪。你看，这虻虫其实是蝇的升级版，虻虫喜欢猪粪。1 吨猪粪 30 元，1 吨虻虫 1 万多元。"王元虎的笑容里透着藏不住的骄傲和欢喜——"我还是养成了！"

有人觉得创业又苦又累，风险还大，有人羡慕创业成功的，而创业之中藏着自己的理想、兴趣，还有做成事的欢喜，创业者的快乐辛酸，只能是冷暖自知吧。

公司产品里面，王元虎特别偏爱"铁骨猪"和"宝贝蛋"。"'铁骨猪'产品上面的诗是儿子写给我的诗，儿子小学 5 年级时，我正忙着联系湖南养殖场的工作，那一年出省 10 多趟，陪伴儿子的时间太少，回家后自己也累病了。儿子给我写了很多诗，我就拿来，印在包装袋上。'宝贝蛋'，是我女儿出生那天，捡拾鸡蛋时，我脱口而出——真是宝贝蛋，于是就有了这个品牌。"

15 年专注养殖，源虎公司从最初的生态养殖场，发展到总占地面积 2000 余亩，拥有 50 多名员工，集生态养殖、种植、产品直销于一体的济南市农业龙头企业。

"一人富裕不叫富，大家富了才是富。"利用黑猪产业优势，公司还在章丘区双山街道三涧溪村、文祖街道黑峪村和湖南省泸溪县建成三个生态养殖基地。与章丘区文祖、曹范等乡镇的 7 个村建立帮扶关系，帮助他们发展产业，带动村民就业。养殖基地的 50 多名员工，都是济南市章丘区三涧溪村以及附近村的农民。在南部山区建立的 2000 亩山区基地是肩负扶贫使命的，那里的猪，每卖出一头，公司都会拿出部分利润分给有需要帮助的村民。

"怎么会选择创业之路？"

"小时候家里特别穷，老家盆崖村在山里，因为地理位置偏僻，直到 1990 年家里才安上电灯。每天放学回家，我会在山顶一块大石头上坐一会儿，那里能看到山外万家灯火通明。我那时的梦想是：买个大盖帽，穿个皮乌拉棉靴。高中时读《红楼梦》，里面一句话让我印象深刻：‘富贵不知乐业，贫穷难耐凄凉。’穷则思变，高考之后，我就给自己定下将来要创业的目标。”

“你怎么看青年创业？”

“我支持青年创业，但不能盲目创业。首先，要知道创业不是一件容易的事。我是村里第一个考上大学、又回到家乡创业的人，当时在各方面都得不到支持，只有排斥。我是有苦难言。向双方亲戚借钱，借了一遍儿，只借到了 2000 元钱。我和妻子下定决心：‘发展不好，我们决不回去。’第二，要了解自己，不是每个人都适合创业。第三，要注重科技、注重创新。比如我们利用科技兴农，注重发展智慧农业、生态农业、高端农业。”

03 现状与未来

党建引领，搭建创业平台

说到企业高速发展，王元虎归功于党建引领：“通过支部共建，我们对接到农科院资源。随着与党支部的深度融合，通过党建引领、专家指导，企业才能高速发展。”

作为三涧溪村“第一代”返乡创业的大学生，王元虎在潜心经营黑猪养殖的同时，也在思考如何带领更多村民增收、发展壮大新型集体经营，吸引更多年轻人才回乡。

2016 年，王元虎当选为三涧溪村青年创业党支部书记。他整合各类要素资源，成立集科研、种植、养殖于一体的农业农创园，探索以“园中园”形式，在农创园内成立创客空间，招募志愿体验者和农创专家团，为在园区创业的青年人提供科技孵化、租金减免、市场销售、品牌打造、小额担保贷款等一系列服务。

具体如何落地？ 2019 年，王元虎挑头成立了绿润生态农业专业合作社，股东共有 121 人。

“股东 121 人？”我惊讶地问道。

王元虎说：“是啊，我们去注册时，所有股东都到了现场，一一签字拍照按手印。工作人员十分惊讶：‘怎么这么多人！你们是章丘人数最多的合作社。’我们每个股东都是本人持股，没有代持股份现象，所有股东上榜亮相，大家共同奋斗、共同富裕。”

“人员组成有哪些？”

“有青年党员、回乡大学生、退役军人等。”

“筹资多少？”

“一共筹集 139.7 万元，村集体出了 100 万元。”

“收益如何？”

“成立之初，我们种植了西红柿、西瓜、芹菜等果蔬，成立一年，首次分红，社员分到 17 万元多，村集体分得 6 万多元，大伙儿参与的积极性也越来越高。”

“你们种的果蔬也都是百姓日常食用的果蔬，为何能够达到 10.6% 的收益，凭借什么？”

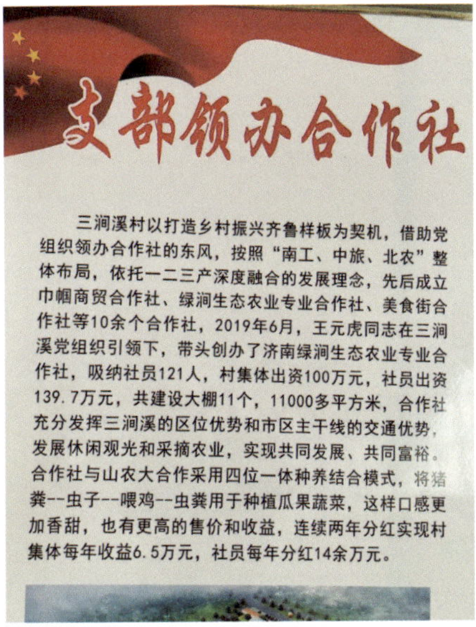

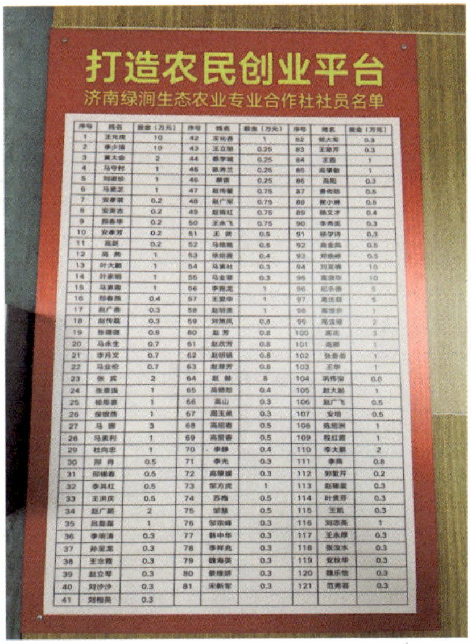

▲农创园入口的墙上挂着合作社 121 位社员的名字以及每个人的股金

“依托源虎土猪的品牌优势，发挥毗邻城区的区位优势，新建了 7 个现代化果蔬大棚，合作社实行统一育种、统一饲料、统一回收、统一销售，大棚采用‘四位一体’的循环农业模式。种养结合，绿色有机口感好，高质量供给市场。”

▲王元虎介绍，央视新闻联播用时 4 分 35 秒报道了绿涧生态农业专业合作社

“怎么想到要为青年人搭建创业平台？”

“搭建平台是吸引人才回乡创业的关键。我吃过创业的苦，创业之初是最难的。搭建创业平台，让青年创业更容易，拎包入住，容易起步、减轻负担，从而吸引更多青年回乡创业。乡村振兴的根本是产业振兴，产业振兴离不开人才。”

王元虎继续介绍：“这个大棚是高燕的。她承包一个棚，发挥自己的特长，一个棚一年能够收入四五万元。青年人返乡创业，能把很多‘新玩法’融入农业，比如通过直播带货形式销售农产品。村里的西红柿、甜瓜、地瓜苗等农副产品都被青年们通过电商销售一空。”

▲走访现场

图片来源 / 陈洪芸

1993 年出生的刘亚楠是返乡创业青年之一。2019 年，刘亚楠加入绿润生态农业专业合作社，成为合作社的股东之一。她承包了一个大棚，每年种植甜瓜收入 8 万多元，还被王元虎招募进入农创园，成为直播带货主播。返乡创业青年李其晓承包了农创园一个大棚，种植多肉植物，直播最火之时，最多的一天销售额上万元……

王元虎还积极向政府建言献策。作为山东省人大代表，在 2022 年 1 月召开的山东省第十三届人大七次会议上，王元虎上交提案：加快多规合一、闲散宅基地漂移，助力乡村产业振兴。

王元虎说：“无论是建设加工工厂、加强仓储物流等延长产业链的发展规划，还是做休闲观光农业，推进乡村产业融合发展，土地都是个很大的制约。建议进一步加强顶层设计，加快提升农村闲散土地的盘活利用率，尤其突破偏远山区闲散宅基地漂移政策，让那些不适合发展民宿和农家乐的闲散宅基地漂移到需要土地指标的农业园区项目中，促进新六产发展，增加农业项目的活力和抗风险能力。可以通过集体建设用地入市的相关办法，既让偏远山村增收，又促进产业融合发展，为乡村振兴齐鲁样板注入新动能。”

公司稳健发展、农创园生机勃勃，王元虎不仅带动三涧溪村发展，同时带动村民致富；不仅带动本村发展，还辐射带动周边 10 多个行政村的发展。

▲三涧溪省级乡村振兴齐鲁样板示范区

“我是三涧溪村第一个返乡创业的大学生，也是章丘第一批返乡创业的人。作为首批创业者，不免遭受非议、承受压力。第二批章丘返乡创业者，社会层面已经得到认可，比如柴会龙，当时他父母也是反对，但他的事迹被媒体报道之后，也慢慢地得到父母和社会的认可。像穆峰他们第三批返乡创业者，多数受到正面鼓励，被认为是有想法的人。我们在家乡发展企业，同时带动家乡发展。”追忆往昔，展望未来，王元虎感慨地说：“随着乡村振兴的不断推进，青年创业的政策越来越好，希望有更多青年人返乡创业、就业，我们一起生产、供给高质量农产品，让人们吃出小时候的味道，让农民成为人人羡慕的职业，让农村成为充满活力、让人向往的地方！”

济南章丘穆峰：返乡创业，把一方水豆腐推向世界

采访时间：2022 年 2 月

▲穆峰

□ 面孔

穆峰，山东省龙阔动能转换科创孵化有限公司总经理，山东道方生物科技有限公司董事长，中国青年农村致富带头人协会常务理事，山东省地理标志协会副会长，章丘创业者联盟副主席，2022 年度“山东省乡村好青年”。

穆峰，1989 年 2 月生，济南市章丘区明水街道三义村人。2006 年 6 月，他辍学，参加工作；2010 年 12 月，创办济南乐巢房地产经纪有限公司，从事二手房中介和一手房销售代理业务等工作；2014 年 12 月，返乡创业，创办济南我爱我妻家政服务有限公司；2018 年 7 月，创办山东省龙阔动能转换科创孵化有限公司、山东道方生物科技有限公司。

01 选择

28 岁小青年要担豆腐挑子

说起豆腐，老人们说，儿时的记忆是乡镇小城路边清脆悠然的豆腐梆子声，而年轻一代的印象是在超市一角看到豆腐制品柜台。听闻章丘有位返乡创业青年把小豆腐做成了大产业，还卖到了国外。在好奇心的驱动下，2022 年 2 月的一个周末，我来到济南市章丘区龙山街道西王村，见到了返乡创业青年穆峰。

穆峰身高 1.89 米，戴副眼镜，讲话条理清晰，而我愈发好奇：这样一位有些书生气质的“80 后”，怎么会想到担起豆腐挑子？

没等问题出口，我就直接被带到龙山文化博物馆，先上了一堂历史课。

进入博物馆，仿佛穿越了时间之门。边走边听龙山文化博物馆副馆长刘德江介绍：“章丘是一座具有丰厚底蕴的历史文化名城，黄河流经章丘 26.45 公里。源于母亲河的孕育和滋养，4000 多年前，中华文化的重要源头——龙山文化就诞生于此。公元前 204 年，汉高祖刘邦置济南郡，郡置平陵即现在的龙山，始有济南之名，一直以来，就有‘先有平陵城，后有济南府’的说法。已有数千年历史之久的平陵古城，就在章丘龙山。”

听刘副馆长讲完历史，我跟着穆峰来到豆腐产业基地。

穆峰又给我讲了本地豆腐的历史：“汉文帝十六年（公元前 164 年），文帝封其侄刘辟光为济南王，居东平陵。济南王刘辟光发明了豆腐，而他与同宗淮南王刘安往来频繁，淮南的豆腐制作工艺这时传入济南。千百年来，龙山先民就在此进行豆腐生产。”

“豆腐的做法多以膏、卤或酸浆点化而成，而龙山水豆腐却不同，不用膏、不用卤，就用当地特有的天然井水——溇水点浆，便可成豆腐。龙山街道办事处驻地有两口古井，两口古井相距不过三四米。路东那口，水质甘

▲水豆腐产业振兴基地

甜，可以正常饮用。路西那口，被称为溇水井，不可饮用。溇水口感苦涩，不宜饮用，却有一个妙用，那就是点浆做豆腐。用科学来解释就是：此水含钙镁离子成分甚多。以溇水做浆点出的龙山水豆腐浆细水多，质嫩不流，食之唇齿留香，口感极佳。独特的制作工艺代代相传、延续至今。”

我一边参观，一边听介绍。穆峰说：“从 2020 年开始，我们为 100 户农村小作坊豆腐加工户打造了统一管理、统一标准、统一运营、统一销售的水豆腐产业振兴基地。通过支部引领建立合作社，带领农户加入豆制品产业链，种大豆、做豆腐、生豆芽，每户年收入从三五万元提高到十万元左右。目前，龙山水豆腐鲜豆工坊已在全球开设连锁店 700 余家、龙山豆腐脑中式快餐连锁店 70 余家。”

▲水豆腐

步入一家豆腐脑店，师傅端上一碗水豆腐。水豆腐的确名副其实，浆细水多，洁白如雪，富有弹性，入口即化。

店里十分热闹，在品尝豆腐间隙，我说出心中疑问：“小青年怎么会选择老豆腐？”穆峰轻叹一口气：“我要是不做，龙山水豆腐工艺怕要丢在我们这辈了。”

20 世纪 90 年代初，当地人几乎家家户户做豆腐。传统家庭作坊费时费力，做不多、卖不远，挣的是辛苦钱。岁月变迁，老辈人渐渐退出，青年人多是外出打工，没人愿意学做豆腐。到 2017 年，村里只剩下四五家豆腐手艺人。

豆腐虽好吃，传承是问题。穆峰回忆起 2017 年遇到做豆腐的李师傅。60 多岁的李师傅是本地的老手艺人。老人徐徐展开 4 米多长的族谱，语重心长地对穆峰说：“族谱上记载着先祖们 400 多年前从山西迁到龙山，世世代代做豆腐。然而，别说 40 年，再过十来年，这门手艺在我们这代人手里就要丢了。”

这些手艺，养活着一代又一代的人，在自给自足的农村曾经不可或缺，是生存手艺，也是匠人骄傲。然而在城市化、现代化的大潮中，传统手艺随之沉浮，渐渐没落，正在走向消亡。

看着红着眼眶、声音哽咽、既骄傲又难过的老人，穆峰的心被揪了一下，他说：“我是吃着豆腐、小米长大的。不能等没了的时候，再空悲切啊。”

情怀是有，思虑要周。

2017 年底，穆峰邀请企业老总聚餐，说出自己想做豆腐的想法。举座皆惊：“你已经是个老板了，再度创业通常都是选择做个大项目，你为什么要选豆腐！”

穆峰那年虽然只有 28 岁，但已在房地产和家政行业取得不错的成绩。2010 年，他用自己销售房产赚到的“第一桶金”注册成立了济南乐巢房地产经纪有限公司，从事二手房中介和一手房销售代理业务等工作。2014 年，穆峰回乡创业，抓住二胎政策放开、出生率增长的机遇，创办了济南我爱我妻家政服务有限公司。众人想不通：一块豆腐，能有多大作为？豆腐属于生鲜产品，保质期短，注定卖不远，卖不远决定了市场有限。千百年来，豆腐就是小作坊小买卖，你再有本事又能做出什么花样来？请教朋友，无人看好，只有一位老哥被他的热情感染：“或许我们都错了。穆峰，你要是真想干，就放手去做，把事做成，用事实证明我们都是错的。”

尽管几乎无人看好，穆峰还是决定担起豆腐挑子。在龙山这片土地上，先祖们担了千年的豆腐挑子，28 岁的穆峰怎么担？

02 问题与方法

守正创新，千年传统手艺碰撞机械化

如何做出“龙山味道”的豆腐？

2018 年正月初一，穆峰召集 5 人，跟着村里人学做豆腐。这 6 个从未做过豆腐的年轻人凑到一起，开始研究工艺。

跑遍了大大小小的豆腐坊之后，他们自以为掌握了技术。当小伙伴们终于做成了第一块豆腐时，大家欢呼雀跃、拍手庆贺。穆峰更是兴奋不已，拿给母亲品尝，母亲实言相告：“你们是自己千辛万苦做出来的，觉得好吃，其实差得远呢。”

次日早晨 5 点多，母亲就带着穆峰去了早市。一处摊位空着，但摊位前已经排起了长队。大约 6 点，一位蹬着三轮车的中年妇女来了。车子停稳，用时不长，车上两大篮子豆腐不一会儿就销售一空。早市豆腐特别细腻，穆峰拍手称绝，真诚请教豆腐制作秘诀，却被一口回绝。

想想也是，这是手艺秘诀啊，谁肯轻易告诉别人。此后母亲每天早早地去豆腐摊处等着，帮着摊主切豆腐、上秤、装袋……勤劳善良、爱子心切的母亲打动了摊主，她把自己的窍门告诉了穆峰：豆腐口感细腻还是粗糙，关键点在于多过滤两遍。而穆峰和小伙伴们发现，同样都是豆腐，然而风味各有千秋，窍门各不相同。

如何能够集众所长，还能保持地道的龙山水豆腐口感？

在传承传统工艺的基础上，穆峰和他的团队通过反复试验、不断创新，最终研制成功了久炖不烂、久炒不老的龙山水豆腐。

虽精简了工艺流程，却仍保留了“点浆”这一最为关键的环节，技术有创新，精髓神韵不可丢。半年时间转瞬即逝，穆峰终于制成了“完美”的龙山水豆腐。母亲品尝后笑开了花，豆腐师傅竖起了大拇指。

产品质量是发展根基。研究好了产品的口感质量，又有新问题：豆腐好吃，存放不易。豆腐是生鲜制品，常温下保质期不超过一天，保质期限制了其走不远。走不远，就卖不多，产业就不可能做大。规模与成本息息相关，更大的可能性是做着做着就没了。

怎么办？穆峰琢磨：这么好吃又有营养的豆腐只能受到地域限制吗？如何才能突破这些壁垒？豆腐怎么来的呢？“豆 + 水 + 设备”，豆腐走不远，但豆子可以！星巴克凭什么全球开店，不就是“咖啡豆 + 设备”吗？如果能够设计出一套标准化生产设备和流程，豆腐是不是就能卖得远？创意灵光闪现，穆峰提出，老式豆腐坊通常需要两三人，能不能生产体积较小、操作简易、一个人就能操作完成的设备。

确定了方向、明确了思路，立即行动。从改良传统石磨开始，公司团队开始创新改良生产设备。

“你们的思路很是清晰，团队里有从事过豆腐经营的人员吗？”我问。

穆峰笑笑：“一个也没有，但我认为这非但不是缺陷，反而是件好事，这样我们没有任何束缚。我曾经和本地一位创业前辈聊起梦想。他说梦想是什么？就是天天想、夜夜想、做梦都想。我是深有同感啊。我想要实现梦想的渴望程度如同求生欲一样强烈。做豆腐时，我就是天天想、夜夜想，连做梦都想，就想着怎样才能做好，怎样才能做大？”

设备从 1.0 到 4.0 版本，虽然不断升级，但差强人意。怎样才能实现质的突破？

穆峰主动寻求外力支持。在哈尔滨工业大学（威海）机器人智能装备研究院的技术支持下，经过 18 个月的研究改进，2019 年，5.0 版“智能豆腐一体机”终于落地。泡豆、煮豆、点浆，温度、时间、用量，各方面都有标准，工艺改进升级、设备器具创新，标准化生产使豆腐制作门槛大幅降低，并且品质稳定、口感极佳。使用新式豆腐机，单人即可完成作业，一天产量超过 2000 斤，是手工产量的 4 倍。

“智能豆腐一体机”研制成功之后，穆峰团队又打造了“鲜豆工坊模式”。“鲜豆工坊模式”是由道方公司提供设备、技术和原料，由合作伙伴经营，现做现卖豆腐、豆浆、豆腐脑等豆制品，看着做，吃着放心。

从此之后，龙山水豆腐不仅走出了龙山，还走出了国门。2019 年，“龙山味道”北上北京、南下杭州、西入银川、东进青岛，实现了销售网络的全国布局，同时进入清华大学、北京大学等 13 所高等院校的食堂。智能豆腐机投放市场后，当年年底便在全国发展至 200 多家门店。

2019 年，由中国商务部主办的中国品牌商品展在匈牙利首都布达佩斯顺利举办。通过标准化生产，正宗味道的龙山水豆腐亮相在匈牙利街头。

匈牙利人手持刀叉品尝后，不由得发出赞叹：“这简直是植物芝士！你们是怎么做到的？”

▲穆峰向外国人介绍龙山水豆腐　　图片来源 / 穆峰

龙山水豆腐一经亮相，便惊艳了欧洲客商、当地华人。欧洲最大的食品加工、连锁经营企业 Food Universum 与龙山水豆腐素食系列产品、龙山贡米深加工产品达成了战略合作，并向穆峰颁发了龙山水豆腐——鲜豆工坊项目匈牙利连锁经营授权牌照。龙山本土产品进入匈牙利、奥地利和意大利等欧洲国家。

“提出问题是解决问题的开始。你怎么会想到将豆腐拆解为‘豆子 + 水 + 设备’？这种思维方式、解题办法很是有趣。你大学里学的是理工科吗？”

“我没有读过大学。从小家贫，初二时父亲去世，我高一没有读完就辍学了，一是母亲实在无力承担学费，二是因为青春期的自己很敏感。作为贫困生，每年领 500 元补助，17 岁的自己挺自卑的，即便是对别人的善意也很敏感，就决定辍学，参加工作。我的第一份工作是公司保安，月薪 600 元。我当过保安、摆过地摊、做过销售，通过房产销售赚得第一桶金，后来返回家乡创业，一步一步走到今天。真的就是一路摸爬滚打着过来的。”

怎么可能！眼前的穆峰温和谦逊，身上没有一点被生活摔打过的痕迹。

“我想改变家庭的命运，因为家里十分贫困，我 10 多岁时在邻居家第一次吃到了香肠。每到开学前夕都很犯愁。读中学那年，开学在即，学费还没凑齐。连日大雪终于停了，头天晚上我妈借到车斗，装满萝卜、白菜，第二天凌晨 4 点多，就到城区边缘市场卖菜，把菜卖了，才能凑足学费。母亲拉车在前，我推车在后。怕我犯困，母亲走几步就喊：‘穆峰啊，穆峰啊。’我就在后面答应了一路……”穆峰说，“人不是慢慢长大的，是突然长大的。考入章丘一中，需要住校读书，第一次离开家，那时父亲已经去世，我突然想到，改变家庭的命运只能靠我，只有我才能改变家庭的命运，所以我就辍学回家。工作之后，我珍惜每一份工作，做什么都尽职尽责。我的正心正念给我带来正向反馈，领导、同事、合作者都愿意给我工作机会，放心与我进行合作。”

“你刚才说自己摸爬滚打着过来的，可是在你身上非但看不到被生活摔打后的痕迹，反而总是展现出满满的正能量。”

“母亲对我影响很大。母亲吃过很多苦，但是她善良乐观、坚韧不拔，心怀感恩。每天回家，她总是说谁帮咱了。我会远离那种散发负能量的人，发牢骚的做法毫无意义，我也不允许自己有负能量。”

“从龙山水豆腐产业发展经历中看到，你总是能够找到关键问题，然后寻找解法。你是个特别善于思考的人吗？没读大学，那你的学习力、成长力来自什么？”

“我的目标明确、意愿强烈：我要成为一个优秀的人，改变家庭的命运。遇到挫折困难时，我会自我激励，比如想想‘天将降大任于是人也，必先苦其心志，劳其筋骨，饿其体肤……曾益其所不能’。虽然高中没有读完，但我不仅没有终止学习，反而更加重视学习。”

“我有一个习惯：每天晚上我都会复盘。回顾当天工作，思考不足与收获。找到自己的短板，才能不断进步。无论是看书，还是看电视、电影，只要有收获，我就做笔记。”

春光不负赶路人，岁月不负有心人。随着企业的发展，穆峰获得了很多荣誉。2021 年，在中共中央党校（国家行政学院）举办的中国乡村人才振兴论坛上，穆峰的企业发展成为中国乡村人才振兴优秀案例，穆峰被评为“齐鲁乡村之星”“泉城产业领军人才”等 。

“你做成了很多人没有想到、望而却步的事情。你创业成功的秘诀是什么？”

“第一，做事认真踏实、善始善终。事情交由我办，领导朋友放心。踏实的处事方式，使我得到了更多的合作机会。第二，自信坚持。当我确定了自己的目标方向后，就会坚定不移地向前走。创业路上坎坷艰难，我走过很多弯路，交过不少学费，靠的是坚持。比如我们的豆腐制作产生质的飞跃在于哈工大威海分校给予的技术支持。哈工大通常是对重汽这样的大型国企给予技术支持，我们豆腐制作机这样的设备太小了，当时也是厚着脸皮请求专家支持。有了专家帮助，提升了设备，才有了质的突破。好多事情能够做成就靠‘三皮’：厚着脸皮、硬着头皮、磨破嘴皮。第三，相信科技创新。科技让传统行业破茧重生。只有创新，才能更好地传承。”

03 现状与未来

扛起龙山文化旗帜，做好“龙山味道”

听穆峰传承龙山水豆腐的故事，已觉惊艳，没有想到的是龙山水豆腐只是冰山一角，穆峰还带领公司员工打造了一个区域地方公共品牌“龙山味道”，现在这个品牌估值超 1 亿。穆峰是“龙山味道”的品牌运营负责人。

“‘龙山味道’是什么？”

“龙山好货严选。”

“为什么要打造一个区域公共品牌？”

“章丘地灵人杰，在这片土地之上，不仅有我们传承4000多年由神奇古井酿出的龙山水豆腐，被乾隆皇帝赞为‘贡米金汤’的龙山小米，清朝末年便以‘锻打三万六千锤，匀底铮明颜色白’享誉四方的章丘平陵铁锅，还有四季章丘大葱、龙山树莓、黑陶等优质产品。这是先民们的馈赠，我们应当创新、传承。”

▲“龙山味道”品牌估值证书

打造出龙山水豆腐之后，穆峰又把目光投向龙山小米。

龙山小米自古有名，种植历史已有几千年。相传乾隆皇帝南巡来到龙山，品尝小米之后，感叹其香，御赐“贡米金汤”，并下令此后年年作为贡米上交。全国有四大贡米，但只有龙山贡米是皇帝亲自来到生产地、亲自品尝定为贡米的。但是近几十年来，因为种米过程非常烦琐，销售价格不高，所以种植规模不断减少，最少的时候只有几十亩。

如何重振龙山小米？穆峰介绍，一是联系顶尖专家、选择最优种子，种好龙山贡米。二是进行品牌升级，传播龙山文化。邀请山东大学品牌研究中心进行策划包装，比如产品包装上面印上故事、场景，展现几千年前先民们滨水而居、磨石成斧、立木成弓、种植五谷的一些场景等等，产品与文化深度融合。龙山文化历史悠久，历史文化遗存真迹俯拾皆是，通过销售产品，御赐贡米金汤的品牌故事广为传播。三是布局电商，打通商超，发展订单农业。与直播电商、短视频电商合作，保证小米能卖出一个好价钱。小米收获之后，种粮户可以自己随市高价销售。销售不了的小米，公司会以每斤6.6元的价格保底收购，这给种植户吃上了定心丸，小米种植区域逐年增加。

从最初种植区域只有几十亩，发展到小米种植4000亩地，带动附近5个村子共同发展、共同富裕。2022年小米订单量能有30多万斤，2023年的种植规模还会继续扩大。

公司还开发了90多种小米产品，比如小米酒、小米醋、小米锅巴等。为了传承传统工艺文化及振兴乡村产业，建立了小米体验馆、龙山水豆腐产业基地、黑陶体验馆，通过推出文创产品、研学项目，传承、宣传传统工艺文化、复兴传统产业。

2018年，依托“龙山味道”，穆峰打造了山东首家乡村振兴动能转换科创孵化基地，形成文化收藏、传统新造、农副产品三大体系，涵盖龙山黑陶、龙山水豆腐、龙山小米等九大子品牌，共计300多种产品。“龙山味道”旗下各品牌产品销售额已突破亿元，品牌溢价平均达30%以上，带动父老乡亲增收致富。

“龙山味道”得到了浪潮数字化赋能。据浪潮集团总经理刘继永介绍，自2019年开始，浪潮集团赋能打造章丘“龙山味道”区域品牌，基于标准和信用进行品牌数字化认证，通过区块链技术锁定企业主体、生产基地、产品质量、产品流通等质量数据，消费者扫码即可查看区块链存证可信数据，实现质量数据可视化追溯，帮助品牌传递信任，助力章丘乡村特色产业高质量发展。在章丘区政府的支持下，公司发起成立了“章丘区企业品牌提升产学研联盟”，覆盖了龙山小米、章丘铁锅、章丘大葱等章丘全域特色区域品牌产业及30余家企业，推动章丘区域品牌建设。近年来，浪潮云洲工业互联网成功打造了区域品牌特色产业赋能业务式，通过数字技术链接乡村产业，打造全产业链智慧应用场景，通过品牌增信，助力乡村振兴。现已成功赋能平阴玫瑰、崂山茶、蒙字标等全国30多个区域品牌特色产业。

谈到科创孵化基地，穆峰有点骄傲，他说：“公司这几年，最大的收获是人才。我们公司与海尔发展模式相似：公司平台化、员工创客化。我们用梦想吸引人、用待遇留住人。公司已有100多人，科创基地已经吸引了300多名青年创客。截至目前，孵化基地已成功吸纳26家与智慧乡村、农业物联网、大数据、检验检测、直播电商相关的科创企业，为300余名三农创业者提供孵化服务。”

听到这里，我有点明白了：“你们这是练出了一套打法啊。本地好品优选，然后使用成熟招法打造产品、发展产业。就像你们创新传承手工匠人工艺精华并标准化、引智研制智能豆腐生产机、与浪潮集团合作打造基于大数据的质量追溯系统、与中科院国家杂粮首席科学家合作嫁接科技前沿力量赋能地方特产，如此这般发展，思路很清晰、招数成体系。”

“别看我现在讲起来头头是道、激情万丈的，可是刚开始真是啥都不知道啊！啥是‘龙山味道’啊？‘龙山味道’是什么？真是硬干出来的。我们起步真难，因为没有模式可供借鉴，请教了很多专家，也得到了启发，但是没有一个成熟的模式可供借鉴，我们一直在摸索中前进，学费也交了几百万了，”见我赞叹，穆峰摇头，“做到全国第一，很难。但是如果你有特色、有亮点，就能做到全国唯一。比如龙山水豆腐，就是全国唯一。我们提炼出‘421’核心价值：4000 多年龙山文化、两口神奇古井、一块天生豆腐。‘龙山味道’，它就是好货严选。我们探索出了以产业赋能文化、以文化引领产业，文化与产业融合发展的新路径，让家乡的特色产品在‘龙山味道’品牌背书和赋能下走向全国，走向世界。”

产业强了起来，文化也活了起来，千年文化在产业振兴中焕发生机和光彩。

穆峰团队依托平陵古城，打造平陵田园综合体，与中国农科院合作建立龙山小米、龙山豆首席专家博士工作站，建立首个具有文化特色的田园综合体项目，实现三产融合。平陵田园综合体规划面积 1.2 万余亩，先期已成功流转土地 3000 余亩，覆盖 5 个村庄，带动 3000 余人实现土地流转费用和家门口就业“双增收”。

通过举办平陵田园油菜花节、农民丰收节等节庆活动，与短视频平台抖音联合举办第二届中国 · 龙山平陵田园赏花季“花开平陵抖来觅”短视频挑战赛，实现 1.2 亿次的流量曝光，节庆期间累计吸引游客 100 余万人次，带动“龙山味道”系列产品实现销售 2000 余万元。

“你们打造了区域地方公共品牌‘龙山味道’，这真的是挖掘本土优势资源，服务地方政府，推动区域经济发展，带动村民共同致富。”

穆峰笑言自己深受时任龙山街道党工委书记的影响。那是在 2017 年一次企业家座谈会上。当时党工委书记点题：“龙山到处是文化，可是产业没有受益。龙山有什么？黑陶、铁锅、小米、豆腐等特色产品，要把本地特色产品做成产业，让文化来给产业赋能。”

题目点了出来，可是没人感兴趣。什么豆腐、小米，这些小生意，谁会放在眼里？只有穆峰认真了，他担起了豆腐挑子，做成了“龙山味道”。

“当时也没想到能够发展到今天。什么是成功？成功就是和喜欢的人在一起，做点喜欢的事，”见我笑，穆峰说，“是不是有点肉麻，但的确就是这种感觉。我们团队成员都很年轻，都想干事。我这几年，心胸大了。人的心胸是被事业撑大的。从前消化不了的事，现在也能接纳、化解。”

“发展地方产业是好事，会受到阻力吗？”

“创业之初有不少阻力，有人不理解、有人不支持。当时自己心里还挺难过，明明是做好事却不被理解。有的村民也不支持，觉得我们会抢他们的饭碗。我们始终把握一个原则：不与民争利。百姓能干的，我们不干；老百姓干不了的，我们去闯。比如我们不建豆腐厂、不卖豆腐，我们去做科技创新、做农产品深加工等。不管别人怎么说，我们都闷着头往前冲。通过品牌运营带动产业发展，最终让百姓受益。”

“怎么会想到‘不与民争利，而是利于民生’？”

“我们有‘三个要’的使命和目标。第一，我们要让龙山文化走出博物馆，和产业结合起来，跟千家万户父老乡亲的生活和收入结合起来，这样，文化才能扎下根，才能走得远。第二，在龙山这片古老的土地上，用最传统的工艺打造出最具特色的龙山味道。第三，做出产业来，带动父老乡亲致富增收，这是我们的初心和使命。这个使命和目标，是‘龙山味道’的使命与目标，也是我们企业的使命与目标。这两年我们也是这样做的。我们牢牢抓住了产业振兴的牛鼻子，通过打造品牌，助力乡村振兴，带动父老乡亲致富增收。我给自己提了一个要求：立大格局、做困难事、当有心人。”

“下一步还有什么想法？”

穆峰说：“豆腐产业，看着是小，但是民生项目生命力极强，我们这个产业大有干头。大豆是个宝，不仅能做豆腐、豆腐脑、豆腐素食，而且豆粕是饲料，还能提取豆油。这几年，我们一年干成一件事。前年做成了水豆腐，去年做成了豆腐脑，今年推出了豆腐素食。”言及未来，穆峰十分冷静，他说：“2022 年初七上班头一天，我召开全体工作人员会议，要聚焦主业。做好豆腐，拥抱科技、引才聚智，继续做好良种基地，经营好平陵田园。作为公司负责人，我要清醒冷静，有定力、有耐力，稳扎稳打，继续打磨好我们的团队、项目、模式。豆腐做了千年，不差这三五年，行稳致远，现在慢点，到了临界点，想慢都慢不下来。谁说做豆腐做不成上市企业？”

采访手记
INTERVIEW NOTES

“龙山味道”文化特色区域公用产品品牌打造模式

“龙山味道”是龙山优质产品的品牌集合，产品走到哪里，龙山文化就传播到哪里。同时，龙山文化也在为“龙山味道”背书赋能。

文化与产品如同双子星动，交相辉映。

首先，以龙山水豆腐等系列地域特产为代表的“龙山味道”品牌，紧扣中华优秀传统文化创造性转化、创新性发展这一主题，探索出了以产业激活文化、以文化赋能产业，文化与产业融合发展的新路径。

其次，“龙山味道”与龙山文化紧密联系、互相赋能。龙山文化底蕴深厚，俯首皆是千年故事。让文化走出博物馆，跟产业结合起来，跟千家万户的生活和收入结合起来，文化才能真正融入生活。

“龙山味道”系列产品中，每一款产品都与龙山文化进行了一个巧妙融合。

“龙山味道”的品牌价值体现在 4000 多年的龙山历史文化积淀上。在“龙山味道”产品的包装设计方面，巧妙地融入了千年文化。大家在享用产品之时，也能感受到龙山文化之美。比如龙山小米包装上通过手绘的方式展示出乾隆皇帝御赐“贡米金汤”的历史故事。在销售方面，店铺里会有豆腐小哥敲梆子，通过这种方式，链接历史，传播千年文化，传递文化自信。“龙山味道”产品推广到哪里，龙山文化就传播到哪里。

最后，“龙山味道”的成功是基于“三个要”的使命和目标共识，政府与企业家各司其职、通力合作。政府给了企业稳定的发展环境与预期，企业冲锋在前，用有力的执行力保证企业发展，带动百姓共同奋斗、共同富裕。在具体实施层面，人才是关键因素。

人物 3

济南章丘宋章峰：考上大学烤地瓜，成为中国薯类行业创领者

采访时间：2020 年 10 月

▲宋章峰

□ 面孔

宋章峰，薯立方集团有限公司总经理，2018 年度“章丘区乡村好青年”。

宋章峰，1988 年 10 月生，菏泽市成武县永昌街道郜西村人。2011 年 7 月，他毕业于威海职业学院经济管理学电子商务专业；同年，在济南创办济南地瓜坊管理有限公司；2014 年，成立薯立方集团有限公司并注册“薯立方”品牌；2016 年，在章丘区建立红薯种植基地。

目前，薯立方已经打通了红薯的全产业链，发展成为薯类行业创新领军品牌。薯立方在全国已有品牌连锁店 1000 余家，分布在 30 个省，400 多个市、县。

01 选择

考上大学烤地瓜，就业不成就创业

金秋九月是收获的季节。济南市章丘区文祖街道的种植田里，农民们正忙着收红薯。

“今年每亩收入大约 5000 斤，8 月 1 日，地瓜收购价 1.6 元，今天收购价是 1.15 元。我在地头打了个地窖，里面能存放 2 万—3 万斤地瓜，这些地瓜我不会马上卖掉，打算存入地窖，过段时间再卖，这样每斤能多赚 5 分—2 毛（角）钱。我一共种了 50 亩地瓜。”说话人是 33 岁的颜世友。

“怎么想到种地瓜？”我问。

“有账算啊。种玉米、小麦每亩地收入八九百元，种地瓜每亩收入八九千元。第一年，我先试种了两亩，薯立方公司供苗管收，我也不用操心，种好地瓜就行。我已经种了 4 年，明年我打算种 100 亩。等忙完地里这点活，明天我就去找地……”

像颜世友这样种植地瓜 50 亩以内的农户，在章丘有 70 多户；种植地瓜 50 亩到 100 亩规模的有 40 多户；种植 100 亩到 500 亩规模的有 20 多户。在薯立方集团的带动下，章丘红薯种植面积有 1.5 万亩。

薯立方总经理宋章峰掰开一颗地瓜，粉红外皮，淡黄瓜瓤，品尝几口后说：“嗯，不错不错，口感挺好的。这个品种叫‘烟薯’。这些地瓜一点儿也不会浪费，无论是中等个头、大块头，还是小个头。像这种 100 克以下的小地瓜会制成‘拇指薯’，还会加工成儿童专供食品。我们的产品分为生鲜、冷冻、休闲食品三大系列，除了红薯整个销售，还有薯丁、薯泥、薯条等各种产品。每一个地瓜都不会浪费。”

走出种植田的地瓜，按照个头大小、订单要求，都各有“去处”。列入生薯销售订单的地瓜，会直接进入包装车间，二次分拣后，根据订单，直接发往全国各地。

我进入包装车间，看见工人们正在分装打包带着泥的红薯。工人们都是附近的村民。我随意和一位女工交流，她笑得很开心："在这里干活挺好的，离家近，不用出远门，一家人都在一块儿……"薯立方全产业链上实现劳动就业人数达 300 人。

有的地瓜要经过冲洗，按照各种工艺，比如焗、蒸、烤、煨、炸等，加工制成各类方便携带的休闲零食。地瓜经过处理后，用低温冷库车发往全国各地连锁店或商超。还有的地瓜则暂时进入公司的甘薯智能保鲜库。保鲜库大约 5000 平方米，有 3 万立方米的空间，储存能力达 1 万吨，目前是全国最大的鲜薯储存基地。

无论是田间像颜世友这样的种植户，还是车间工人，他们的自信与笑容都与薯立方密不可分。眼前繁忙、今日盛况源自 10 年前宋章峰的一个选择。

2010 年，宋章峰临近毕业，他走出大学校园，联系实习单位。大学时期，他特别喜欢英语，英语成绩也不错，还担任了学校英语协会的会长，宋章峰非常渴望成为一名英语老师，但是受限于大专学历，找不到相关工作，能够找到的只有电话销售、市场营销等工作。薪资微薄，老板爱答不理……宋章峰心里憋着一口气。少年气盛，就业不成，索性自己创业，但是选择什么项目呢？

宋章峰想起了红薯。他自小在农村长大，饿时吃上一个，就是贫困生活里的一点甜。读大学时，他发现许多同学也喜欢吃烤地瓜。当宋章峰告诉同学自己计划去卖烤地瓜时，大家都有点儿瞧不上："烤地瓜，这也太低端了吧？考上大学，然后烤地瓜，你这几年学岂不是白上了！"

10 年前的烤地瓜，多是小商小贩做的小买卖。路边支起个烤炉就能卖，投入成本不高，可是利润也低，这能称作创业吗？再者，没有资金，没有资源，宋章峰凭什么创业？靠什么成功？烤地瓜门槛低，有个烤箱就能烤，凭什么他就能创办集团，烤出一条富农路？

02 问题与方法

品牌立身，电商插翅

资金缺少，经验没有……想想就觉得难，听听都觉得愁，而宋章峰的应对之道就一个字：干！哪怕困难重重，先干起来再说。

资金不足，如同拦路虎。宋章峰是“农二代”，父母在家务农，知道父母帮不上忙，也怕他们担心，创业一事，压根儿就没有告诉父母。上学期间，通过打工，宋章峰积攒了 6000 元，又找到同学借款 16000 元，总算凑够了进货资金。可是店铺资金仍没着落，怎么办？他找到房东，请求房东晚两个月支付。没钱雇工，宋章峰找来姐姐帮忙，就这样，先把小店支了起来。2010 年 10 月，在济南大学旁边的商业街，烤薯店开业，宋章峰的创业路开启。

创业艰苦，宋章峰每天起早贪黑。到了冬天，天寒地冻，店内与室外温度相差无几，即便店内温度零下，他依然每天营业 10 多个小时。为了省钱，他只能租住很便宜的房间，室内没有暖气，连洗脸水都是冰凉的，可是宋章峰却说冬天很好，因为冬天烤地瓜卖得最好。为了能多订货，宋章峰尽量节省每一分钱。舍不得搬运费，卸货自己来。有一次，400 多箱地瓜到货，宋章峰一口气卸完货后，才坐下来吃碗泡面充饥。宋章峰至今仍然记得那碗泡面的香味。

小店只有 5 平方米，生意却很红火，吸引消费者的有两点。一是讲究卫生。路边烤地瓜通常是用铁桶烤，操作麻烦，也不卫生。宋章峰找到一家机械公司，把电烤肉机改装成了烤地瓜机，而且把地瓜削了皮再烤，外形美观，干净卫生，一进入市场便受到青睐。后来市场上出现电烤地瓜机，宋章峰立即更新专业设备。二是品种多样。宋章峰委托食品生产厂家生产地瓜产品，引进紫薯条、紫脆片、黄软条、黄脆条等 40 多种产品。

靠着诚心用心，不起眼的小店铺每天能盈利 1500—4000 元。开业首月，宋章峰还清房租，还有盈余。艺高人胆大，他坚定信心，乘胜追击，先后在山东财经大学、山东英才学院等多个学校附近开设了 12 家校园实体店。小小的烤红薯生生地“烤”出了一番天地，宋章峰用事实证明大学生烤红薯并不低级，考上大学再烤红薯，自有优势。

当时的薯类产品市场，普遍产品的品牌化意识淡薄，而宋章峰在发展之初就十分注重品牌。在他看来，品牌是企业十分重要的无形资产，只有重质量、立品牌，公司才能长远发展。2014 年，济南薯立方商业管理有限公司成立，并注册休闲食品“薯立方”品牌；2015 年，烤薯品牌“泉城烤薯”正式推广。

宋章峰率先在行业内进行品牌化运营，以营养健康的食品满足消费者多样化的需求。他创立品牌，搭建电商平台，推广薯立方产品。公司迅速发展，也带动了整个薯类行业的发展，成为薯类行业创领者。薯立方在全国不断发展加盟商，营业额也一路狂飙，而在这时，宋章峰却要埋头种红薯。

在宋章峰看来，销售好，关键在于公司对地瓜质量的把控好。而想要稳定地提供优质红薯，就要溯源而上，从源头上把控红薯质量。从销售起步，以市场为导向，把公司长期发展战略定为“种好地瓜、做好地瓜、卖好地瓜”之后，宋章峰想要在最好的土地上种植最好的品种，从而提供最好的地瓜。

如何优化？宋章峰主抓两点：一是优选红薯品种，二是优选种植土地。反复甄选后，他选定了烟台市农业科学研究院新品种“烟薯”，这个品种特别适合用作烤制食用。经过考察，他选定在济南市章丘区种植地瓜。章丘的高山富硒土地，气候土质十分适宜种植地瓜，并且距离济南近，方便运输管理。2016 年，薯立方在章丘区文祖街道建立红薯种植基地。公司以“订单种植”的生产模式带动农户种植红薯。

“订单种植”就是与种植户签订生鲜红薯收购协议，以“生产过程种苗统一、统一培训、统一技术、统一存储、统一包装、统一配送、统一销售”的“七统一”产业模式带动农户种植红薯，解决了农产品销路难、价格低的问题，也给农民吃上了定心丸。公司还给一些种植户免费提供脱毒红薯苗，种植户赚到钱后，再收种苗费用。这种模式，成功帮扶 350 多家种植户增收致富。自 2016 年至今，薯立方在章丘区文祖街道已经投入 5000 万元进行产业基地建设，红薯种植面积达 1.5 万亩，通过红薯这一产品带动就业人数 300 余人。

青年创业是个热点话题，我有点好奇地问："青年创业的失败率很高，你怎么创业一次就成功，并且还能稳步前进？"

"创业，选择比努力更重要。选定项目，要专注，要做精做透，并且敢于坚持自己。比如曾有专家点评烤红薯项目：'这个小产品太普通了，能有什么大发展前景？这个不行！'但我坚信自己的选择，地瓜有营养，吃地瓜不需要宣传引导。有时候，选一个大家都不看好的行业，反而更容易成功。当然我得到更多的是肯定和帮助。"宋章峰这样回答。

2018 年，宋章峰携项目参加山东省人力资源和社会保障厅牵头举办的第四届山东省创业大赛，并获得返乡下乡创业组一等奖，得到 8 万元奖金和创业指导、宣传推广等系列配套支持。通过创业大赛这一平台，宋章峰得到更多媒体的关注和发展助推机会。2020 年以来，因疫情影响，企业受到很大冲击。全国近 1/3 的门店相继关闭，资金周转问题成为前行路上的一只"拦路虎"。山东省人力资源和社会保障厅的相关部门主动上门服务，现场宣讲创业政策，根据企业申请条件，给薯立方提供了 300 万的创业担保贷款，帮助公司渡过难关。

宋章峰相信自己的选择，专注做地瓜，同时加强研发，十年如一日地聚焦红薯产业，至今已在全国开设品牌连锁店 1000 余家，辐射 30 个省份，400 多个市、县。薯立方能发展到今天，宋章峰认为，主要原因有三点："第一，做自己感兴趣的事情；第二，要有与目标相匹配的能力；第三，要看大环境。"

"天下事以难而废者十之一，以惰而废者十之九。"宋章峰相信天下无大难之事，只有大懒之人。现在他仍然不定期去仓库，和员工一起卸货。有人奇怪：总经理怎么自己找罪受？而宋章峰是想让自己保持清醒，记着起步时的难，方能珍惜今日的甜。即使小有成功，也不能忘记自己流过的汗水和泪水，从而倍加珍惜今日的成果。

03 现状与未来

左手种植户，右手消费者，打通产业链

从 5 平方米的门头小店起步，专注烤红薯，薯立方已成长为甘薯行业的标杆性企业。薯立方打通了产业链条，实现了育苗、种植、仓储、生产加工、物流配送、销售服务一体化。种好地瓜，做好地瓜，卖好地瓜。左手种植户，右手消费者，打造出从“良田”到“餐桌”的一站式产业链供应发展新模式。

十年深耕，薯立方已经建有育苗大棚基地 3 个，种植基地 3 万亩，分布在山东、海南、广东、云南等省份。7 个红薯仓库分布在全国各地，从而保证一年四季鲜薯供应不断、各地订单快速直达餐桌。薯立方拥有 7 家子公司，成为国内薯类食品的领军企业，小红薯做成了大产业。正是由于公司从源头把控品质，所以产品越来越受欢迎。随着影响力的扩大，薯立方的产品不仅飘香国内，还走出了国门。宋章峰介绍：“我们刚发走一批到加拿大的订单。”

随着薯立方的高速发展，小红薯成了“金疙瘩”，种红薯收入高，农民更乐于种植，红薯成了有奔头的产业。

2020 年春节过后，受疫情影响，烤地瓜店铺销售额直线下降，企业也遇到了前所未有的危机。宋章峰想方设法，开辟渠道，尽量减少损失。

疫情之前，薯立方主打自己的品牌连锁店。疫情之后，公司迅速行动，加大线上渠道发展，试水直播带货。在疫情形势最紧张的 3 个月时间里，直播带货销售额达 1000 余万元。如今公司已经入驻淘宝、京东、快手等电商渠道，并且进驻商超、便利店、社区团购等系统。

产品品质、品种研发方面，宋章峰向来是不遗余力。2020 年 7 月，公司自主研制成功冻烤薯。冻烤薯是采用变温烘烤方式，将红薯烤至流油，然后极速冷冻，锁住甜度和口感，冷吃若冰激凌，加热吃仍然甜糯焦香，冷热皆宜，食用方便。200 克售价 14 元，一经推出，非常受欢迎。冻烤地瓜，冰火相撞，彰显了公司的研发能力。

公司为何能够高速发展？宋章峰如何做到持续创新？宋章峰回答道：“我解决问题的办法就是看书。想了解什么就去找相关书籍，很多知识书里都有，‘拿来主义’是十分高效的办法。2019 年开始，我周末两天基本都在山东大学，我想通过攻读工商管理硕士来提升自己的管理能力。”

参观甘薯智能保鲜库时，保鲜库前面的路还是土路，车有点颠簸。宋章峰略带歉意地一笑：“你再来时，这路就修好了。当地政府计划把路修到仓库门口。公司这几年发展势头迅猛，也离不开当地政府的支持。我们公司也积极响应政府号召，在公司发展的同时，发挥龙头企业的带动作用，带动种植户致富，为乡村振兴贡献自己的一份力量。”

参观完种植田、车间、仓库后，我们来到一排平房前面，其中一间是宋章峰的办公室。办公室里只有一桌一椅，还有一张会客桌、会客沙发。我有点奇怪：“这么简单！公司产品品类很多，怎么没有产品陈列室？”

宋章峰说：“这排平房准备拆掉，建成 4 层楼房，约 4000 平方米。届时会有专门的产品陈列室，还会建设一个地瓜博物馆，可以让孩子们来研学，让孩子们种植体验，了解农事，知道‘一粥一饭，当思来之不易’。等资金筹足后就开始建设。公司这些年都是这样，发展、投入，再发展、再投入……每天心怀梦想抱有冲劲，每天战战兢兢如履薄冰。我还年轻，薯立方，永远在路上。”

采访手记
INTERVIEW NOTES

返乡创业青年与资源配置问题

看着宋章峰的创业起步照片与现在的照片，我百感交集。一位农村青年，依靠自己的双手、智慧，通过创业改变了自己的命运、改变了家庭的命运。创业成就梦想，奋斗创造幸福。而宋章峰在企业发展之中，创造了就业机会，带动了村民就业致富，助推了乡村振兴，链接了城乡资源，带动了城市居民创业。

▲宋章峰创业起步时的艰辛

图片来源 / 宋章峰

▲创业十年后的宋章峰

图片来源 / 宋章峰

恰好遇见《当代中国社会分层》（李强著，生活·读书·新知三联书店 2019 年版）这本书。看着创业故事，我对照了一下书中所讲的解决资源配置问题的五个方面对策："从长远的政策取向看，如果要真正解决资源配置的问题，笔者以为，有以下五个方面的对策不可忽视：其一，城乡关系的调整，中国最为主要的贫富差距还是出现在城市与农村之间，所以，解决'三农'问题才是解决贫富差距问题的根本出路；其二，就业是民生之本，失业与贫困是孪生关系，所以，创造新的就业机会，解决失业下岗，可以缓解贫困；其三，推进社会保障体系的建设，这是调节再分配、缩小贫富差距的重要渠道；其四，通过税金调整，完善累进的个人所得税等多种调节手段；其五，推进基础教育，以往的研究证明，一个国家的平均教育水平与贫富差距是反比例关系，所以，提高基础教育水平可以缩小贫富差距，随着全民族文化教育水平的提高，中国社会最终将会步入‘橄榄型’社会结构。”

五条对策里面，返乡创业青年是前两个方面对策的解决力量之一。故事与对策对照阅读，故事有了深度，文字也生动起来，相映成趣。

谁说阶层固化？宋章峰的创业经历在说：“我命由我不由天！”

济南历城蒋世波：

大学毕业回村养鱼，创建亚洲最大锦鲤单体温室养殖基地

采访时间：2021 年 10 月

□ 面孔

蒋世波，山东唐王鲤农业发展有限公司董事长，2018 年度“山东省乡村好青年”。

▲蒋世波

蒋世波，1988 年 12 月生，济南市历城区唐王镇井家村人。2007 年 9 月，他考入青岛农业大学海洋科学与工程学院，学习水产养殖专业；2010 年 7 月大学四年级时，回村创业养殖锦鲤；2013 年 7 月，正式注册成立济南鲁泉锦鲤养殖场；2017 年，任中国锦鲤协会常务理事；2019 年 12 月，注册山东唐王鲤农业发展有限公司，创立唐王锦鲤集团。

发展至今，唐王锦鲤集团养殖场占地 208 亩，已建成亚洲最大的锦鲤单体养殖玻璃温室 1 万平方米，已建成生态循环过滤池 50 余个，野塘 30 余个，温室养殖场共 1.5 万余平方米。现有锦鲤 13 个大类、180 个品种，年产优质锦鲤 1000 多万尾。2020 年公司的年产值 1200 万元。

01 选择

拒绝高薪，回村养鱼

金秋十月，我慕名前往山东唐王鲤农业发展有限公司的锦鲤养殖基地，听说那里有亚洲最大的锦鲤单体养殖玻璃温室。济南市历城区唐王镇井家村看似普通村庄，却“藏”着锦鲤基地。进入养殖基地，一树一灯一池，皆是精心布局，都与鲤鱼有关。跟随董事长蒋世波参观，步入其中，内有生态循环过滤池 50 余个，每个水池 70 立方米。来到一个水池前，见有人来，锦鲤摇摆而来，水波荡漾之间，流光溢彩，仿若一幅游动的画卷。

蒋世波脸上流露出笑容：“我们养殖锦鲤有着得天独厚的条件。山东气候好，四季分明，济南以泉闻名，水质较硬，养出的鱼墨色浓，很漂亮。鲤鱼自古以来就被视为吉瑞好运之象征，比如孔子的儿子出生后，鲁昭公特地送去一条大鲤鱼祝贺，孔子便给儿子起名孔鲤。鲤跃龙门体现的是父母对孩子的期望，锦鲤还象征长寿和多子多福。每逢春节，人们喜欢在家里贴上年年有‘鱼’的画，然后互祝年年有鱼、年年有余。鱼里蕴含着中国人对丰收、对美好生活的期盼。”

▲养殖池里的锦鲤

玻璃温室一角仍在施工之中。蒋世波介绍道：“预计年底完工。建设完成后，这里将成为集养殖、观赏、拍卖等于一体的综合性锦鲤基地，不仅能带动周边60多名村民就业和养殖致富，而且能够产生一些锦鲤的附加产业，也能吸引更多青年人返乡创业就业。”

锦鲤养殖养到占地208亩的规模，养成了年产值过千万元的营业额，本土青年蒋世波，为什么选择锦鲤养殖行业？为什么选择回村创业呢？

对于我的疑问，蒋世波笑着说：“选择锦鲤，源于兴趣，也基于看好这个行业。”

大学期间的寒暑假，蒋世波四处打工，他到上海、福建、广东、深圳等地的锦鲤养殖场打工，一边实习，一边学习。临近毕业，有6家公司向他伸出橄榄枝，其中广东一家龙头企业更是开出万元月薪，蒋世波婉言谢绝，毅然选择回村创业。通过实习锻炼，蒋世波掌握了技术、开阔了眼界，也增加了自信。毕业之前，蒋世波做了充分调研，并据此分析利弊：这个行业正在迅猛发展，创业讲究天时地利人和，需要满足多方条件才能成功，但不能等到所有条件齐全了，才去创业。自己有技术，市场条件具备，只是缺少资金。资金可以想办法解决，但机会稍纵即逝。

我有些不解：“即便看好这个行业，毕竟刚刚毕业，为什么不先在外工作几年，非要马上创业，承担资金压力和创业风险呢？”

蒋世波说：“自己当老板和给别人打工完全是两个概念。作为打工人，只能根据老板的要求去做，自己创业，能做自己感兴趣的事。”

创业之初，父母亲友，无一人支持。面朝黄土背朝天的父母供出一个大学生十分不易，期盼孩子从此鲤鱼跃龙门，万万没想到儿子毕业后会选择回村养鱼。还读大三时，利用假期时间，在一个空闲院子里，蒋世波自己动手，挖了个池子。池子长3.3米，宽3米，面积将近10平方米大小，中间一隔，分成两个水池。这，就是蒋世波创业的起点。

当时在村人眼里，只有光棍、懒人才养鱼。面对他人的反对和冷嘲热讽，蒋世波不为所动，只管低头养鱼。

创业路上从来没有坦途，蒋世波为何能养出名贵锦鲤？他遭遇过什么波折？又靠什么走出今日一番光景？

02 问题与方法

热爱为王，产学研一体化发展

说起与锦鲤的缘分，不能不说蒋世波的大学经历。

2007 年，蒋世波考入青岛农业大学，学习水产养殖专业。小时候家里养过小金鱼、鲤鱼。校园的人工湖里，蒋世波第一次见到锦鲤，就特别喜欢。水产养殖专业有一门选修课“观赏鱼的养殖鱼鉴赏”。这门课程让蒋世波对观赏水族产业产生浓厚的兴趣。大学时代，担任班长的蒋世波就发动班里同学给未来的自己写一封信，而蒋世波给自己定的目标之一就是成为企业家。

创业选择什么项目？当然要从自己的专业出发。家乡地处内陆，所以选择淡水产品。区别于村人养殖，所以要选择名优产品。考虑清楚之后，蒋世波给自己选择了创业方向：锦鲤养殖。

大学期间，蒋世波如饥似渴地学习锦鲤的相关知识，仅用半年时间，就看遍了图书馆里所有与锦鲤相关的书籍。纸上谈兵终觉浅，蒋世波想要上手操练。学校里有一个闲置的实验室，里面有几个水族箱，在老师的支持下，那间实验室成了蒋世波的实验室。他自己又添置了一些设备，开始养殖锦鲤。

除了上课、班级工作、学生会工作，蒋世波把其余时间全部投入到图书馆和实验室。中午，多数同学回到宿舍休息，他就去图书馆看书。晚上，他就泡在实验室里，饲养、繁殖、观察、研究，反复进行实验，甚至人为进行细菌性感染，再对症治疗。蒋世波的舍友说：想在宿舍里见到蒋世波，只有在早晨6点半之前，晚上11点之后。

寒暑假时间，蒋世波就去上海、福建、深圳等地的锦鲤养殖场打工，增长知识，了解市场，发展客户，积累经验。他还加入了10多个锦鲤养殖爱好者的交流群，分享专业知识，交流技术经验，帮助群友们解决养殖问题。专业、无私、热情使他交到了很多朋友，有人成为他的客户。前期积累给他奠定了扎实的基础，也使他顺利起步。点点滴滴，积水成河，他的创业之路也由此开始。

从两个小鱼池起步，蒋世波边干边投入。靠着父母的10万元积蓄和东拼西凑筹到的50万元资金，他承包了15亩鱼塘，建起6个专业养殖池，购入20条种鱼，不断地扩大养殖规模。2011年10月，第一届济南锦鲤大赛举行，蒋世波精心养殖的名为“昭和三色”的锦鲤艳压全场，获得全场总冠军，并在现场拍出了58万元的天价。

一条鱼，58万元！毕业一年的农村青年创出如此佳绩，可谓“一战成名天下知”。光环加身，声名大噪，蒋世波想趁热打铁，乘势大干一场。他在济南市区繁华地段开设门店，一年租金接近30万。

计划是这样的：在市区开设门店，延长产业链条，实现养殖、门店销售一体化，这样能够快速发展，甚至开成全国连锁店。就在蒋世波憧憬着美好未来、以为走上了发展快车道之际，一个月后，他遭受当头一棒：两池锦鲤，三天时间，全军覆没。

两池锦鱼啊！直接经济损失50多万元。鱼一条一条地捞出，一尾一尾地埋掉。蒋世波说：“当时的我膨胀了。市区基地两边跑，想要两头兼顾，然而分身乏术，疏于管理，导致水质污染。”这对于仍处创业初期的蒋世波来说，无异于致命一击。

蒋世波内心也在挣扎：“鱼全死了，怎么经营？谈何发展？这里面有父母的全部积蓄啊！怎么向父母交代？是不是我不适合养殖锦鲤？难道我真的做不了吗？”

父母原本就反对，只是拗不过他。遭此重创，父母劝他：“咱不干了吧。找个安稳工作。”看着含泪的父母，蒋世波既内疚又自责：“当时我十分痛苦，感觉自己像个坏孩子，父母规劝自己‘回头是岸’。犹豫过、怀疑过自己，可是想想鲁迅也曾徘徊过，居里夫人也曾动摇过，创业是条不归路。自己选的路，跪着、爬着，也要坚持走下去。”

痛定思痛，何去何从？“我的核心竞争力是什么？我最应该干的是什么？鱼好是关键，养殖是根本。”寻找初心，回到原点。考虑清楚后，蒋世波壮士断腕，关掉门店，专心养殖。

没钱购入鱼苗，好在老客户信任他，让他先拿走鱼，鱼养好、卖出后，再付款。

当时物流并不方便，无论是给济南客户送鱼，还是给外地客户邮寄，都需要先到济南。父亲骑着摩托载他去客车站，他乘坐客车到达济南。到济南之后，再换乘市内公交车。两大塑料袋的鱼，每袋重达三四十斤，一手拎一个。天气寒冷，双手很快就被勒麻、冻透了。蒋世波咬着牙鼓励自己：“这是我的鱼，我不能放下；这是我的梦想，我不能放下。”

同是锦鲤，价格相差极大。普通锦鲤价格几万元，精品锦鲤市场价格多在 20 万元以上，顶级锦鲤上百万元。为何锦鲤价格相差如此之大？蒋世波介绍：“锦鲤产量极高，一条鱼多的能产到 80 万—100 多万尾，同时锦鲤的淘汰率极高。我们公司的定位是养殖中高档锦鲤，锦鲤选择淘汰率是 90%。精品锦鲤不是万里挑一，而是几十万里挑一。”

▲公司自主设计研发的智能化转鼓过滤系统，获得 5 项发明专利

我问：“除了基本的品种选择、养殖技术等原因，还有什么养殖秘诀吗？”

蒋世波说：“让鱼舒服，要像养孩子一样养鱼。比如掌握好生长节奏，合理搭配饮食，把鱼的潜力发挥到极致，但也不能拔苗助长。”

为了保持温度，让鱼舒服，蒋世

波想给鱼池搭个塑料棚。为了省钱，他买来二手铁架，自己焊接，铁架顶部搭上塑料布。夏季有雨，担心塑料布塌掉，他就在塑料布上扎上小孔，避免积水过多。冬天下雪，他就备根木头，过段时间就去刮掉塑料布上面的积雪，避免雪重压坏顶棚。蒋世波全心扑在养殖场里，精心呵护着锦鲤。一点一滴地做，一池一池地养。

养殖过程中，他尤其注重科研技术。立足实际需求，公司自主设计研发了智能化转鼓过滤系统。设备采用全不锈钢材质，防腐性能强、使用寿命长，可以节省过滤材料，过滤效果明显，利于锦鲤生长。

养殖场还与高等院校紧密联系，借助青岛农业大学的科研技术，在养殖设备开发、饲料研制和遗传繁殖方面进行深度交流合作。自 2011 年起，养殖场成为青岛农业大学社会实践基地。

产业、科研一肩挑，蒋世波稳扎稳打，养殖场发展走上正轨。2018 年，在中国第 17 届中国锦鲤大赛上，蒋世波的养殖基地选送的“大正”脱颖而出，获得全场总冠军，这是北方渔场第一次在全国大赛上获奖。凭借过硬技术，蒋世波成为中国第一批锦鲤评审师，担任中国锦鲤协会常务理事，经常参与组织锦鲤比赛和文化推广活动。

对于青年创业，蒋世波十分支持。母校有邀请，他总是尽力抽身回校参加活动，分享自己关于成长与创业的感悟。

蒋世波认为：“从 2007 年至今，我从来不敢有丝毫松懈。珍惜时间，学习研究，独立思考，做有价值的人。青年创业不仅要勇于创新、敢于创业，更要依靠科技和知识创业。青年人一定要珍惜自己的大学时光，用好大学时间。在大学期间，大学生一要学好专业，掌握一技之长，方有立身之本；二要积极主动、锻炼能力；三要多探索尝试，定下目标后就不要怕失败、勇往直前。我尝试养过海参、珊瑚、海葵等多种产品，最终确定养殖锦鲤，之后专注锦鲤，坚持到现在。”

03 现状与未来

弘扬中华锦鲤，助力乡村振兴

从不足 10 平方米的两个鱼池起步，发展到现在占地 208 亩的养殖基地，在企业稳健发展的同时，蒋世波还带动村民共同致富。

现在的唐王镇井家村发展了农村养殖户 20 余户，推广锦鲤养殖 500 余亩，村民累计增收超过 1000 余万元。随着锦鲤产业的发展壮大，锦鲤成为唐王镇井家村的特色产业。越来越多的人来到井家村，参观、买鱼、录制节目。提起井家村，人们称之为“锦鲤井家”。公司还注册了“唐王锦鲤”商标。可惜这盛景，父亲未能看见。

2018 年，父亲因病突然去世。这给了蒋世波巨大打击和挫败感。考上大学，他改变了自身命运，毕业回村创业，他想带着好产业回乡，改变周围人的命运，可是却连父亲都没有照顾好。

父亲也是他的创业支持者。父亲去世之后，蒋世波一度想要放弃，也不愿意进入养殖场，因为里面到处都是父亲的身影。父亲离世，也让蒋世波想明白了很多事情。想到父亲的遗愿，把这个产业做大、做强、做好。6 个月后，他重新振奋精神，投入工作。他要推广锦鲤产业，帮助更多人走上致富之路。

2018 年以前，遇到上门求教求助者，他会传授知识经验。父亲去世后，他更加主动作为。对于想要养鱼的村民，他大方地赠给鱼苗，确保村民利益。对于想要创业者，他无私地传授技术。2019 年，公司还与 12 个集体经济薄弱的村庄签订了合作协议。

唐王锦鲤集团从之前的鲁泉锦鲤“一产”起步，逐步实现第一、第二、第三产业融合发展，从锦鲤的养殖核心板块拓展到生产养殖、售后服务、渔业生物、水族科技、园林景观、文旅文创六大业务板块。锦鲤游走，风生水起，产业振兴吸引 20 多名本土青年从北京、上海、青岛等城市返乡。有的回来工作，有的成为合作伙伴，有的成为联合创始人，青年人回流乡村，投入乡村振兴，乡村焕发勃勃生机。

蒋世波说：“现在公司只是刚刚步入正轨，以后还会继续加大创新力度，创造更多价值。我们要做的事情还有很多，比如，文化振兴方面，公司不断创新文创产品，让锦鲤产品成为大众喜爱的‘随手礼’。我们已与山东大学城市文化研究院合作深入研究锦鲤文化，探索开发乡村旅游，建设具有特色的文旅研学路线，让更多人了解锦鲤知识、享受锦鲤文化，促进三产深度融合，给锦鲤产业注入持久活力，把锦鲤打造成为一个特色的农业板块，让‘唐王锦鲤’成为一个标杆项目和知名品牌，促进乡村振兴。”

蒋世波经历了三个阶段：离开家乡、求学工作、返乡创业，在不断解决困难的过程中历练自己、提升自己。一路走来，蒋世波仍然还是那个出发时的少年，却又迥然相异。

荣誉架前，蒋世波说：“宝剑锋从磨砺出，每次参赛，都是磨炼。”哪里有什么锦鲤少年，不过是你有多努力，才有多幸运。

言及未来，蒋世波说：“‘弘扬中华锦鲤，助力乡村振兴’是我们企业的使命。目前中国锦鲤产业的发展时间较短，我们先要培育、丰富自己的优秀锦鲤品种，建好中华锦鲤种子库。讲好中国锦鲤故事，弘扬中华锦鲤文化。”

▲公司荣誉架前的蒋世波

人物 5

济南莱芜毕学堂：返乡种姜，复兴“江北生姜第一村”

采访时间：2021 年 6 月

▲毕学堂

□ 面孔

毕学堂，济南市汶南农业科技有限公司总经理，山东省汶南电子商务有限公司总经理，2018 年度“山东省乡村好青年”。

毕学堂，1986 年 10 月生，济南市莱芜区高庄街道东汶南村人。2005 年 9 月，他毕业于青岛滨海学院市场营销专业；2009 年 7 月，在青岛多家企业从事市场营销工作；2012 年 5 月，创办莱芜市赢达商贸有限公司；2016 年 9 月，返乡创业，创办莱芜市汶南农业科技有限公司（现为济南市汶南农业科技有限公司）；2019 年 10 月，与村党支部联合创办山东汶南姜尚食品股份有限公司。

发展至今，公司立足生姜产业，延伸生姜产业链，三产融合发展，成为集种植、加工、科研于一体的农业综合示范企业。2020 年，公司的年销售额达 1500 余万元。

01 选择

返乡，种姜

2021 年 6 月的一个周末，我驱车前往济南市汶南农业科技有限公司。进入东汶南村，路边高高竖起的牌子映入眼帘：汶南姜，莱芜姜，世界姜。高牌之侧，就是公司。村子不大，口气不小。我心存疑问，且走且看。

总经理毕学堂介绍：“我们公司所在地东汶南村，自古以来就是中国北方生姜的发源地，有着悠久的种植历史。这里北临大汶河，土质肥沃，因此本地长的生姜一直以皮色好、口感好而远近闻名。”我觉得奇怪的是，无论是露天姜地还是大棚地里，地面姜杆的高度不同。毕学堂笑着说：“我们这是有意分期种植。轮耕轮植，为了错时出土，拉长生姜的销售期。大棚里有空调，即便冬天，棚内也是温暖如春，不仅能保证空气温度，而且提升了土壤温度。”

“你这生姜挺幸福的，还住着空调房。”我说道。

毕学堂说：“是啊。全国首创地暖式高温大棚，温度适宜，生姜一年可种两季，生姜产量和土地利用率翻倍。去年冬季我们种的是蔬菜生姜，80 元 3 斤。价格较高的原因有两点：一是品种好；二是季节原因，冬天鲜姜产量低。2020 年，公司生姜等农产品电商营收达 1500 万元，稳居阿里平台生姜销量冠军。”

▲东汶南村路边的立牌

我们边走边看，进入另一个棚——姜种大棚。棚内有些植物比人还高。

毕学堂介绍：“这是姜目，这个棚里有食用类、药用类、观赏类种质资源 6 科 17 属 174 种，是全国最大的种子资源库，由济南市农科院历时几十年收集，放在我们这里种养。旁边就是种培室，便于开展科研工作。公司为济南市农科院建有实验基地，与农科院共享科研成果，以提高公司科研能力和技术成果转化水平。”

姜目比人高？姜目能开花？万万没想到，看似平常的乡村，内有宝藏珍奇。毕学堂说：“等我们研学工作准备完善，这里将会对外开放，届时孩子们也能来参观，了解生姜品种、学习生姜种植。”

得知毕学堂是土生土长的东汶南村人，我自以为是地问：“你是本村人，所以深耕本土优势，慢慢发展起来？”

“哪里是这样，”毕学堂笑了，“大学毕业后，我在青岛工作。2012 年 5 月，创办莱芜市赢达商贸有限公司，从事手工艺发饰材料批发与零售。那时，莱芜电子商务业务尚未起步，公司起步较早，发展顺利，成为山东省较大的手工艺发饰材料批发商。2016 年，我们村党支部书记亓新华多次找我，邀我返乡创业。”

亓书记没讲赚钱之道，只谈如何规划人生和发展村集体经济，毕学堂深受触动：“亓书记原本在外地运营自己的公司，且生意红火。他却选择回村担任村支书，想发展姜产业，振兴村经济。亓书记和我讲如何才能带动村民脱贫致富，祖祖辈辈引以为豪的生姜不能就这么没落了，咱们得重现当年的辉煌。”

情怀感召人、机遇呼唤人，毕学堂决定回村创业。

02 问题与方法

科技创新提质增产，电商销售扩容增量

2016 年，瞒着家人，毕学堂偷偷返乡创业。当时村里不少姜地已成荒地，毕学堂和亓书记等 4 人，流转土地 207 亩，创办汶南生姜种植专业合作

社，建起3个大棚，开始生姜种植。难题就像拦路虎，一个个横在前面：如何增产？怎么提质？怎样销售？困难一个又一个，如何应对？

首先，在增产方面，毕学堂注重创新。建设大棚种姜，目的在于延长生姜种植期。大棚内室温虽然能够保证，但地温难以提升。生姜生长对地温的要求很高。地温低于20℃，生姜就会停止生长。能不能研发地暖大棚？毕学堂滋生这个想法，却被人嘲讽，还有人说等着看笑话吧。

毕学堂反复试验，但经常失败，长出的姜根本达不到质量标准。毕学堂晚上偷偷地把姜装到车上，拉到偏远地方扔掉，怕被人看见，遭到嘲讽。在自己摸索着干的同时，毕学堂还聘请专家进行各种试验。两年之后，全国首创地暖式高温大棚终于研制成功。从此，生姜一年可以种两季，土地利用率成倍提高。

其次，在种植方面，毕学堂采用绿色种植的方式，注重丰富种类。生姜种植，只用绿色肥料，采取水肥一体化的微滴灌模式。立足村里的生姜老品种，研发新品类，增加食用量。在生姜专家徐坤教授和济南市农科院专家的支持下，毕学堂研发出新品种——蔬菜鲜姜，从此生姜不再只作为调料食用。姜从传统调味用料变为蔬菜主菜，食用量成倍提高。

随着产量品质的提升，农产品“销售难”“收益低”的问题摆上桌面。怎么办？

最后，在销售方面，毕学堂注重品牌发展、电商运营。公司统一产品监管、收购、包装、销售，打出品牌——“鲁莱汶南”蔬菜生姜。公司自建APP，创立姜票提货系统，提前预售，发展订单农业。公司在多个电商平台开店，以生姜为基础，以特菜为突破口，打造品牌。线上线下同步销售，开辟致富新通道。公司还举办了多期电商培训班，参加培训的达2000多人次。

通过电商销售各类生姜产品和其他80余种果蔬，公司订单从最初每天只有几百单，发展到每天几千单。2020年“双十一”期间卖了1万多单，2020年销售额1500多万元。公司发展壮大，带动就业1500余人，带动村民共同致富。

随着产业振兴，生姜种植合作社规模不断壮大，至今已经流转土地

1000多亩，公司产品从基础生姜种植开始向高质化、多样化发展，研发推出生姜系列产品，分为大食品类、大美容类、大保健类三大系列。

2020年，毕学堂参加第九届“创青春”中国青年创新创业大赛，其创业项目“汶南姜”系列产品获得农业农村组银奖。

毕学堂说：“现在的发展远超自己想象。当初回村创业时根本想不到事业能做这么大。返乡创业比在外创业发展得更好，也得到了很多帮助。比如通过‘创青春’大赛，我得到创业导师指点，常与创业青年交流，自己受益匪浅。我得到组织部‘人才贷’的低息金融政策扶持。今年我还被吸纳进入村‘两委’。”

言及青年创业，毕学堂十分支持：“创业是很好的经历，通过创业，知道自己能干什么、不能干什么。创业过程中遇到坎坷十分正常。当局者迷，要善于跳出圈子看创业。要多学习，多和同行交流。”

03 现状与未来

吸引青年回流，振兴乡村有望

走完园区，我与毕学堂、村党支部书记亓新华、返乡青年座谈交流，探究合作社、东汶南村的发展模式、成功路径。

亓新华，也是80后，原在外地创业，2014年，被当地政府的“归雁工程”引回家乡，挑起村支书的担子。讲起本村生姜种植历史，亓书记眼里有光，他说：“东汶南村以生姜生产闻名。1960年开始向外推广。在20世纪80年代，十里八乡都知道‘进了汶南别说富，家家都是万元户’。我爷爷曾任团支部书记，后来任村党支部书记。听我爷爷讲，当时东汶南村的生姜销往全国各地。每个大城市都有我们村的人在卖姜。鼎盛时期全村500多户中有400多户从事生姜生意，东汶南村被誉为‘江北生姜第一村’。到21世纪初，生姜种植渐渐没落，有的村民放弃种植、外出务工。想重振生姜产业，必须要有人才。毕学堂是第一个回村的大学生。他回来之后，又带动本村的亓玉辉从上海一家大型企业辞职回村，后来几名大学生也陆续回村。”

亓玉辉，27 岁，本村人，原在上海从事财务工作，2018 年春节回家过年时，闲来无事听了毕学堂的电商课，很受触动。毕学堂趁热打铁发出邀请：“回来一起干吧。”此前，亓玉辉从没想过自己会回村工作。如今他已在城区买了房，每天“逆流”回村上班。亓玉辉说：“做个‘逆行者’也挺不错，不用担心堵车。”旁边的亓瑶瑶也笑了，他也是“逆行者”。

32 岁的亓瑶瑶，济南大学毕业后，就职于青岛一家公司运营视频号，月薪万余元。2020 年疫情期间，他返乡工作。亓瑶瑶说：“从小就知道邻村的东汶南村靠生姜起家。亓书记曾说，有的行业只是一时赚钱，人要有长远眼光。现在是互联网时代，农业电商不可限量。农业前期见效慢，但是跟着领头人干，心里有谱，未来可期。”

“从城市回村里，身边朋友理解支持吗？”我问。

“当时不理解。一个朋友嘲笑我：‘好不容易从村里出来了，怎么又回去了？自己在外赚钱不就得了，为什么要回村？’回村工作后，我经常发微信、发抖音，介绍公司产品等方面的内容。朋友看见后，觉得我们有想法、有前途。现在，朋友见了我还有点羡慕：‘你这小子挺有眼光啊。’”

▲以大学生为核心的青年团队

2020 年，疫情期间，回村工作的还有 32 岁的李玲，负责旅游；33 岁的贾心红，负责展馆；31 岁的吴镇，负责美工设计创意……无论是春节假日，还是特殊时期，青年暂时停留在乡村的时间，都成了最佳人才招引时机。一边是回不去的城，一边是发生着巨变的乡村，广大青年纷纷回流乡村。就这样，一个以大学生为核心的 11 人创业团队成立。

公司业已形成“村党支部 + 企业 + 农科院专家 + 大学生”创业模式。企业每年利润的 15% 交给村集体，增加了村集体收入。村党支部在发展思路、政策支持、土地流转等方面给予企业支持，村党支部代表村集体参与公司管理。农科院专家进驻企业给予科研指导，同时通过多种渠道吸引大学生回乡创业就业。

毕学堂介绍：“党建引领，产业振兴，专家指导，人才回流，多方共赢，形成良性循环。企业立足生姜产业，通过产业引领，吸引青年回流，青年人才回流推动企业发展，投身于乡村振兴。”

人才回流，给生姜种植提供了职业化传承和创新性发展的条件。在产业发展的带动下，生姜种植技术得以传承、发展、提升，现在村里已经有 10 人获得新型职业农民证书。培养新型职业农民，为农民群众开辟了新的致富途径，同时使得生姜种植工艺得以传承光大。生姜产品销往全国各地。种植量大的地方，会派技术人员过去传授相关技术。

经过 5 年的发展，公司基地占地面积 1000 多亩，成为集种植、加工、科研、旅游于一体的农业综合示范企业。企业发展劲头十足，家乡焕发生机，毕学堂的脚步不仅没有停歇，反而是紧锣密鼓地向前奔。毕学堂说：“今年有三个小目标：一是生姜种植技术再提高，力求四季产量平稳；二是公司产品申请注册国家地理标志产品，并通过审批；三是下半年完成冷库建设。”

对于未来，毕学堂心中早有规划：“等财力、人力等资源条件具备之后，我们还要建设自己的生姜食品加工厂、生姜种植园、生姜美食馆、生姜博物馆、健康养生馆等汶南生姜古村落田园综合体项目。届时，可以进行研学、养生等休闲娱乐活动，延伸生姜产业链，丰富市民假日生活，达到三产融合发展，复兴‘江北生姜第一村’。”

▲村党支部书记亓新华（左）和返乡创业青年毕学堂（右）

交流中，亓书记、毕学堂对人才的渴望最是动人：“村里祖辈人都觉得，黄土地里刨不出金疙瘩，考上大学，就意味着能够离开乡村，去往城里生活。可是现在时代不同了，随着乡村振兴战略的实施，各种利好三农政策的出台，乡村发展前景不可估量，希望能有更多的青年人知道我们干了什么、知道我们的事业会有怎样的发展前景，希望能有更多的优秀大学生加入我们的队伍！咱们一起发展生姜产业、传承生姜文化，提升汶南生姜的品牌和知名度，重振‘江北生姜第一村’。”

相关 链接

莱芜区，2000余年生姜种植之地

在济南市莱芜区，可以说家家户户离不开姜。姜以其药用价值和食用价值成为人们的宠爱之物。作为莱芜的传统农产品和特色农产品，姜既是美味，又是保健品，民间有“冬夏吃生姜，不劳医生开药方”之说。《论语》中有记载，孔子生平“不撤姜食”。清宣统年间已把生姜作为纳税科目，新中国成立前莱芜是华东地区最大的生姜主产区。1960年，莱芜被山东省定为生姜商品基地县，将莱芜生姜列为名贵产品。1985年，莱芜生姜荣获农业部优质产品奖。1997年，莱芜被命名为“中国生姜之乡”。

得天独厚的自然条件、特殊的地形、良好的水质造就了莱芜生姜优质的品质。莱芜生姜的特点有块大、皮薄、色泽鲜亮，且丝少、肉细、辣浓味美，最重要的是营养丰富。2008年，莱芜生姜获得国家工商总局地理标志证明商标，被确定为北京奥运会专供产品；2016年通过农业部农产品地理标志认证，获山东省首批十大农产品知名品牌、全国果蔬产业百强地标品牌；2017年荣获全国十佳蔬菜地标品牌。

青岛城阳王倩：放弃留学从医，把曹村草莓推向全国

采访时间：2021 年 6 月

▲王倩

□ 面孔

王倩，青岛曹村草莓专业合作社理事长兼团支部书记，青岛鸿得源现代农业科技有限公司总经理，2020 年度“山东省乡村好青年”。

王倩，1986 年 9 月生，青岛市城阳区夏庄街道王家曹村人。2007 年 7 月，她毕业于山东医学高等专科学校护理专业；2009 年 10 月，担任青岛曹村草莓专业合作社理事长；2020 年 3 月，创办乡缦田园，探索发展休闲观光农业。

王倩与“中国草莓之父”姜卓俊教授共同研发了“超早熟无公害草莓栽培技术”，使得草莓提前到 2 个月上市，破解了我国草莓断档的行业难题。曹村草莓通过国家绿色食品认证，成为青岛市的著名商标。

01 选择

放弃新加坡留学，回村种植草莓

2021 年 6 月的一个周末，我来到青岛曹村草莓专业合作社。

曹村草莓以绿色、健康、口感好闻名，其草莓瓜果是青岛市农产品的一张名片。没有见到草莓，王倩解释说：“草莓还没种呢。每年 3、4 月最忙，6、7、8 这三个月是我们的淡季。”

没能看见草莓，只能走进草莓种植大棚看一看。大棚里种着丝瓜。三脚架上，丝瓜缠绕。王倩介绍：“这个棚里原本种着草莓。草莓下市前一个月，在两拢草莓中间种上丝瓜。现在草莓已经收完，只剩下丝瓜了。6 月天热，丝瓜不太需要管理。等收完丝瓜，养养地，再种草莓。”

此棚棚主是种植户老王，今年 50 多岁。

“收入怎么样？”我问。

老王腰杆笔直地说：“平平常常的年景也比打工收入多，再说干这个也自由。我老家是莒县的，从前跟着她爸干，现在跟着她（王倩）干。我有个孙子，原来儿媳妇在家里看孩子，现在孙子上幼儿园了，儿媳妇也来这里，跟着她干。”

▲王倩与棚主老王交流

“老王和他老伴一人种一个棚，两个棚每年纯收入至少 10 万元，可比出去打工合算，”王倩笑笑，“这里干得最好的是李秀芹阿姨，去年她一个棚赚了 13.7 万元。儿媳妇在家看孩子，她这婆婆给发着工资。”

“和城里相反啊！城里多是儿媳妇上班，婆婆看孙子。”我笑着说。

“大棚收入多高啊！合作社社员在家里地位高，很有成就感。原先每亩地草莓产值也就 2 万多元，现在一亩地净收入 5 万—8 万元。绿色健康新品种，再加上旅游采摘因素，收入大幅提高。”王倩十分骄傲地说。

另外一个棚里的葡萄熟了。王倩摘下一串，边吃边说：“园区里面，除了曹村草莓，还有葡萄、黄瓜等 20 多个新品种。2019 年园区共生产和销售草莓、西红柿等特色农产品 920 万公斤，实现产值 1.2 亿元。我们是山东省农业旅游示范点、山东省精品采摘园。曹村草莓已经销往北京、上海等 30 多个大中城市，获得了‘中国农产品品牌博览会优质农产品金奖’等 10 多项荣誉。”

说起草莓，王倩滔滔不绝。对她来说，草莓不仅是她为之奋斗的事业，更蕴含着她对父亲的情感。

2007 年 7 月，王倩从山东医学高等专科学校毕业。毕业之后，她继续在校参加医学护理技能培训，2009 年 3 月，通过测试，得到一个去新加坡学习进修的机会。王倩回家办理手续，准备 5 月底出国。回家之后，因父亲王哲德胃疼，她便陪同父亲去医院检查。父亲早年患有慢性胃炎，长年吃药。万万没想到，检查结果竟然是胃癌晚期。王倩二话没说留了下来，寸步不离地照顾着父亲，而她的人生轨道也由此改变。

当时父亲正在进行脱毒草莓苗种植推广。父亲身在病床，心在大棚。4 月，父亲做完第一次手术后没有回家，而是先去棚里看苗。每次做完一个疗程的化疗，父亲就立即回到草莓大棚。做完胆囊切除手术后，父亲干脆搬进大棚里的活动板房住，因为 7 月底、8 月初是草莓育苗的关键时期。当年 12 月，满是牵挂的父亲去世了。家里的顶梁柱塌了，弟弟尚小，忙于中考，母亲一人操持着家里的 8 亩田地。父亲联合村民成立的曹村草莓专业合作社运行仅一年，领头人没了，合作社面临解体。

何去何从？曹村草莓饱含着父亲的心血和希望。父亲即便疼得身体蜷缩起来靠在墙上，依然牵挂着草莓苗。王倩决定：放弃留学从医，女承父业，完成父亲尚未完成的事业。

亲友听闻，议论纷纷。有人说：“小姑娘家家，回农村种地，她是疯了吗？”王倩找社员探讨种植技术，有人爱答不理：“一个小丫头，懂什么？”一次回村，她在前面走，有人在后面指指点点：“一个大学生，不出去上班，却回来种地当农民。”

面对别人的质疑与不屑，王倩更加勤奋、更加坚强。王倩性子刚烈，心里想：“女孩怎么了？农民怎么了？我非要干出个样子，给你们看看！”

志好立，事不易。虽然自小生活在农村，但王倩并没有干过农活，更谈不上了解种植技术、管理方法，还有销售经验。王倩能把事业做成今日光景，她靠的是什么？碰到难题，她是如何解决的？

02 问题与方法

科技兴农，发展旅游采摘经济

王倩的父亲去世之前经常念叨：“咱家只有 8 亩地，地太少了，要是咱有 20 亩地就好了，可以拿出地来用作试验田，请专家来指导。我们没有文化，可是专家有技术啊。可惜啊，我没干成。”

没能拥有试验田，这是父亲的遗憾。想要引入新技术，这是父亲的希望，也是农业发展之道。雨滴汇入山谷的具体路径是不可预测的，但它的大方向是必然的。虽然对农业了解不多，但王倩知道努力的方向：农业想要发展好，科技含量不能少。王倩决定承包一块土地，用于种植，方便科研创新。

在城阳区，找地难。要么地块小，要么地偏远。2009 年底，听说西石沟社区有闲置田地，王倩赶紧去看。已经荒废多年的地里堆满建筑垃圾，原本等着旧村改造，现在想要出租。那块闲置田地共 80 亩，王倩想要 20 亩地。没想到村里开出条件：要么全租，要么不租。若是不要，王倩已经跑了 30 多个社区，仍未找到合适田地；若是租下，当时家里为给父亲治病几乎花光所有的积蓄，原本丰厚的家底只剩下 10 万元。

怎么办？母亲、姨妈把自己的房子抵押贷款，姑姑拿出给儿子准备的婚房抵押贷款，姨父担保借款。就这样，东拼西凑筹足了资金。2010 年 8 月，王倩签好合同，包下 80 亩地，计划建设草莓新品种种植示范基地。

2010 年底，王倩迈开了创业的第一步。没钱请人帮工，完全靠自己和家人动手。王倩一边建设大棚，一边试验种植。租好土地，插上秧苗，已经家徒四壁。可是大棚外层的塑料薄膜、草帘子的钱还没有着落。亲戚们已经借遍了。一个亲戚为了躲避王倩借款，绕着王倩走，一年多没和王倩说一句话。

怎么办？如果父亲健在该有多好！王倩跑到父亲墓前哭诉，然后抹干眼泪回家继续想办法。实在没招了，拿出父亲生前使用的手机，找出电话号码，给父亲的朋友打电话借钱。

有人听后直接挂掉电话，有人斥责："你这不是骗钱吗！"给通讯录里的"崔总"打电话，对方说："我筹筹看。"崔总是王倩父亲的客户，常找父亲买水果。王倩没抱太大希望。没有想到，第二天崔总司机送来 50 万元现金。王倩收钱、打条。一会儿司机返回，把欠条从门缝里扔了进来。隔着门喊："崔总说不要借条了。"什么叫走投无路，什么叫绝处逢生，王倩非常感激。创业路上，王倩尝遍百味，披荆斩棘，一路向前。

那段时间，王倩每天早晨 5 点多起床，拿着厚厚的农业书来到草莓大棚，蹲在棚里，边看边种边研究。学习垄地、搭架子、浇水、施肥，观察草莓生长和病虫害防治情况，遇到不懂的问题记录下来，逢人就请教。直到天黑没法干活了才回家。回到家里，再和母亲交流、分析情况，母亲睡了，自己挑灯看书，总结当天所学所感，写到凌晨是常态。

草莓 2 个月的生长期里，王倩每天只睡两三个小时，连睡觉做梦都在搭架子、做记录。王倩笑言自己腰椎、颈椎都不好，就是那时落下的病根。然而身体累出毛病，草莓却只长茎叶不出果。

资金贷款压力山大，试验失败令人沮丧。顶不住的时候，王倩会到父亲墓前哭诉。哭诉完了，继续干活。

2011 年 7 月，王倩终于完全掌握了父亲生前一心想要推广的脱毒草莓苗种植技术。脱毒草莓苗病虫害少、产量更高，可是没人愿意种植。

如何快速推广优质品种？王倩想到大舅。大舅的田地位于村里田地的中间地带。如果大舅种植收入好，定能起到典型示范带动作用。可是任凭王倩如何劝说，大舅就是不愿种植。因为原有草莓品种都是自己育苗，几乎不用花钱。这个品种需要买苗，一个棚平白多出 1 万—2 万元成本。新品种种植难不难、销售好不好，谁敢保证？

怎么办？趁大舅出门，王倩、母亲两人在其地里种上新苗。大舅回来之后，目瞪口呆。王倩说话硬气："反正种上你就不能拔了。我给你保证：到年底，一个棚最少能赚 5 万。赚不足 5 万，我给你补上。"

2011 年底，王倩大舅乐呵呵地说："这种草莓苗子能增产三分之一，并且还不容易生病，省时省力赚钱还多。"平时，邻居常去大舅地里看新苗、问情况。第二年，无须多言，村里农民主动找上门要求跟种新品种。王倩说："村里农民就是这样，你说，他是不会信的。除非你做出来，他看见了，才会相信。"社员们信服了，跟着王倩，收益越来越好。威信树立起来了，管理严格了，合作社一步一步走向正轨。

从 2009 年接手父亲的草莓合作社发展至今，王倩注重产学研结合，不断研究应用新技术，合作社社员的纯收入由起初的每亩 2 万多元增长到现在每亩 5 万—8 万元。合作社规模从刚开始成立的 30 户 50 多亩地发展到 156 户 1500 多亩地，成员覆盖城阳、平度、莱西、即墨、胶州，以及德州等地区。

"为什么草莓种植收入会这么高？"我问王倩。

王倩说："主要原因有三点。一是科技含量高。比如，我们与'中国草莓之父'姜卓俊教授合作，共同研发了超早熟无公害草莓栽培技术，让草莓提前到了 10 月至 11 月上市，破解了我国草莓断档的行业难题。曹村草莓的品牌已经在全国打响。我们与青岛农业大学、青岛市农科院等高校、科研单位达成长期合作关系，共同研发新品种，已研发成功'超早熟无公害草莓栽培技术'等农业新技术 4 项，引进农业新品种 30 余个，推广农业新技术 11 项。二是管理严格、绿色健康。曹村草莓色泽鲜亮、口感好，糖度比普通草莓要高出 6—7 度，并且无污染、无公害、无残留，一次性通过农业农村部绿色食品认证的检测。这个认证需要检测水质、土壤、化肥残留、草莓中的各项微量元素、有机因子等各种指标，要求很高。在草莓种植行业中，我们是青岛唯一一家申请通过农业农村部批准的绿色食品认证的合作社。三是借助近郊游发展旅游农业。随着近几年近郊游井喷式的增长，我们发展了气雾式立体栽植模式，这种技术无须土壤，节省空间，还方便游客采摘。”

经过十几年深耕，王倩已经成为草莓专家，成为合作社的领头人和社员的当家人，带领一方百姓增收致富。对于自己的付出，王倩认为自己不过是尽了本分：“我和父亲感情很好，无话不谈。别人问我父亲技术方面的问题，他从不保留。父亲说只能共同进步、不可藏私。父亲的务实奉献、大公无私影响着我。耳濡目染之下，我觉得分享知识、共享技术是理所应当的。”

“毕竟学医多年，一朝转身务农，有没有后悔的时候？”我问。

“从未后悔！学过的知识，我没浪费，都给我爸用上了，”说话硬气的王倩唯独谈起父亲柔软起来，她转过头去抹去泪水，“我觉得父亲没有离开我。我经常去他墓前唠叨唠叨。我完成了父亲生前的心愿，他没干成的，我替他完成了。现在开始做自己想做的事情……”

言及青年创业，王倩双手赞成：“青年不创业，啥时候创业？青年人有干劲、有拼劲，考虑多了干不成事。不过创业不易，要多注意，以我自己的经历来说，一是要坚定信念，有韧劲。当我还钱给崔叔叔时，问他借给我 50 万为什么不要欠条，他说压根儿没指望我能还上，借钱给我不仅是因为敬重父亲的人品，更多缘于我身上有股不肯服输的韧性。他说每次路过我家地时，总能看见一个小姑娘在地里忙活，他就想帮上一把。二是女性创业还要争取家庭的支持。丈夫支持我创业，婆婆帮助照顾两个孩子，家人是我强大的靠山。三是要注重学习。学习机会无处不在，旅游参观是学习，和社员一起聊天也是学习。要开阔眼界，交流分享，互相学习，共同进步。”

03 现状与未来

还原自然生态，打造生态循环

如今，曹村草莓专业合作社在经营管理上实行生产管理“五个统一”，即“统一技术、统一标准、统一检测、统一销售、统一品牌”。所有种苗都由合作社统一提供，确保品种优良；统一种植标准、科学种植；统一检测，保证品牌；统一包装，树立品牌，方便销售。

合作社有自己的技术团队，技术人员定期走访合作社社员的大棚，现场指导社员进行科学种植。王倩不仅自己学习，同时带动大家共同提高。合作社每年免费举办农业新技术培训班 10 期以上，通过技术讲座、现场操作等形式，向成员传授农业新技术。有些农民成了专业人才，经常被人邀请到外地担任技术顾问。

随着“一带一路”倡议的不断深入，王倩乘势而为，把草莓种苗及种植技术发展到了上海合作组织成员国——乌兹别克斯坦。

2019 年 5 月，王倩与朋友在塔什干建起了“金陆农业产业园”，把曹村草莓种到了乌兹别克斯坦。塔什干的草莓 5 月成熟，成熟期只有 20 天，而在王倩的草莓园里，草莓从 10 月下旬开始成熟，成熟期长达 6 个月。

如今，王倩探索发展休闲观光农业。每逢果蔬成熟，举办草莓、葡萄等采摘节，以及篝火晚会、纳凉晚会等亲子活动。绿色果蔬与休闲旅游吸引了市民与游客前来采摘游玩，推动了产业融合发展，提高了合作社和农户收入。2019 年共接待游客 4 万余人次，全年旅游营业收入达到 320 万元，带动产品销售收入 350 余万元。

“下一步，想要发展成什么样子？”我问道。

王倩认真地说：“我要把农业生态循环做出来，这是我的新区乡嫚田园，2020 年 3 月创办。新区南边，是孩子的游乐天地，有标本制作室、钓鱼水

▲盆栽蔬果大棚内景

池、盆栽大棚、蘑菇城堡等各种项目。”

往东走，是大棚。步入一棚，里面是各种盆栽蔬果，十分适合市民在阳台种植。

再进一棚，是“蘑菇城堡”。王倩介绍说：“里面分区种植。这一排种草莓，那边种百香果、蘑菇，还养着萤火虫。”

说话之间，王倩突然把我拽到一边。这才发现我脚下踩的是火车轨道。只见一辆小火车闪着灯冲了过来。游客们正在乘坐着小火车环园参观。

“我去日本时，在景区里面看见小火车，十分喜欢，回来就给我们园区装上了。”王倩介绍道。

向北走，是蝴蝶园，里面生活着凤蝶类、粉蝶类蝴蝶。我们边走边聊，一只大帛斑蝶翩翩起舞，轻飘飘地落在王倩手心。

▲王倩在蝴蝶园

低头看草，王倩看见有虫在动，对我说：“这上面长出瓢虫了。等它长大一点，把它拿到草莓棚里，瓢虫是蚜虫的天敌。我们养殖各种昆虫，然后放入大棚，想做真正的生态农业，还原自然生态，再对孩子进行自然教育。”

对于未来，王倩信心满满：“一是继续发展现代农业，我们主打曹村草莓品牌，此外还种植了 20 多种绿色优质果蔬，发展旅游项目，开发采摘经济，推动产业融合。二是对于农产品进行深加工，延伸产业链。三是条件成熟后，做好田园综合体。”

“新园建设的资金需求大吗？”我问。

王倩回答：“建设乡嫚田园投入了 5000 万元。创业永远在路上，钱永远不够用，我总是在借钱、贷款。我妈有时会吐槽我：‘你爸在的时候，俺啥都有，也从来不缺钱，怎么跟着你，总是在借钱……’农业发展周期很长，但是不管怎么缺钱，都要重视科研。我们会不断加强与山东农业大学、青岛农业大学、中国农科院等高校、科研院所的合作研发，发挥科技力量，推进产业振兴。”

一路惊喜不断，但未见草莓，还是心有遗憾。王倩介绍：“曹村草莓供不应求，根本不用推销，买家主动上门。我们采取提前网上下单的销售模式。网上接单之后，才去采摘草莓。”

我问：“最贵时，是几月？”

王倩说：“最贵是在 10 月，一盒草莓 1 斤左右，大约 12 个，每盒 300 元。”

“25 元一个？”我略有吃惊地说。

王倩介绍：“是啊。有一次打车出去吃饭。我妈说，车费 20 多元，就顶一个草莓的费用。餐费 300 元左右，就是一盒草莓的钱。农民的日子过得越来越好了，一点儿不比城里差。我们村家家户户都有车，住的房子比城里大，环境还好。吃的蔬菜，都是自己种的。”王倩接着说：“我弟弟大学毕业后，原来在城里工作，现在也回来跟着我干。今年有六七批大学生来这里实习，他们愿意和我们交流探讨农业的发展状况，这是之前没有的现象。社会在变，大学生的心态也在变，农村会越来越好的。当农民，光荣！”

人物 7

▲赵胜建

淄博博山赵胜建：

大学毕业回乡，把山村打造成连接世界的世外桃源

采访时间：2015 年 5 月、2022 年 4 月

□ 面孔

赵胜建，淄博博山幽幽谷旅游开发有限公司总经理。

赵胜建，1984 年 7 月生，淄博市博山区池上镇中郝峪村人。2006 年 7 月，他从威海职业学院毕业；2012 年，成立淄博博山幽幽谷旅游开发有限公司，负责全村旅游项目开发和运营。

01 选择

就业、出国、还是回村？怎么选？

中郝峪村，位于山东省淄博市博山区池上镇，淄河上游，地处鲁山主峰之阳、十里桃花溪之尽头，距离淄博市博山城区 43 千米。这里环境优美，森林覆盖率 96% 以上。

然而，村居深山，随着年轻人外出求学打工，山村渐渐凋零。2015 年 5 月，我驱车前往中郝峪村，几番峰回路转，终于到达中郝峪村。

曾经的中郝峪村一度是贫穷、落后、闭塞的代名词。2006 年，中郝峪村只有 60 多人，然而今天却已有 112 户人家、360 人。2022 年，全村综合性收入 4000 万元。被人遗忘的偏隅山村如何成了年轻人“回得去，留得下”的桃花源和致富地？

听说山村之所以有如此巨变，是因为一位大学毕业即回山村的青年人。我心生好奇：他是谁？他做了什么？

▲村居错落有致

2006 年，22 岁的赵胜建即将从威海职业学院毕业。作为“省级优秀毕业生”的他，已有两份工作在向他招手：青岛海尔集团就业，新加坡深造并就地安排工作。踏入名企，还是出国深造？

繁华的都市生活已经向他张开双臂，可是谁也没有想到，赵胜建竟然回到了自己的出生地——淄博市博山区池上镇中郝峪村。

回到乡村？他因为什么为自己的人生之路做出了取舍？

赵胜建，身材魁梧，皮肤黝黑，典型的山东大汉形象，只有 31 岁的他已经成为这个乡村的致富带头人。这愈发激起我的好奇心：赵胜建做了些什么，他是如何成长为这个山村的致富带头人的？这个小山村又如何成为今天的中郝峪村？

2006 年 7 月，毕业季，赵胜建的父亲被查出患有重度心脏病，医生建议立即手术，否则随时有猝死的可能。身为独子，孝顺的赵胜建毫不犹豫地放弃了诱人的就业机会，回到自己的出生地，成为村里唯一一名常驻的青年人。

02 问题与方法

村子成公司，村民作股东

当时，中郝峪村的多数村民依靠种植玉米、小麦等农作物为生，勉强糊口，村头巷尾常坐着一堆打牌的人。赵胜建一边照顾父亲，一边琢磨如何创业、如何带领村民一起致富。他看好了池上镇的特色农产品桔梗。经过考察学习，赵胜建决定开办桔梗加工厂。

刚毕业的娃儿能开工厂？面对质疑，赵胜建顶着压力，在家人的帮助下，终于筹到 30 万元作为启动资金。他把邻近 3 个村落闲居在家的 100 多名妇女集合起来搞加工生产，他负责对外，跑销售。经过一番摸爬滚打，产品远销韩国，每年居然能盈利几十万元。村民收入提高了不少。可是桔梗加工出口技术含量低，由于从事该行业的企业逐渐增多，还有桔梗种植产量下降，利润空间逐渐被挤压。赵胜建一边经营着桔梗厂，一边思考着下一步的计划。

一次外出考察，赵胜建瞅准了旅游业。因为他看到越来越多的城里人喜欢到乡村休闲度假。中郝峪村总占地面积2800余亩，其中耕地600余亩，山林面积2000余亩，水域面积160余亩，村里空气清新，风景优美。基于家乡的特有优势，赵胜建想重振村里的农家乐经济。

其实早在2003年，村里就开始发展农家乐。当时是村“两委”自筹资金1万元作为旅游业户的奖励扶持资金，希望通过发展旅游来致富。当年夏天，中郝峪村5户农家乐正式开始营业，且效益不错。于是，更多的村民也迅速开起了农家乐。农家乐高峰时多达30多家。随着数量的增加，为了争抢客源，业主之间相互压价、互相贬低。恶性竞争的后果是收入锐减，大半农家乐关门停业，旅游致富这条路越走越窄。

何去何从？如何发展？村里开会商量对策。赵胜建提出了自己的拓展思路：联合所有农家乐业户，以公司化集体运营方式，把全村的土地、房屋等资源按评估办法整合入股，成立旅游公司，由村“两委”兼任董事会成员，共同研究公司发展方向。至于分红，老弱病残不需投资即可享受无风险的人头股，其他村民除了享受人头股，还根据入股额度享受利润分成。

赵胜建的方案一出，声似惊雷。村民质疑：村民入股成立公司，从来没有听说过。没有客源，成立公司有什么用？村民入股，如何评估计算？村“两委”也顾虑重重：村民们能放心地交出资产入股吗？如何统一管理？

诸多困难摆在眼前，然而赵胜建是个不达目标决不罢休的人，他说：“我想干的事，一定要干成。”倔强的他按下手印，写下了保证书：“我来投资！赔钱我自己担，赚钱大家分！”

既然没有风险，尚存的几家农家乐业户就抱着试试看的心态入了股，2012年，博山区幽幽谷旅游开发有限公司成立。公司成立后，赵胜建面对三大难题：一是如何规划设计、创出特色、吸引游客？二是客源很少，如何做好营销？三是如何管理农家乐业户？

面对第一个难题，赵胜建认为，首先要打好基础、创出特色。建好基础设施，完善交通网络，修建景区专项旅游线。对全村主次干道统一进行全面硬化，统一建设停车场和停车位，方便游客进得来、住得好。赵胜建出资对农家乐业户统一翻修、统一定价、统一管理，农家乐业户们只需保障食宿卫生和服务质量。

我在村里走街串巷时，看见路边有木头制成的秋千，墙角有石磨碾子，所有的房子上都有明显的数字编号。随意步入其中，便会看到手捧美食的农家大娘形象，马大娘豆腐坊、老梁煎饼坊、二妗子馍馍坊……墙上的人物就是业主，色彩浓郁、3D画法，招牌美食，各有特色，令人过目难忘，浓浓的生活情趣、热热火火的生活气息扑面而来。

▲手捧美食的农家大娘　　图片来源 / 赵胜建

赵胜建带领股东，依托本地特有的生态资源，以普通农家院为基础，开发建设了蔬菜劳作园、桂花赏花园、真人 CS 对战、漂流、宿营等休闲体验项目。

酒香也怕巷子深。对于营销，赵胜建主抓两点。一是主动出击、外出推销。赵胜建和他的团队背着大捆的宣传材料跑遍了周边城市，到各大旅行社去推销幽幽谷旅游公司，想方设法把人带到村里。虽然吃了无数次闭门羹，但中郝峪村的名气也渐为人知，游客越来越多。二是把客人变成亲人。赵胜建说："好客山东，咱怎么好客？村里永远也不会收门票。我们要用真情来留住我们的客人，把来的客人都变成亲人。"

一年之后，首批入股业户的收入全部翻番，旁观的村民有了信心，争相入股。如今，全村已有 90 家农家乐业户。游客的接待由公司统一安排，而无论吃住在谁家，由于人人持股，全村人都受益，所以村民邻里团结友爱，互相学习，合力共进。

现在，中郝峪村村民人均年收入 6 万多元，是 20 年前的 30 余倍。

2012 年，幽幽谷旅游开发有限公司正式成立，负责全村旅游项目开发和运营，实行“公司运作 + 单体承包 + 村民入股”的综合性发展模式。全村村民都有股份，家家互相学、相互比着经营。

▲赵胜建介绍幽幽谷拓展培训中心的相关情况　　图片来源 / 赵胜建

随着农家乐业务的增多，赵胜建的工作重心从主抓建设转为主抓管理。虽然忙得每天只能睡五六个小时，但赵胜建仍会抽出 1 个小时去读书。

在中郝峪村公司化运营的过程中，公司营业环境、诚信文明也被纳入考核范围，由于村规民约履行情况与经济利益考核相挂钩，使得每一条规矩的实施都真正有了抓手，能够落地执行。

赵胜建不仅解决了村民的致富问题，更把村委的管理、服务功能落到了实处，从而把物质文明和精神文明建设完美地结合在一起。比如，村规民约对乱扔垃圾、散养家畜、酗酒闹事等有着详细、严格的规定，一旦违规，经其他村民举报，将会罚款。由于经济杠杆的制约调节，村民们对于村约民规已然熟记在心，受罚者越来越少。如今的中郝峪村，无论是硬件设施还是民风民俗，都成了大家心目中的理想家园。

赵胜建说："村子发展步入正轨，我们现在不缺资金，迫切需要的是人才！随着公司的发展壮大，现在我还想再招 5 位有旅游管理、市场营销经验的青年人。"

人才是困扰赵胜建的最大难题。赵胜建曾经从外面聘请了专业的管理人才，但青年人最怕的是寂寞，多数青年工作一段时间就离开了。后来，赵胜建想方设法地把外出打工的本土青年吸引回乡，毕竟他们对家乡有感情。在赵胜建的召唤下，外出打工的青年人一个个都回到了村里。在赵胜建的带领下，他们各展所长，或开拓市场，或负责餐饮，或专职设计，忙得不亦乐乎。很快，CS 俱乐部、拓展训练营地、24 小时公益救援队相继成立。村子也有了自己的微信公众号。古朴的小山村焕发出勃勃生机。

为了留住青年人，赵胜建是老板，也兼任"父母""红娘"的职责。有的年轻人要买房、买车，他自己先给垫上钱。到了夜晚，赵胜建办公室的灯也总是亮着，白天和伙伴们忙了一天，晚上就给他们谈心，坚定他们的信念。

不仅自己爱学习，赵胜建还带着整个团队向前冲。淄博团市委举办的学习活动，他带头参加。2013 年，村里还成立了团支部，并且经常邀请北京、山东等地高校的专家来村授课，讲解旅游管理、市场营销等方面的专业知识。

2006 年，赵胜建是村里唯一的青年人，现在公司运营团队 66 人，平均年龄 26 周岁。赵胜建说："村里能把青年人吸引回来，才有前途。只要青年人回村，总书记讲的都能实现。"

赵胜建看好青年返乡创业就业，同时提醒青年人："一是返乡创业就业机会很好，但要提前做好思想准备。'回乡工作没出息'的传统观念仍然存在，思想上要做好抗压准备。二是创业需要资金基础，要提前考虑。三是要熟悉、了解国家政策。国家对农用土地控制得十分严格，我们必须严格遵守国家政策。同时一些职能部门给予了很大支持，比如山东省文化和旅游厅先后派驻多位专家为村庄做发展规划，组织我们赴省外、国外进行交流，并投入 200 余万元引导资金进行改厨改厕，辅导、支持我们把闲置危房改造为农家乐，盘活闲置资产，培育引导村庄向以亲子体验、休闲、度假、农耕文化、森林康养为主的乡村旅游综合体发展。”

03 现状与未来

做出特色，做成“唯一”

近年来，山村巨变。在村子东首，养老院即将落成。赵建胜说：“我们村里 70 岁以上的老人可以自愿入住、免费养老。我们村正在建食堂，建成后，全村人都可以来免费就餐。”

“为什么要建养老院、食堂？”我问。

赵建胜说：“一是目前村民都以服务游客为主要工作，很多时候忙起来自己的生活都照顾不上，主要为了给村民提供便利的生活条件；二是为了全村共同富裕，我们想要达到养老保险免费、医疗保险免费，一日三餐免费只是共同富裕的第一步；三是为了报答小时候村民对自己照顾、帮助的恩情。”

2006 年，赵胜建毕业回乡时，村里只有 60 多口人，而现在，村里有 300 多口人，原本在外打工的青年人全部回村，因为“村里的日子有奔头”！

在赵胜建眼里，村里处处是宝。村里产的板栗叫“大栗丸”，产的蜜叫“幽谷小蜜”。村里的地瓜，有的生长在山顶、山腰，有的生长在山脚，因为生长的位置、温度、湿度不同而被分类销售。市场上的地瓜每斤 1.5 元，而他村里的地瓜每斤能卖到 4.5 元。说起乡村产品，赵胜建如数家珍。

谈起村子的未来，他两眼放光：“青年人要来农村。在农村这个广阔天地里，一定大有作为！下个月，我们就将推出自己的电商平台。我们村里的土地租种、吃、购、游、娱等所有项目都可以直接从网上订购。邻村将要并到我们村统一管理，还有 5 个村子想让我们去经营。我正在思考如何复制我们的管理模式。”

因为疫情的原因，2022 年 4 月 16 日，我只能连线采访赵胜建。

“上次见面交流还是 7 年前。以前的目标都实现了吗？现在村子发展情况如何？”

“远超当年的计划。我们十年如一日，深耕细作、久久为功，村里现有农家乐民宿 103 家，可同时容纳 800 人住宿、2000 人就餐。村子已经形成了成熟的发展模式——‘公司运作 + 单体承包 + 村民入股’。依靠本土优势，创新调整农村经济产业结构，我们做出特色，做成‘唯一’。桃林十里，桃花溪畔，吃农家饭、住农家院、观农家景、享农家乐，中郝峪村已经成为特色乡村旅游的代名词，真正实现了‘绿水青山就是金山银山’。中郝峪村先后被评为‘世界旅游联盟组织国际旅游减贫经典案例’，获‘中国乡村旅游模范村’等荣誉称号。国家文化和旅游部还依托‘郝峪模式’制定了全国乡村旅游模范村的评定标准。‘郝峪模式’已经成为典型，目前在全国范围内实现了 20 个村‘郝峪模式’的输出与植入，还在全国范围内经营着 10 个村。”

“我去的时候，村里食堂在建，现在建好了吗？”

“早就建好了，一日三餐，村民免费，也对游客开放。乡村旅游扶贫电商平台也建好了。我们还建成了社区服务中心、农事体验园、趣味运动场、山景观赏平台，还有幽谷美宿、山涧民宿、鲁中农耕文化活态长廊与乡村记忆博物馆。”

“为什么要建乡村记忆博物馆？”

“一是因为乡村文化是村庄的灵魂所在，建设记忆馆能够保护、传承家乡传统文化习俗；二是乡村记忆馆也是一个研学项目，建设乡村记忆馆丰富了研学内容，通过参观学习，对孩子们进行劳动教育。”

“您父亲身体如何？”

“谢谢关心。这也是我特别欣慰的事情。当初回村创业的原因之一是照顾父亲。我把家庭、村子发展扛起来了，尽量不让父亲操心。2013 年，父亲做了心脏搭桥和换瓣膜手术之后，身体恢复良好，现在完全可以正常工作、生活。”

“现阶段公司的发展目标是什么？”

“一是 10 年内在全国范围内发展 100 个幽幽谷连锁村；二是 5 年内实现村民人均年收入达到 10 万元，7 年内村民户均存款达到 100 万元。”

“提出这么具体的目标，会不会担心难以实现吗？”

“我很有信心。一是随着乡村振兴战略的实施，乡村生产、生活、生态、文化等多重功能得到改善提升；二是现在幽幽谷的青年团队已经一步步发展壮大，我对自己的团队充满信心。欢迎大家来到我们中郝峪村，白天赏遍十里桃花，夜晚睡在氧气森林里，享受具有现代化条件的世外桃源！”

人物 8

枣庄山亭孙宜良：投身家乡枣业，把一颗枣创新发展成大产业

采访时间：2022 年 7 月

▲孙宜良

□ 面孔

孙宜良，山东枣店香食品股份有限公司总经理，农民副高级农艺师，枣庄市山亭区长红枣果业协会会长。

孙宜良，1992 年 4 月生，枣庄市山亭区店子镇魏沃村人。2011—2015 年，他就读于青岛求实职业技术学院会计电算化专业；2016 年 7 月，返乡创业；2017 年 12 月，创办山东枣店香食品股份有限公司。

01 选择

辞职返乡卖枣

2022 年 7 月 23 日，大暑，我来到枣庄市山亭区店子镇，见到了返乡创业青年孙宜良。

“你就是 30 岁的孙宜良？”

“不给你看身份证，你都不相信是吧？我常说自己 40 岁，这样对外打交道还挺方便，有一回对方还善意地安慰我：‘不像不像，看着只有 38 岁。’其实我 10 年前就长这样了。”孙宜良性格爽朗，说起枣更是滔滔不绝，“枣庄枣庄，因枣得名。枣庄市山亭区是知名的长红枣之乡，已有 1300 多年的栽培历史和传统，早在隋唐时期就有记载。我们店子镇是大枣专业镇，作为长红枣的主产区，是枣庄相对集中、产量最大、生态环境最好的长红枣生产基地。”

跟随孙宜良进入枣园，边看边听孙宜良介绍：“这是枣林，也是古枣林森林公园。店子镇枣园总面积为 6 万余亩，是我国规模最大、保留最完整的

▲古枣林森林公园

古枣林森林公园。树龄在500年以上的枣树有1168棵，1000年以上的枣树有372棵，1200年以上树龄的‘唐枣树’‘枣树王’‘枣皇后’等现存38棵。宋朝著名女词人李清照的词中还有关于山亭长红枣的叙述。”

原来并不起眼的一颗小枣，已经传承千年。路边枣树，枝枝蔓蔓，满枝是枣，坠得枝叶下沉。7月的长红枣，颜色尚青。孙宜良介绍：“这棵枣树树龄已有10年，大概能结枣200斤。”

▲10年树龄的枣树

▲砂石土壤适合枣果生长

“怎么结这么多果？”

“这里是砂石土壤，磷、钾等微量元素含量较高，特别适合枣果生长。长红枣果实呈长圆柱形，饱满个大。这种土质还适合地瓜、花生生长。同样是‘烟薯25号’（一个地瓜品种），我们这里种植的更甜。”

“怎么园里不见枣农？”

“昨夜下大雨了，今天进地，一踩一个坑，再说现在地里基本没什么农活，所以没人进来。”

大暑，是中国二十四节气中夏季的最后一个节气，本是一年中阳光最猛烈、最炎热的节气，可是昨夜风啸雨急，一夜龙蛇舞，今天阳光并不强烈。路边山上雨水冲刷下来形成水流，小溪一般潺潺流下，透着一股清凉。

“枣园6万亩，鲜枣大量上市之时，销售是否是个难题？”

“从前销售的确是个难题，一度枣树种植逐年减少。现在我们公司保底收购，且收购价格每斤比市场价高出 0.3—0.5 元。公司采用‘公司 + 合作社 + 农户’的经营模式，带动枣农共同发展。如今已有入社社员 260 户，带动农户 960 户。公司现有干鲜枣、夹心枣、枣饮、杂粮等系列产品，每年回收、加工、出售的长红枣达 5000 吨、地瓜 2 万吨。”

30 岁的孙宜良，是山东枣店香食品股份有限公司总经理，还是山亭区枣店香大红枣种植专业合作社总经理，看着眼前这位年轻的领头人，我问：“大学毕业后，为何选择回乡发展？”

“我的家在这里，我的根在这里。家乡枣销售是难题，我相信自己能把家乡好枣销售出去，于是返乡投身枣业。”

“身边人支持吗？”

“没有一个人支持我。母亲劝不住我，就发动亲戚轮番打电话劝我。父亲表示反对，但把最终决定权交给我。他说：‘你可不小了，自己想好，将来可别后悔！’”

孙宜良选择回乡发展，他有什么妙招帮助枣农卖出好价，又如何扛起枣庄市长红枣果业协会会长的担子？

02 问题与方法

创新吃法，推广科技，发展电商

别人觉得这小伙子没谱，其实孙宜良心里有底。

第一，链接地域文化，创新包装形式。

孙宜良说：“我去过一个城市，当地一个品牌店的枣每斤 66 元，我们的枣每斤才 20 多元。品尝比较之后发现，我们的枣口感更好，质量好、价格低，可是包装不行。在城市，枣属于休闲食品，要每颗枣单独包装。村里枣是一袋子一袋子地卖。”

孙宜良聘请专业团队，将枣芽、枣花、运河等具有特色的地域文化符号融入品牌之中，设计包装之后，小枣成为彰显地方特色的文化休闲食品。对产品包装升级改造完成之后，孙宜良开始跑市场。

抱着 20 箱枣，孙宜良来到山亭区茶叶一条街，向老板推介产品：“咱们这枣营养价值很高，放在您店里销售，卖后您再付款。”老板说：“我们茶叶店里现在是卖茶、卖奶，但从没卖过枣。为啥要卖你的枣呢？能卖得出去吗？”孙宜良说：“您得转变思路，枣完全可以搭配着牛奶卖啊。枣庄枣庄，因枣得名，也离不开枣。看看我们的产品，既适合自己食用，也适合作为特产送给亲友。一箱 6 包，我们每箱按照 55 元送来，您售价 75 元一点问题都没有。马上就要过节了，您卖卖试试。”老板断然拒绝：“我不要这个，你拿走吧，也奉劝你，别再跑了。我不要的东西，这街上也没人要。”

孙宜良没有灰心，而是挨家逐户地推销。一个老板觉得有道理，就留下了 20 箱。3 天后，又让孙宜良送了 50 箱。后来，整条街都在销售公司的产品。

我问道：“你凭借什么说服老板销售产品，并且使其一直不换品牌只卖你家产品？”

孙宜良笑着说：“第一，我们的产品品质好，作为地标产品极具代表性，并且我们不断创新，已经有 100 多种枣类产品。第二，我性格开朗，善于交流，以诚待人，注重诚信。第三，注重服务。对于客户，只要销售我们的产品，我们不嫌量少、不怕麻烦，随时在线，保证供给，靠真心和诚心一点一点地打开大市场。”

100 多种枣类产品，孙宜良是如何创新制作的？

第二，创新组合，丰富品类。

孙宜良的一个创意让长红枣成了“心上仁”。“心上仁”产品其实就是夹心枣，由大枣与各类干果搭配组合而成，比如枣夹核桃、枣夹腰果、枣夹山楂、枣夹蓝莓、枣夹葡萄干等。孙宜良介绍：“长红枣有‘天然维生素丸’

之称，有补血功能，不同的吃法带来的口感、功效也不相同。红枣夹心产品是把大枣和与各类干果搭配结合，这是一个组合创意，由此身价倍增，销售更广。干红枣 1500 克卖 50 元，夹心枣干 1500 克卖 100 多元。”

“怎么想到这个创意？”

“有一回参加博览会，旁边销售山楂，我随手捏起山楂、红枣一起吃，没想到口感独特，灵机一动，开始制作夹心枣，只是没想到会这么受欢迎。”

有心人让大枣成了“心上仁”，但如何让“心上仁”走得更远呢？

孙宜良不再满足于线下市场，而是组建了专业的电子商务运营团队，开拓电商通道。公司招聘电子商务专业人才 32 名，开展研发新品、包装设计、活动策划、营销运营等工作，推动销售、促进发展。“心上仁”系列成为公司最受欢迎的产品。2021 年，网店总销售量是 1860 万，其中“心上仁”系列产品占整体销售额的 70%。

电商发展促进销售，同时带动就业增收，新增 50 多个就业岗位，通过电商分红带动 6 户 19 人收入增加。公司还把电商与扶贫扶志相结合。对于有志向、有想法的青年，采取合作创业模式，对其进行计算机操作、电子商务等相关技能培训，并以先销售后付款的方式提供产品帮其起步，目前已经助力 3 名农村青年开设网店，上传产品、开展运营。

经过多年发展，公司模式已成熟清晰。公司依托山亭区枣店香大红枣种植专业合作社及其托管服务 6 万亩枣园，采用“公司 + 合作社 + 农户”的经营模式，专注长红枣产业，推出干鲜枣系列、夹心枣系列、枣饮系列等产品，通过再加工提升了产品附加值，通过线下线上推广销售，解决了农产品销售难、价格低的问题。随着地方政府全力助推长红枣发展，店子镇长红枣被列入国家地理标志产品保护名录，公司经营发展融入地方政府产业规划发展大局之中。公司发挥龙头企业优势，提升长红枣种植、加工、销售，带动农民增收致富，企业发展势能倍增。

公司经营的长红枣系列产品先后被山东省旅游局等部门评为“到山东最想买的 100 种特色旅游商品”，获得“第十六届中国绿色食品博览会金奖”“第十九届中国国际农交会金奖”等荣誉，线上经营的“枣店香”品牌，被中国国际电子商务促进会评为“最受欢迎电商品牌”，公司种植基地被山东省林业厅评为首批“山东省十佳观光果园”。

“你今年正好是而立之年，公司经营得风生水起，还担任了共青团山亭区委兼职副书记、店子镇魏沃村党支部副书记，你的快速成长有何秘诀？”

“第一，用心专注。我的大学校址位于青岛李村，大学期间，别人打游戏的时间我都去逛商场了。家乡是枣乡，所以特别关注枣，我会仔细观察比较，看包装、尝口味。商场里面的枣是一颗一颗地卖，我们村里枣的包装是用牛皮纸袋子。所以我回村后做的第一件事就是更换包装。第二，努力拼搏。梦想不会自动成真，奋斗才是桥梁。我有了好点子不会等待，而是想干就干、说干就干。第三，我做的事与家乡发展紧密相连。尤其我是返乡创业，得到了很多帮助。2015 年，我被团区委评为‘山亭最美青年’，后来又被评为‘山东省乡村好青年’，团委的同志经常前来调研，了解问题，帮助我们对接商超平台。在团委的关心帮助下，我们得到的关注越来越多。后来有幸参加了山东省委统战部组织的培训活动，前往阿里巴巴总部参观学习，开阔了眼界，拓展了思路。”

饮水思源、心怀感激的孙宜良积极回馈社会。疫情期间，他捐助消毒液 2 吨、红枣食品 200 箱、板鸭 130 箱、咸鸭蛋 130 箱，并与全镇的共青团员组建了 3 支团员青年突击队，配合镇村做好政策宣传、疫情监测、值班值守等工作。店子镇党委副书记王政介绍：“目前镇上只有 19 名大中专毕业生。随着国家乡村振兴战略实施，乡村创业就业机遇很多，我们对于青年人才求贤若渴，青年人才回乡创业就业的发展空间很大。期盼有更多优秀青年人才返乡创业就业。”

“公司发展迅速，还带动家乡枣农共同致富，现在父亲是不是以你为傲？”

“我和父亲平时交流不多，两人理念相差太大。父亲经常教育我，做事要稳、讲诚信。父亲为人处世的原则我会牢记在心，但是工作方面，我会按照自己的想法推进。我取得成绩、获得荣誉，父亲就是满意也不会表扬我。听我母亲讲，得知我获得‘全国致富带头人’，父亲高兴得一夜都没睡着。”

“创业不易，你毕业就创业，踩过坑、吃过亏吗？”

“2016 年，初开网店时因被骗而亏损了 2 年。网上一家公司说是专业代运行公司，我们每月支付 1 万元，他们保证年销售额能够达 600 万元。预付资金 1 年之后，对方公司联系人就找不到了，过了一段时间，公司就消失了。当时对我打击挺大，那个教训我至今牢记在心。”

“你怎么看待青年创业？”

孙宜良说：“我当然支持青年创业，而且是支持青年返乡创业。创业十分艰苦，但是十分历练人，创业让我快速成长，还获得几项国家级荣誉。有同学说很羡慕我，我想正是因为自己返乡创业，投身家乡建设，才有这么多成长机会。‘察势者明，趋势者智。’期盼更多青年朋友返乡创业就业，一起建设我们的美好家园。”

03 现状与未来

深挖长红枣营养价值，助推地标产品高质量发展

孙宜良将企业发展融入政府推动地方产业发展大局，并与枣农共同发展。企业发展带动就业 126 人。

孙宜良介绍：“当地政府全力助推枣业发展，打响了‘山亭长红枣’这一区域品牌。如今，山亭区店子镇年产长红枣近 1 万吨，产值 3 亿元。店子镇古枣林被农业农村部评为第三批中国重要农业文化遗产，促进了当地文化和旅游产业发展，形成了集基地生产、科技示范、观光旅游、餐饮购物于一体的生态农业旅游景区，产业链不断延伸拉长，枣农收入持续增长。”

参观山亭长红枣地理标志品牌文化展览馆，我了解到长红枣不仅栽培历史悠久，而且早已融入日常文化生活，比如婚庆喜宴、饮食习惯、节庆活动等，并且延续至今。

孙宜良介绍：“市场监督局管理严格。我们山亭长红枣属于地标产品，已进入中国区域公用品牌 100 强。这个品牌被中国区域品牌价值榜估值 3.33 亿元。”

“公司业务融入地方产业，发展势头良好，相较创业之初，现在是不是轻松很多？”我问。

孙宜良舒了一口气，说：“感觉不到轻松，因为责任很大，所以任重道远。想实现高质量发展，需要解决的问题不少。比如种植品种方面，长红枣品质出众，但是在长期生产实践中采用根蘖繁殖和实生繁殖，导致品系过多、良莠不齐。为保护研发优良品种，从 1996 年开始，山亭区政府开始推动长红枣品种的优选工作，选出 4 个优良单株。经过多年栽培观察，又从中选育出‘长红枣选 1 号’品种，并于 2002 年 12 月通过专家鉴定之后进行推广。2021 年 4 月开始，镇政府又规划出 200 亩地。优选全国 37 个品种引入种植，研究培育新品种，不断提升种植技术。日短心长，今天下午我们要去泰安，和省农科院专家对接，解决枣树病虫问题。”

▲孙宜良介绍新品种

“你担任这么多职务，最看重哪个？”

“我最看重枣庄长红枣果业协会会长，长红枣是我们的地方产业。”

“公司下一步有什么计划？”

“下一步想提升深加工水平，比如通过制作红枣枸杞补气液、营养枣汁等具有保健功能的产品，把长红枣的药用价值充分发挥出来。销售方面，想拓宽渠道，让我们的产品进入大型国企、商超，走得更远，名声更响，让更多人享用到我们的优质地标产品。”

▲走访现场

相关 链接

叫响地标名片，助推特色产业高质量发展

对话人：枣庄市山亭区市场监管局局长常钰

店子镇地处沂蒙山区西南麓，莲青山和越峰山两道主山脉环抱，属火成岩地貌，独有的红砂石土壤，呈微酸性，富含钴、硒、锶等多种微

量元素，非常适宜大枣生产，也造就了长红枣的独特品质。长红枣果实肉厚、核小、质细、无渣，鲜果酥脆酸甜，干果油润甘绵，富含人体必需的 17 种氨基酸和 24 种微量元素，既可食用，也能入药，被誉为“天然维生素丸”。

2009 年 5 月，在当地党委政府的支持下，店子镇供销社联合龙虎村、剪子山村 10 户农民成立了枣店香大红枣种植专业合作社，建设大枣加工厂、精细化生产加工区，为长红枣深加工产业奠定了基础。

2019 年 8 月，“山亭长红枣”地理标志证明商标被核准注册，山亭区市场监管局指导地标企业推行“地理标志商标 + 公司（协会或合作社）+ 农户”的产业化运作模式，增强农民合作组织的市场竞争力，促进小生产与大市场紧密对接，助推长红枣产业标准化、产业化、品牌化发展。

区市场监管局与区文化旅游局积极探索“地理标志 + 旅游业 + 体验式 + 展览馆”的推介模式，在山亭区地标性建筑翼云阁上建成“山亭区特色品牌展览馆”，指导建立山亭长红枣、山亭地瓜枣、伏里土陶地理标志品牌文化展览馆，加快休闲农业生态旅游发展步伐，促进农民增收致富，助力乡村振兴。

通过实施“商标富农工程”，推进农业产业化经营，一批地理标志品牌群体不断涌现，其中“山亭长红枣”“山亭地瓜枣”“城头豆制品”“山亭肉鸡”等 8 个地标产业品牌年产值过亿元。截至 2022 年，山亭区已拥有地理标志品牌 18 个，地理标志总量在全市名列第一。

人物 9

东营广饶李国敬：硕士返乡，养殖“私人定制”宠物鸡

采访时间：2021 年 12 月

▲李国敬

□ 面孔

李国敬，东营市木子庄园生态农业科技有限公司总经理，2020 年度“山东省乡村好青年”。

李国敬，1985 年 4 月生，东营市广饶县李鹊镇段家村人。2013 年 7 月，他毕业于山东农业大学资源与环境学院，草业科学硕士，进入泰安一家企业从事技术工作；2015 年 11 月，返乡创业，创办木子庄园家禽养殖场，培育并销售宠物鸡。

2021 年，养殖场的年销售额达 600 余万元。养殖场从 8 亩地起步，发展至今，共流转土地 248 亩，业务版块主要分为动物养殖区、蔬菜大棚种植区、林木种植区。李国敬已和团队获得实用新型专利 4 项。

01 选择

硕士辞职，返乡养鸡

2021 年 12 月的一个周末，我来到广饶县李鹊镇段家村，进入东营市木子庄园。据东营团市委同志介绍，村里有位硕士辞职返乡创业，养殖可定制宠物鸡。

鸡做宠物？有人买吗？可以私人定制？如何按需定制？

在木子庄园，总经理李国敬带领我参观园区。李国敬介绍道：“这里是新园区，2020 年，在镇政府的支持下，新流转土地 200 亩。园区内分蔬菜大棚种植区、林木种植区、动物养殖区三部分。”

蔬菜大棚种植区里，6 座蔬菜大棚并排而立，中午阳光正好，棚顶塑料布有点反光，亮堂堂、明晃晃，8 米高的棚体矗立在那里，有点威风凛凛。这里主要是做订单农业，采用水肥一体化浇灌技术，省时省力省工。种植品种源自科研院所的优质果蔬品种。我随意步入一个大棚。这个棚里种植的是长茄。早晨刚从棚里摘下的长茄，工作人员正进行分装，准备发货。

李国敬介绍：“这种长茄品名大龙。种植时采用山东农业大学的配方施肥方案。当前售价每斤 3 元左右。借助电商销售，发往全国各地。”我随意和一名女工交流几句。她捋了捋头发，笑着说：“我是附近村子的，土地流转给他了。我在这里干点活，还能再挣份工资，每天是 120—150 元。”李国敬说：“我们这里现在是 7 点上班，11 点半下班，中午提供免费午餐，下午 1 点开始上班，4 点半下班。不同季节，上下班时间不同，时间变化主要是跟着太阳走，早上班就早下班，晚上班就晚下班，工作时间都是 8 个小时。”

走出蔬菜大棚种植区，来到林木种植区。看上去是常见的景观树种植，有丝棉木、五角枫林木。李国敬介绍情况，我才知内有乾坤。李国敬说：“上面是林木种植，地底养着金蝉，地表种植地瓜。金蝉市场价每斤 80 元左右。去年种了蜜薯 25 号（地瓜品种），今年又种了一年红薯，明年树干树冠长大，不能再种蜜薯，我们会重新规划，比如放入散养鸡。鸡能吃虫，粪便可以用来当作肥料，如此循环起来，实现绿色生态立体种养殖。”

▲李国敬介绍立体种养模式

原来如此。起初我心存疑问：“随着土地成本增加，景观树价格不高，收入能行吗？”

李国敬解释说：“是啊，传统观念里，林木种植就是单纯种树，我种景观树时，有的村民好心提醒：‘我们都不敢种树。景观树行情不好，你种了不是等着赔钱吗？’实际上林下空间潜力很大。三重种养殖，一项保本，其余就是利润。”

我这外行和那位好心村民所见都是一维视角，李国敬看见了三重空间。特色种养殖，立体好模式，这是新型农业的发展路径。

我们来到动物养殖区内。动物品类不同，但个个精神、活蹦乱跳地，我看着热闹，李国敬说着情况。

李国敬一边介绍情况，一边捡起一枚鸭蛋，解释说：“这是凤头鸭下的蛋，10 元一枚。”

“养殖场里有凤头鸡、蝶冠鸡、裸颈鸡等二三十个品种，通过杂交育种方法，达到私人定制要求。每只鸡的价格在 200—1000 元，因为要求不同、品相差异，价格相差较大。现有 500 多只鸡，还有 7 只鸵鸟。这里是新区，老区里还有鸽子 100 多只、羊 100 多只、猪 60 多头。”李国敬继续说道。

李国敬最为骄傲的是他培育出了一种鸡：“这种鸡很美，凤头、胡须、五爪、蝶冠，外形好看，蛋壳绿色，适合在观光农业、科普农业园、生态观光园和生态农庄等地饲养和观赏。”

“这是你培育出来的？”我问。

李国敬说：“是的，用时 7 年。经过十几代选育提纯，由原先的单一灰色培育出了现在的灰、灰白、白灰、黄、芦花、黑、三色花共七色。”

“它有名字吗？”我追问。

李国敬回答：“灰雀鸡，名字也是我起的。‘灰’，取其色；‘雀’，一是谐音家乡李鹊镇中的‘鹊’，二是《山海经·大荒西经》里记载着一种五彩鸟叫朱雀，是古代传说中的祥瑞动物，‘四灵’之一。通过选育实现七色系列，这个‘雀’，意蕴‘七彩凤凰’，取吉瑞之意。”

在李国敬的讲解之下，我眼前仿佛开启了一个动物世界的大门。而我越发好奇：“养鸡企业不少，私人定制宠物鸡，还是头回听说。你是怎么产生这个想法的？又为何会选择辞职返乡创业呢？”

2013 年，李国敬硕士毕业。毕业后，凭借专业技术，他顺其自然地留在了自己的实习单位。公司地点在泰安，从事技术工作，可是喜欢养鸡、想要创业的想法一直在他的心里。

2015 年，李国辞职返乡创业。那年，他 30 岁。母亲劝他：“如果是不喜欢现在的工作，可以去考公务员、去实验室里做科研，或者当个老师，都是好工作，为啥要回来养鸡啊！”原本在村人眼里，李国敬在城市上班，干着一份“体面”工作，可是现在回村养鸡。难免有人闲言碎语：“硕士生回家种地，书白念啦！是不是干不下去了，被单位撵回来了？”

李国敬性格倔强。别人都说不行，他却愈发坚定。而我好奇李国敬是在创业之初，就定下养殖宠物鸡的目标，还是在养殖普通鸡过程中，慢慢转型，开始养殖宠物鸡呢？他的创业路上遭遇过什么挫折呢？他是如何不断升级，从 8 亩鸡舍发展到今天 248 亩的生态立体循环种养呢？

02 问题与方法

热爱为王，特色养殖

2015 年 11 月，揣着积攒的 30 万元，李国敬回到家乡，流转了 8 亩地，创办了东营市木子庄园。

李国敬说：“创业不是突发奇想、一时冲动，而是因为自己喜欢养鸡。我 6 岁时就开始养鸡。多年以来，只要看见奇形怪状的鸡就会买回家，让我母亲帮我养着。养鸡是兴趣所在，所以我的创业就从鸡下手。”

创业想法易有，落地实现很难。万事开头难，流转土地、规划设计、购买材料、搭建鸡舍、购置器具……从想法到落地，诸事都要亲力亲为。为了节省资金，能自己做的，决不雇人，就连鸡舍的砖墙都是他一块一块地垒起来的。一张蓝图绘到底，从纸上到落地，仅两个多月，鸡舍就建成了。李国敬手上磨出了茧，瘦了一圈。他忙得晕头转向，累得心甘情愿。

“再忙再累，看见鸡就心情大好。对我来说，喂鸡就是放松，”对于创业，李国敬激情满满的背后有着自己的理性思考，“创业，我不是一时冲动，而是做了充足准备。”

6 岁开始养鸡，10 岁开始尝试孵育小鸡。大学本科学的是园林专业，同时选修了家禽养殖，经常和育种老师交流、学习技术，进行提纯选育。研究生时期，他在实验室养过鸡。从 2010 年开始，他通过开设网店销售自己培育的宠物鸡。10 多年间，李国敬搜集了来自全国各地的家禽种质资源、特殊鸡苗品种，运用养殖技术进行杂交育种，培育出形状各异的品种，而市场给了李国敬正向反馈。

通过网络销售，特色宠物鸡很受欢迎。除了港澳台地区，全国各地都有买家。这使李国敬看到，不仅自己喜欢形状各异的鸡鸭，随着人们生活水平的提高，饲养宠物的人越来越多。多元化的爱好也使他看到宠物鸡养殖很有市场前景。他的热爱、他的积累，使他在创业之初就有了清晰定位：绿色生态、特色养殖、私人定制。

鸡舍建成后，他天天泡在养殖场，照顾禽类生长、观察生活习性，简直是无微不至。有时吃着饭想起鸡就跑进鸡舍，有时半夜醒了，就进鸡舍看看幼崽。李国敬说："你看，这只鸡的脖子曾被铁丝划破，我发现后马上给它做了手术，现在已经愈合了。"

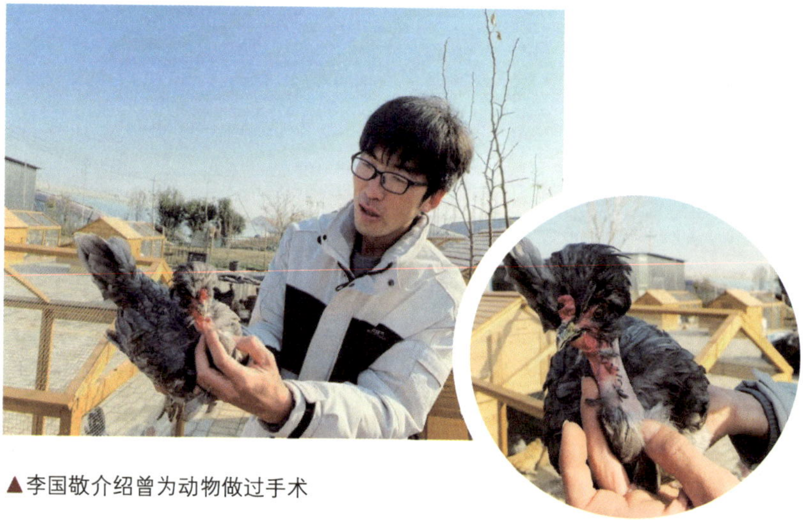

▲李国敬介绍曾为动物做过手术

多年观察研究、动手试验，练就了养殖专业技能。有些品种我们看着相差无几，李国敬分得清清楚楚。

兴趣所在，热爱为王，技术立身，是李国敬的发展之道。

提纯选育技术的成熟使"私人定制"成为可能。鸡头上是否长毛？鸡冠是单冠、双冠，还是蝴蝶冠、牛角冠？鸡毛什么颜色？体重需要多少？诸多方面，皆可按需定制。技术赋能养殖，带来可观效益。

一只"私人定制"的宠物观赏鸡，根据要求不同、品相差异，价格在200—1000元之间。2017年，仅靠20多只种蛋生产种蛋、孵化幼苗等。2021年，养殖场的年销售额600余万元。仅观赏鸡就卖出2000余只，收入20余万元，客户来自全国各地。

2019年，李国敬新承包了200亩地，结合原有动物养殖场，打造立体生态种植基地。林木之下放养家禽，禽类活动空间增大，免疫能力增强，产品品质提升，同时禽类吃虫，也能减少虫害，粪便还能做肥料。

开展特色养殖、种植高品质蔬菜，转化高校科研成果，李国敬走出了一条种养结合、绿色生态循环发展之路。专业专注，使养殖场稳健发展。新观念、新技术的引入，是庄园发展的法宝。

回首过往，李国敬心存感激：“一是感谢父母，我买回各种奇形怪状的鸡，父母都愿意帮我养着。我要辞职返乡创业，起初母亲反对，但看见我心意已决，母亲不再反对，只是提醒我：‘你长大了，自己选的路，将来不后悔就行。’二是感谢镇政府对我创业的支持。有了镇政府领导的帮助，我才能顺利流转到土地，不断扩大规模。三是得到了团委的关注，团委是最早关注到我创业的部门，经常帮助宣传、对接政策。2018 年，我还参加过团市委组织的创业大赛，通过赛事，结交了一些创业者，受到不少启发。”

创业不易，书上常有赔了几百万、然后东山再起的励志故事，对此李国敬持有不同见解：“我没有赔过钱，因为我不冒进。身为农村孩子，我的创业原则是稳扎稳打。创业，并非突发奇想，一拍脑袋就冲出去了。我是白手起家，但正式创业之前自己已经有了资源积累，比如我十几年如一日地搜集各种种质资源，积累了一定的技术经验，建立了资源渠道。”

言及创业经验，李国敬分享了自己的观点：“一是选择创业方向尤为重要。二是技术优势。都说兴趣是最好的老师，把兴趣变成事业，仅靠热爱是远远不够的。自小积累和大学里学到的专业知识才是自己的创业根本。三是合作共赢。通过本科、研究生时期的学习，我学到了专业知识、开阔了视野，并且结识到创业伙伴，接触到创业资源，自己也拥有了开放的心态。每个人都有自己擅长做的事情，善于整合资源、多方合作才能共赢。”

03 现状与未来

“硕士爸爸”品牌出圈，打造生态循环种养园

木子庄园专注特种观赏鸡养殖，这是李国敬的创业根基，绿色生态高质量发展是李国敬的发展之道。2017 年他注册了“硕士爸爸”品牌，亮出了自己的绿色生态品牌。

“怎么会想到这个名字？”我问李国敬。

“因为被人嘲笑。回村养鸡时，有人笑话：‘放着体面工作不干，一个硕士回村养鸡，真是丢人啊。’我偏不服气，特意申请‘硕士爸爸’这个品牌，硕士养鸡怎么了？硕士养鸡，专业专注，品质更好、营养更强。硕士养鸡，养出好鸡，光荣！”

特色养殖是创业初期的发展根基。养殖鸡多是种鸡，这一只只鲜活的鸡就是种质资源库。根据顾客要求，通过杂交育种，培育出不同品相的鸡，实现“私人定制”。通过线上和线下相结合的销售模式，品牌影响力不断提升。事实证明：这个“硕士爸爸”不寻常。

目前，木子庄园已由原来的 8 亩地发展至今天的 248 亩，三区分立，各有特色。蔬菜大棚种植区主要用于精品蔬果种植，品种主要是来自高校科研优质品种。林木种植区采用种养结合的立体生态循环种养模式。观赏鸡养殖区，实现科研、观赏、肉用、蛋用一体化。

木子庄园发展成为高科技农业示范基地，其特色家禽品种欣赏定制、观赏鸡科普、蔬果休闲采摘等功能吸引人们前来观光休闲采摘，也吸引孩子们前来研学。从 2021 年春季开始，庄园里面开始承接学校的研学活动。第一批就来了 100 多个孩子。

游历之间，讲解蔬菜如何生长、让孩子们与鸡鸭鸵鸟亲密接触。寓教于乐，润物细无声地告诉孩子们应该珍惜粮食、热爱动物、保护生态，对自然心存敬畏。不到乡村，不知稼穑艰难。木子庄园成了田间课堂，给孩子们上了一堂鲜活的农业教育课。

木子庄园不断壮大，辐射带动周边村民共同发展。不仅吸纳当地农民用工、带动周边村民饲养鸡苗，增加了周边剩余劳动力的收入，李国敬更是发挥自己的专业特长，与村民分享自己的所学知识。他组织开办农业技术培训班，邀请专家讲解果树栽培、管理技术，传授先进的农业理念，带动村民共同致富，帮助农户与现代农业接轨。

园区发展越好，招人用人越来越多。公司用工多时，每天达 40 多人，其中十几人是固定员工。李国敬不仅带动周边农民致富，更重要的是他的创业成功也让更多年轻人看到农村创业大有可为，并且吸引他们返乡创业就业。

李国敬说：“村里老人居多，特别需要青年人。农村天地广阔，非常适合年轻人去拼去闯。尤其是随着乡村振兴的不断推进，青年返乡创业的大环境越来越好。”公司成立以来，已经吸纳了 5 名大学生就业。在李国敬的影响带动下，12 名青年回流家乡。

2017 年 9 月，李国敬写了一封信，送给未来的自己：“不忘初心，坚持在农业发展路上做绿色原生态的农产品，希望‘硕士爸爸’牌生态农产品家喻户晓。”

回看这封信，李国敬感叹：“经历之时，总觉自己坎坷，当你迈过门槛回头看时，那点儿困难就不值得一提。现在公司虽然没有做到家喻户晓，但自己做绿色原生态产品的初心永远不会改变。”

对于未来，乐于分享、善于合作的李国敬这样说：“现在公司稳健发展，自己还有一个十几人的技术团队，未来要做的事情有很多。比如最近在和一位朋友联系，准备在章丘合作建立一个养殖基地，复制木子这种模式。不断创新，才有发展；多方合作，方可共赢。”

木子庄园一派红火，而这位硕士返乡创业者又有了一个新的目标，想法缘于一则新闻的触动。

2021 年 11 月 23 日，农业农村部就全国农业优异种质资源及资源普查进展情况召开新闻发布会，宣布了由行业专家遴选出的畜禽 10 大优异种质资源。其中，阿克鸡是唯一入选的家禽品种。阿克鸡肉质鲜嫩、美味，并且极具观赏性。阿克鸡发现地云南怒江州正以阿克鸡为亮点，打造舌尖上的美食。

“看到这则新闻后，我感到遗憾又兴奋。阿克鸡又名‘裸颈鸡’，我们当地人习惯称为‘猴鸡’。我老奶奶就养过这个品种，我自己选育繁殖这种鸡接近 30 年，却没有把它推广出去。广饶的水土特别好，我希望自己也能选育出一种高品质鸡，把地方优质种质资源推向世界。或许我要用一生来实现这个目标，但我愿意为之努力。有生之年，能够做成此事，我心足亦。”

眼镜背后，他的目光灼灼。远景目标里有着他对养殖的热爱、对农业的热情、对家乡的情怀。顺着他的目光望去，大棚矗立、林木成排、鸡群扑腾……一幅乡村振兴的美丽画卷正在徐徐展开……

人物 10

东营广饶刘超：

国企“白领”转身“新型农民”

采访时间：2021 年 12 月

▲刘超

□ 面孔

刘超，广饶县张守凤家庭农场有限公司总经理，全国劳动模范、全国农村青年致富带头人，2018 年度“山东省乡村好青年”。

刘超，1987 年 5 月生，东营市广饶县李鹊镇小张村人。2011 年 7 月，她从山东师范大学公共管理本科毕业，就职于中铁二十四局南昌建设有限公司；2015 年初，辞职返乡，经营家庭农场。

目前，张守凤家庭农场共流转土地 2100 多亩，成为集养殖、种植于一体的现代化生态循环农场。2020 年，公司年销售额 1108 余万元。

01 选择

主动辞职国企，选择返乡创业

2021 年 12 月的一个周末，我来到广饶县李鹊镇小张村的张守凤家庭农场。

田野之上，刚刚出土的胡萝卜并排放着，颜色鲜亮、大小匀称，很是亮眼。

负责人刘超介绍：“这些胡萝卜有的运到广州，有的发往连云港。运到广州的，将从广州分向国内各地；发到连云港的，将出口韩国、日本。”

我问：“种了多少胡萝卜？”

刘超说：“今年种了 600 多亩。这些胡萝卜已经都不是我们的了，种植之初，就被客户预定了。”

放眼望去，田地深处，农场的工人们正弯着腰忙着收胡萝卜。

“工人不少啊！”

“这还不是最忙的时候。农场里有常工 23 人，用工最多时每天有 280 多人。”

▲刚出土的胡萝卜

走出田地，马路对面就是蔬菜大棚。刘超介绍：“这些白菜是新品种，黄色心，有点甜。这些白菜也已经不是我们的了，早被客户包下了。”

我疑惑地问：“你刚才说胡萝卜时，也是这么说的。明明菜在地里，却说‘不是我们的’。”

刘超解释道：“都是订单农业。种植之初就被包销。每亩定好价格，不管收获多少，全归客户所有。胡萝卜每亩 5000 元，白菜每亩 12000 元。”

原来如此。

刘超继续说：“农场现在规模是 2100 多亩。规模化种植的优势是货量充足，采购商省心，缺点是利润较低。”

“现在主要种植什么？”我问。

刘超说：“今年主要种植胡萝卜、青萝卜、小麦、红薯、贝贝南瓜、玉米等。你尝尝我们农场自己种的地瓜，可甜了。”

“地瓜种得多吗？”我继续问道。

“去年种得很多，种了‘龙薯 9 号’‘济薯 26 号’。因为去年发现少量病毒苗，省农科院甘薯所的教授建议让土地歇歇，所以我们今年调整一年，明年再进行规模种植。”

旁边有人笑：“我看见你在短视频平台上卖烤地瓜了。还有金句呢，我听了一遍就记住了。”

“是啊，是我说的：有人考清华，有人考北大，我烤地瓜。”刘超说着，眼睛笑成弯月。

众人笑，听着她熟练地介绍着情况，谁能想到这个姑娘原来在上海的国企工作呢？她怎么从写字间跑到田地间了？

2011 年 7 月，刘超大学毕业后，进入中铁二十四局南昌建设有限公司工作，成为国企员工，从事项目财务工作。工作稳定，是别人羡慕的工作，然而刘超是个爱折腾的人，一直抱有创业的念头。工作之余，她和朋友合伙开设网店，主要售卖中高档咖啡器具，生意还不错。

刘超工作的单位是工程单位，每年只有两次回家探望父母的机会。2015 年春节假期回家，刘超做出决定：父亲需要帮手，自己索性辞掉国企的工作，回到家乡，帮助父母打理农场。父亲刘廷义 2013 年创办张守凤家庭农场。守凤是刘超母亲的名字，使用人名命名，意在以人为农场背书，定要种出高品质的农产品。农场发展红火，随着规模的扩大，父亲精力有限，忙不过来。比如购买物资、产品销售的资金额度越来越大，父亲对网银既不相信也不放心，仅为了与供货商、客户之间的资金往来，就要经常跑银行。取号排队办理，耗时费力，十分辛苦，而这些事情在刘超看来，不过是动动手指、敲敲键盘、分分钟即可搞定的事情。

父亲既忙不过来，也力不从心。国家的惠农新政策、农业新技术、网络新天地，一切都那么近又那么远，农场往前怎么走才能有突破？父亲需要青年人却不愿意女儿回村。父亲对女儿的期望是：好好学习，考入大学，找份安稳工作，在城里安家。“父母之爱子，则为之计深远。”刘超的工作相对稳定，而农场现在虽然发展势头不错，可是也有风险，如果经营不好，吃不上饭可怎么办？况且，从事农业不易，姑娘能扎根下来吗？父亲把自己的顾虑说给女儿，但刘超心意已决，坚持自己的决定。

刘超回村，引来众多嘲讽，人们纷纷议论：“是不是不认真工作被撵回来了？读了大学还回来种地，书白念了！能干出啥样儿啊？再说她懂啥啊？”是啊！刘超，这个对农业知之甚少的姑娘，如何从门外人成了行内人呢？回乡前，她工作在上海市普陀区的办公间，一个转身，她忙碌在地头田间。她是如何做到的呢？

02 问题与方法

选育优种、“羊—沼—菜”绿色生态循环种植

初回家乡，刘超信心满满：专科在山东经济学院（现为山东财经大学）学习工商管理，本科是公共事业管理专业，拥有国企工作经验、掌握财务专

业技能，把自己所学所用带回乡村、带到农场，凭借自己的知识技能，一定能让农场迅速大变样。

没想到，回到家乡，刘超竟然有点“水土不服”。农场有的工作人员对她既不信任，也不看好。观点不同、难以融合，刘超也不愿意交流，而她的一意孤行导致种植新品种失败，更是加剧了彼此之间的不信任。

上网搜索信息，刘超看到美国品种——手指胡萝卜，售价每 200 克需要花费 49.9 元。刘超又惊又喜：“49.9 元能在我们这里买到好几筐呢！都是种胡萝卜，怎么价格差距这么大！买到新品种，我们也能种出来。”想到就做，刘超千方百计地找人从国外采购种子寄回，开始试种。

胡萝卜应该是种秋茬，急于求成的刘超让种春茬。刘超是那种不撞南墙不回头的人。父亲说：“行，你想种就种，我等着看你失败。”果然，试种 3 亩，赔钱几万。

面对这个结果，刘超很受打击，她开始反思：自己注重新品种、发展新技术没有错，可是农业不是想象得那么简单。农业种植要多学知识，多做调查、多多交流，听取专家的话，跟农场接好轨，才能有作为。

此后，刘超虚心学习种植技术，空闲时间跟着技术人员上手实操，多与员工交流沟通，主动求教农技专家，积极参加农业种植管理培训班。通过参加学习培训，刘超了解到绿色生态循环农业知识，并且认定绿色生态循环农业才是未来农业发展的大方向！与父亲交流、求证专家、查阅资料，多方科学论证之后，刘超与父亲、员工统一思想、定下目标：更新农场模式，从单一种植模式转向绿色生态循环模式。

2015 年，在农业部门的指导帮助下，基于原来的规模种植基础，刘超和父亲新建 500 立方米的沼气池一座、羊圈 4 座，引进优良羊品种，形成了“羊—沼—菜”绿色生态循环产业链。

“羊—沼—菜”绿色生态循环产业链：农场种植蔬菜产生的秸秆作为饲料喂羊，羊的粪便投入沼气池，产生沼渣、沼液、沼气。沼气作为绿色能源在厨房使用，沼渣、沼液作为杀虫剂和有机肥施入地里，如此循环，形成一个完整闭环。

我忽然看见每只羊的耳朵上都带有一个标签，于是问道："耳标是干什么的？"

"耳标是为了方便培育管理。这个品种叫鲁东肉羊，一生下来就都带上耳标了。扫一扫它的耳标能知道它的上一代是谁，并且它还有自己的一个标号。"鲁东肉羊的优点：生长速度快，产肉率高，肉质鲜嫩。

▲鲁东肉羊

生态循环产业链不仅提高了经济收益，还改善了周围环境，提高了生态效益。如今，多元化、特色化的"羊—沼—菜"绿色生态循环模式已经发展成为农场的特色。"路遥知马力，日久见人心。"农场发展越来越好，一年一个新台阶，刘超的能力得到了证明，人们越来越认可她的观点。

刘超善于学习新科技，引入新品种，接受新思想，建立新合作。在刘超的提议之下，农场专门成立了试验田区，试种从全国各地购入的优良品种。农场还引入先进的种植技术、种植设备，比如种子编制带技术、水肥一体化设备等。

刘超向我介绍："现在李鹊胡萝卜是国家地理标志产品，这是 2017 年在政府的推动下，由我们农场牵头申请成功的。这是我们多年专注深耕的结果。我和父亲在很多方面观点都不同，起初是'针尖对麦芒'。比如想要预测当年哪种蔬菜的价格较高、哪种蔬菜可能亏损，我父亲会和同行通话打听情况、结合周边种植规模，形成自己的观点，而我会上网搜索信息，通过查看网购平台的信息推送来形成预判。我们俩了解问题的方法不同。从前，我们俩是各信各神，现在我们会互通有无、多方印证。比如财务管理，我认为应该是规范化、电子化管理，但是种植户起初是不相信网银的，工资必须发现金。我就每个月提前联系银行准备好零钱。直到 2019 年，我们的工资还是发现金。但是随着社会的进步、经济的发展，现在种植户已经接受了网银。"

在稳定订单农业的同时，刘超开拓网络销售："农场种植的胡萝卜已经注册了‘守凤’‘罗小卜’商标，并通过了国家绿色食品认证。我们这里土质好、品种好，农产品能卖上更好的价格。”在上海工作时，刘超利用业余时间在网上销售咖啡器具，有网络销售的经验。返回家乡，她建立了守凤农场商平台，开设了网上企业店铺，并对接社区团购，拓宽销售渠道。

在优选优种、绿色生态循环种养发展思路的引领之下，农场稳健发展，规模不断扩大。农场种植从露天种植发展成为设施农业和大田种植相结合的模式，从单一种植模式升级为种养结合模式的“羊—沼—菜”生态循环模式，销售方式也由原来的订单销售拓宽为多种销售渠道齐头并进。

农场从她初回乡村时的 1130 亩，扩大到现在的 2100 亩，而让刘超骄傲的是，随着农场规模的扩大，为周围村民提供了越来越多的工作岗位。

▲团购送货　　图片来源 / 刘超

▲电商销售　　图片来源 / 刘超

“后来人们对你的态度转变了，你怎么看待别人对你的评价？”我问道。

刘超说：“从前，我会介意别人的评价。有人说我的成功是家庭助力，有人说我是受益于性别优势，5 年前的我会憋着一股劲儿，想要证明自己，但是现在的我不会在意别人的评价。有质疑是好事，可以鞭策我不断进步。2020 年，我当选为‘全国劳动模范’，这是政府对我的肯定。我会坚持做好自己的事，我也相信只要自己认真干，干啥都能干好。”

言及创新创业，刘超有自己的原则和方法：“一要认清国家政策方向。这一点十分关键。比如我们农场的小麦种植面积已扩大到 1000 多亩，品种来自山东省农科院小麦农科所。因为国家出台‘土地非粮化’相关要求，于是我们积极响应，多种粮食。二要不断学习，心态开放。三要踏实肯干，专注专业。”

03 现状与未来

做好新型农民，带动乡邻共同富裕

刘超扎根乡村，成为新型职业农民，自己努力学习、不断进步，带领农场与现代化农业接轨。刘超这样形容农场：“我们农场每年都会投资上新品种，我们要种省事的作物，所以选择科技含量高的自动化设备。今年（2021年）我们上新高效蔬菜平台项目。农场投入 1279.5 万元用于智能设施（带棚体），政府补助 500 万元。”

农场发展越来越现代化，还与山东省农科院展开多项合作，开展多项新品种的推广种植。刘超在带动村民共同致富的同时，也起到了示范引领作用。刘超不仅忙于农场经营，忙着对接政策、联系客户、盘活资金，还经常接待前来参观的人员。2021 年，即便受疫情影响，农场仍然接待了 2000 多人次观摩。

尽管分身乏术，但刘超乐在其中，她说：“农村就是我的家。希望不断放大我们农场的示范带动作用，把农场规模做大做强，让家乡越来越好。近些年来，我得到了很多荣誉称号，比如‘全国劳动模范’‘全国农村青年致富带头人’‘山东省乡村好青年’等，彰显了政府各部门对我们返乡创业青年的关注、关心、支持和肯定，我觉得特别暖心。”

荣誉于她，既是肯定，也是激励。刘超表示：“获得荣誉之后，我反而更加认识到自己的渺小。出去参观学习，我看见了更广阔的天地。天外有天，人外有人，看看其他全国劳动模范，我还差得太多。我会保持一颗学习的心态，低下头好好努力。”

“只有不断学习，才能跟上时代的发展。现在农民已经有职称了，我爸是副高级职称，今年达到参评正高的条件，他的材料刚刚提交上去，能否通过尚且不知。政府职能转变，农民心态转变，学习是最好的福利。2008 年，父亲偶然参加了新型职业农民培训，当时父亲还在从事化工产业。因为环境污染问题，政府倡导转型。他听了一堂农业方面的课之后就决定转型。2009 年开始从事农业种植。2013 年，正式注册合作社。我是 2015 年回村的，多年深耕积累才发展到今天的规模，参加市县政府组织的培训学习必不可少。这么多年来，我一直是在干中学、学中干。”刘超说。

“农场现在发展得这么好，还有什么困难吗？”

“太缺青年人了！我今年暂时停掉了电商，一是因为物流费用高，二是缺少专业人才。我从 2017 年开始去高校招人，刚开始把办公室设在广饶县城，因为农场地处乡村，大学生不愿意来村工作。近几年一直都想招大学生，只招到了一位大学生……五险一金都有，还有车补，工资收入是每月 5000 元左右。”

“农场想招什么专业的大学生？”

“文员、电商，食品加工专业、蔬菜贮存专业等，都需要。农村老龄化严重，希望有更多青年人才回流，来我们农场工作。这里工资不少、空气还好。农村越来越好，我们的办公条件也越来越好了。”

“年轻人是不是大都喜欢城市的繁华？”

“不影响啊。可以来农场里赚钱、去城里花啊！”刘超眼睛笑成弯月，“现在年轻人的观念也在转变。就像昨天上午，我作为人才引进社会监督员前往县人社局，见到一些年轻人愿意回到家乡工作。其中还有一名北大心理学专业的大学生，他打算明年毕业后回到县里一家事业单位工作。这在从前都是不敢想的事情。”

“下一步怎么发展？”

“我是典型的新型职业农民。职业农民，可以成为终生职业，我会把职业农民这条路走到底。对于农场经营，我们会稳中求进，跟着国家政策走，跟着政府要求走。随着乡村振兴建设的逐步推进，惠农利农的政策越来越多，我对农场的未来发展很有信心，会坚定不移地走好我们的科技兴农之路，带领农场员工、带动周围种植户共同发展、共同富裕。”

采访手记
INTERVIEW NOTES

地标产品与地标青年

2021 年 12 月的一天，我走访了两位返乡创业青年——李国敬、刘超。两位青年返乡，创业在同一个镇。

有趣的是对比鲜明。一位是经营特色养殖，一位是发展规模种植。相同的是他们俩都提到了镇上水土好。我笑着说：“理解这份情感，谁不说俺家乡好！”李鹊镇党委书记任荣昌认真地说：“我们镇水土的确是好，有水源检测报告为证。我们曾请专业第三方机构前来取样检测，并给出科学评估报告。同样种植小麦，我们镇里的小麦每斤都比其他镇上的小麦贵上 1 角钱。李鹊镇是东营市重要的饮用水水源地，也是全省第一个吨粮乡。”

李国敬说：“团委是最早关注到我返乡创业的，给我很多支持，也帮助我对接资源、提供机会。我希望自己能够选育出一种高品质鸡，把地方优质种质资源推向世界。或许要用一生来实现这个目标，但我愿意为之努力。”

刘超介绍：“父亲转作农业后，当时副镇长主动引导我们注册了家庭农场。2017 年，在政府的推动下，我们农场牵头申请将‘李鹊胡萝卜’注册成为国家地理标志产品。”

两位乡村本土青年，读书成才、城市就业之后，一个转身，回到家乡创新创业。他们发挥个人特长、用足本土优势，响应国家政策、结合市场需求，推动家乡产品成为地理标志产品，企业势能倍增，家乡发展更好，而他们自己，也成为“地标青年”。

正午，阳光正好穿透云层，直射土地。在中国乡村，我看见顶层设计、地方探索、个人奋斗，在这里一线贯通。

至今，我已经实地走访、观察记录了多位中国山东各地的返乡创业青年。有时会想：一位位青年返乡创业的际遇，会不会共同构成这个时代创新创业的侧脸？

人物 **11**

烟台莱州国峻豪：

东北林蛙山东养殖，创新打造中国特产

采访时间：2022 年 3 月

▲国峻豪

□ 面孔

国峻豪，山东省烟台市莱州市峻豪林蛙养殖场总经理，2020 年度“山东省乡村好青年”。

国峻豪，1984 年 1 月生，烟台市莱州市夏邱镇埠口村人。2006 年 7 月，他毕业于山东政法学院刑法系；2006 年 8 月，在太平人寿烟台分公司工作；2007 年 10 月，辞职前往北京创业，销售海参；2008 年 10 月，返乡创业，创办莱州市峻豪林蛙养殖场；2013 年 9 月，在夏邱镇埠口村注册成立莱州市佳豪种植合作社，带动省内 60 多家黄粉虫养殖场发展。2021 年，公司年产值 4000 余万元。

01 选择

离京返乡，养殖林蛙

听说莱州有位 80 后小伙返乡创业，人工养殖东北长白山林区的林蛙。东北林蛙如何在山东养成？怎样的人生际遇造就他的选择？

2022 年 3 月，我驱车前往位于莱州市夏邱镇埠口村的峻豪林蛙养殖场，来到养殖区域，见到了负责人国峻豪。

▲国峻豪和他的林蛙养殖场

从外面看，养殖场只是一个个普通大棚。但推门而入，棚内有个不小的水池。水面平静，棚内安静。国峻豪介绍：“11 月到次年 3 月，是林蛙的冬眠期。这个水池放苗 10 万只能够长成 7 万多只，两年长成，一个棚的收入能有 30 万元左右。”

“说起蛙类，喜欢美食的人通常会想起干锅牛蛙等食物，东北林蛙与其他品种的蛙差别在哪里？”我问。

▲国峻豪介绍东北林蛙的特征：后背上有“人”字纹

国峻豪回答：“干锅牛蛙属于特色美食，东北林蛙属于滋补保健品，因为林蛙腹部有雪蛤油。东北林蛙从外表上很好鉴别：每只林蛙的后背上都有‘人’字纹，这是它的特色标志。”

“林蛙吃什么？”我问。

国峻豪说：“林蛙爱吃活体

饵料，不吃合成饲料。为了能够提供新鲜食物，我们自己养殖林蛙爱吃的黄粉虫。”

养殖大棚东边，建有 3 个黄粉虫养殖车间，方便随时为林蛙提供食物。参观黄粉虫养殖车间时，我看见地上角落处放着两三个南瓜。

“黄粉虫以什么为食？”我有点好奇。

国峻豪看出了我的疑惑：“这些南瓜就是黄粉虫的食物，黄粉虫喜欢吃麦麸，还有南瓜、胡萝卜、土豆等蔬菜。农业生产中丢弃的瓜果蔬菜既不会浪费，也不会污染环境，是黄粉虫的食物。不要小瞧这些虫子，我们这个小型黄粉虫养殖场一天仅果蔬消耗量就需要 0.5—1 吨。”

“辞职之前，你在做什么？怎么会想到从事林蛙养殖？”我询问道。

国峻豪说：“我在北京销售海参。因为父母、妻子都在老家，我在北京没有归属感。大城市打拼只能一时，长远来讲一定会返乡，所以一边打拼，一边寻找适合返乡创业做的项目。”

“你是怎么发现这个项目的？”我继续问道。

国峻豪解释：“关注林蛙源于春节探亲。我在高中时曾跟随父母前往东北，我们带着烟台特产海参作为礼物，东北的亲友备好了当地林蛙热情招待。东北亲友介绍，林蛙是东北山珍之一，价格要比海参还贵。因为林蛙是自然繁殖，市场上能够买到的林蛙都是人工抓捕，量少自然价高。”

当时国峻豪并不相信，后来通过网络搜索得知，林蛙属于国家二级保护动物，具有保健功效，可以药用、食用。随着人们生活水平的提升，林蛙的市场需求不断攀升。在东北主产区，当地人一直延续野生抓捕传统，林蛙价格居高不下，中国林蛙一度处于灭绝边缘。国家准许通过人工培育养殖解决市场供应问题。经多次考察、反复研究，国峻豪决定：“我要养殖林蛙！”

“东北那片原产地的人搞人工养殖林蛙都很困难，你怎么敢搞异地养殖？”

“我们家乡有人把烟台海参放到福建，养殖成功了，所以我想：为什么不能把东北林蛙放在山东养殖呢？相对东北寒冷天气，山东气候可谓得天独厚，如果在山东养殖林蛙，能够缩短养殖周期，提高养殖效率。”

“家人支持吗？”

“当时父母强烈反对。大学毕业之后，我顺利入职烟台一家国企。工作稳定，同学羡慕，可是我自己并不喜欢，于是辞职到北京销售海参。赚到第一桶金之后，我决定回村养殖林蛙。东北亲戚觉得我是异想天开：‘一是野生林蛙如何养殖？二是东北人人工养殖林蛙都很困难，你却想要异地养殖？’还有人笑话大学生毕业回村养殖没啥出息。”

“你怎么看待这些反对和异议？”

“大学不仅能学习知识，并且能够开阔眼界。在项目选择时，我决定要选择具有成长性的项目，比如技术含量高、无环境污染项目。如果没有读过大学，可能我就不会关注环保问题。”

2008 年，国峻豪从北京返回老家莱州市夏邱镇埠口村，妻子也从莱州市邮政储蓄银行辞职。当时国峻豪根据市场行情定下年赚 500 万的“小目标”，小两口畅想着美好未来携手打拼。然而，创业之路果真如同计划的一样美好吗？

02 问题与方法

打破“魔咒”，创新养殖

想想，实现财富自由就是一步之遥；动手，养蛙路上困难重重。诸如天旱无水打不出井、创业资金不足、蝌蚪变蛙成功随即死亡、林蛙逃跑、天敌入侵等诸多问题，发展还是倒闭，经常就在一瞬之间。国峻豪的养殖之路，如同西天取经，前方关卡重重，看他如何过关斩将？

难关一：无水！怎么办？

林蛙养殖刚开始，国峻豪就遇到了第一个拦路虎——干旱无水。农场附近虽有水井，却是农民种粮首用的水井，自己不能与农民的农田争水。没有水，林蛙养殖根本无从谈起。天气干旱，只有打井取水。令人意外的是连续钻井三口，结果都是无水、无水、无水！

打一口井的费用是 1 万多元，连打三井都没出水，就花掉了 3 万多元，更是打击信心。他咬咬牙，继续打第四口井。

前三口井都打到了 75 米，第四口井打到 60 多米深的时候，工人建议停止打井："土质等各方面情况和前三口井差不多，看样子下面无水，要不就别往下打了吧！多打 1 米就要额外增加 1 米的费用，别再浪费钱了！"

连专业的打井工人都认为没有希望了。国峻豪告诉我："什么叫绝望？当时我真的理解了这个词的意思。"就在国峻豪想放弃时，他最后征求妻子的意见，妻子说："再坚持一会吧。"十几分钟后，地下水突然喷涌而出。说到那时的情景，时至今日，依然能感受到国峻豪的激动："简直就是奇迹！我特别感谢我媳妇。幸好我们多坚持了一会儿，做事真的是不能半途而废！"

打井成功，养殖开始。

难关二：资金超出预算 3 倍，怎么办？

养殖基地建好之后，实际费用超出投资预算的 3 倍。在这种情况下，如何降低养殖成本？如何为林蛙提供优质食品？

国峻豪想到了自己养殖的黄粉虫。黄粉虫，营养价值较高，是养殖林蛙的最佳肉食饵料。黄粉虫养殖是林蛙养殖的一个关键点。黄粉虫饵料主要来自外地，长途运输过来，费用较高且不新鲜，如果自己养殖能够省时、降低费用。国峻豪原本计划雇工养殖，可是支出远超预算并且收益遥遥无期。如此情形，怎么办？

林蛙养殖不累，但是黄粉虫养殖的劳动量几乎是林蛙养殖的 10 倍，对于国峻豪和妻子来说，自己动手养虫是个极大的挑战。令国峻豪没有想到的是，妻子主动提出："能省一点儿是一点儿，咱俩自己干吧。"妻子看上去有些娇弱，两人此前也没有干过重体力农活，国峻豪心里没有底。第二天早晨，当他进入黄粉虫养殖车间时，发现妻子正在忙着喂食。创业路上，两人相互鼓励、互相扶持，一路向前。

黄粉虫养殖车间建好之后，林蛙能够随时吃到新鲜黄粉虫，体质增强，

▲国峻豪介绍绿色生态循环的新型农业种养模式

养成率更高。黄粉虫养殖不仅益于林蛙生长，并且绿色生态。林蛙食用黄粉虫，黄粉虫食用麦麸和废弃的瓜果蔬菜等。乡村里面，农业生产中丢弃的瓜果蔬菜容易滋生蝇虫进而污染环境。随着黄粉虫产业的发展，每年山东省内黄粉虫能够消耗农村农业垃圾 1.8 万吨，减少了污染，改善了环境。黄粉虫的虫粪还是天然的有机肥，可以用于种植果蔬。通过增加黄粉虫养殖，延展了林蛙产业链，提升了产业附加值，绿色生态循环的新型农业种养结合模式逐渐形成。

谈起创业之初，国峻豪很有激情："创业改变了我们的生活状态。从前，我们两个经常上网玩游戏到深夜，早晨很晚起床，父母都很看不惯我们。创业之后，我们晚上不再玩游戏了，早睡早起形成习惯，从早忙到晚。从事体力劳动，非但不累，反而身体健康、精力充沛。从前上班穿得板板正正，创业之后，我们把学生时代的运动服从箱底翻出来，套在身上就成了工作服，穿着舒服、干活方便。"

难关三：蝌蚪变蛙成功，倒在上岸前刻，怎么办？

蝌蚪变蛙之后，就会登陆，就在这关键时期，养殖池里刚长齐腿的小蛙却大量死亡。这是何故？

看着辛辛苦苦育出的变形成功的小蛙死去，国峻豪急得坐立不安、辗转难眠。接连几天坐在池塘边，盯着小蛙思考：究竟何故？怎么办啊？

只见小蛙爬出水面，顺着岸边上爬，没有爬上岸，便掉回水池，重新攀爬、再次掉落，再爬、再落，几次之后，小蛙再也不动了……有一次，在盯了 3 小时之后，国峻豪突然想：小蛙会不会是淹死的？爬不上岸，力气用光、掉落淹死？会不会是塑料布的原因？

水池边上铺着一层塑料布，塑料布表面光滑、摩擦力较低，变形后小蛙体质较弱，几次上岸不成，体力耗尽，跌落水中便被淹死。谁能想到竟然会是这个原因！如何才能增加摩擦力呢？国峻豪在柔软的塑料布上放上网绳，再看小蛙，踩网攀爬，顺利上岸。此后，再没有出现小蛙淹死的状况。

林蛙昼伏夜动，晚上吃食。国峻豪每天仔细观察林蛙的生长状态，认真记录头天晚上林蛙吃食饲料的情况，再根据情况及时调整投喂用量。饶是如此用心，国峻豪养殖林蛙依然连续失败 3 年。创业资金全部花光，最终能否成功尚不知道，唯有坚持坚持再坚持。每到春节，对国峻豪来说，这是个关口。国峻豪说："在我们老家，春节聚会既是团圆节日，也是亲友互相关心、了解发展状况的时机。失败 3 次、失败了 3 年，每逢春节，最怕亲友好心劝我放弃，我总是能躲多远就躲多远。"

"连续 3 年养殖失败，创业资金已经用光，你是怎么坚持下来的？"

"其实好多项目都是倒在黎明前夕。那时候的确很难过，但我坚信这个行业可以做。因为每次失败都是出现一个新的问题，也就是说每次失败其实也意味着我已经解决了一个问题。连续失败 3 年之后，劳累上火、心力透支之下，我病了很长时间才好。直到养殖的第四个年头，没有出现新的问题，林蛙终于养成。那年我们养殖了 10 万只林蛙，当年盈利 10 多万元。"

养殖成功后，国峻豪并不满足，开始琢磨如何养出高质量的林蛙。

难关四：如何培育高质量林蛙？

养殖虽然成功，但依然困难重重，比如林蛙逃跑、遭遇天敌等问题相继出现。林蛙原在长白山生长，生活环境潮湿，下雨之后，到处都很湿润，林蛙喜欢四处窜逃。林蛙前爪像鹰状，后爪呈蹼形，攀爬能力极强。林蛙的天敌很多，有类似鹭鸟的水鸟、老鼠等。露天养殖 10 年，国峻豪越来越了解林蛙的生活习性，经历过雨后林蛙逃跑、被天敌吞食，经过反复试验后，开始选择大棚养殖，这样能够较好地应对林蛙逃跑、遭遇天敌等问题。

大棚养殖，如何养出高质量的林蛙？国峻豪开始仿生态养殖。

"怎么想到进行仿生态养殖？"我问他。

"源自除草不及时，"国峻豪笑言，"林蛙生活环境比较潮湿，大棚里面经常长草，为了方便观察林蛙，我们都会及时清除。有一回除草不及时，很多小蛙跑入杂草丛中，并且在草丛中的蛙明显更加活跃。当时我就猜测，是不是林蛙喜欢自然生态？进行仿生态养殖是不是效果更好？”停止“及时”除草，转而主动种植草坪。试验发现：生活在草丛中的林蛙更加活跃，林蛙质量明显提升。

谈及过往，国峻豪百感交集：“养殖路上困难重重，我们经历了蝌蚪意外死亡、小蛙登陆溺亡、林蛙逃跑、天敌入侵、因疾病死亡等诸多难题。有一年烟台刮起 12 级台风，所有的棚架都刮走了，林蛙也跑了一大半。面对困难，唯有应对。我不断地打破认知框架、不停地解决问题，每解决一个问题，事业就向前推进一步。”

“创业成功不易，那你对青年创业有什么看法？”

“有人说，青年人没经验、没资金、没人脉，不应该鼓励青年人创业。我不赞同那个观点，我支持青年创业。青年人放低姿态向人请教，更容易得到帮助。年轻的时候即便失败也能承担后果，如果工作 10 年后再创业，棱角已被磨平，再者有了家庭和孩子必须考虑更多，综合成本实际上更高。”

“作为创业过来人，能否提供几条建议？”

国峻豪说：“第一，不要冲动创业，可以小步起跑。创业总是伴随着风险，我连续失败 3 年，3 年的时间赔光了全部资金，为什么能够坚持下来？因为我起步规模很小，我从承包一亩地开始创业。小步起跑，才能支撑 3 年。第二，不要盲目创业。不要大学一毕业就直接创业，最好工作一两年再创业。可以先到自己感兴趣的行业里面打工，了解之后再去创业。通过工作，不仅了解行业，还能接触社会、扩大视野、提升能力。”

“野生林蛙人工养殖、东北林蛙山东养殖，别人想都不敢想，你不仅敢想，并且还能做成。作为创业过来人，能否分享一下你的创业成功经验？”

国峻豪说：“第一，精心选择项目。工作一年之后，我就辞职去了北京。去北京，我能做什么？当时自己没技术、缺资金、少经验，我自己有何资源？烟台莱州，海产品是特产，本地经营没有优势，但北京销售很受欢迎。所以在北京的一年，我赚到了第一桶金，才有了返乡创业的资金。海参销售经历让我看到人们对于健康的重视，所以我决定要从事绿色、环保、健康的产业，这样的产业发展空间大。通过多次考察学习，我最终决定从事林蛙养殖。两次创业，项目选择方面我都做了慎重考量。第二，要坚定，但不要固执。‘要坚定’是指目标定好之后，就要意志坚定，不要自我怀疑、不能半途而废。‘不要固执’是指要有空杯心态，能够接受新事物，不断学习新技术，才能创新发展、超越自我。第三，注重学习创新。创业路上，肯吃苦远远不够，还要善于学习。只有不断更新知识，才能创新发展。上大学不仅是增加知识储备，更重要的是提高学习能力，比如上网查阅资料、研读资料、学习遗传基因方面的知识、创新发展等。我们养殖林蛙一直是边学边干，注重学习思考，做到触类旁通。比如有人把烟台海参放在福建养殖，结果很成功，我就想既然北方的海参放在南方养能够成功，为什么不能把东北林蛙放在山东养殖？了解到通过调节水温可以调控鳄鱼性别，我就开始试验林蛙变性的生殖模式。通过学习，开拓了思维，应用新型养殖大棚，雌性诱变技术试验成功。正是通过学习创新，公司才能持续发展。”

国峻豪的经历讲述了这样一个创业路径：目标照亮人生，选择决定命运，知识改变路径，拼搏铸就成功。

03 现状与未来

注重生态发展，打造中国特产

从 2008 年起步发展至今，峻豪蛙业养殖规模已有 100 多亩，建有林蛙养殖大棚 16000 平方米，黄粉虫（饵料）养殖车间 800 平方米，林蛙加工车间 400 平方米，年可繁殖林蛙 500 万只，年产值 4000 多万元。公司现有全职职工 4 人，大学生科学技术人员 2 人。随着公司的发展，国峻豪现已投资 200 多万元建立了山东省内规模最大的集林蛙育种、科研、销售、培训为一体的林蛙生态农场。2013 年 9 月，国峻豪在夏邱镇埠口村注册成立了莱州市佳豪种植合作社，基地发展带动了山东省内60多家黄粉虫养殖场的发展。黄粉虫养殖吸收了农村闲置劳动力就业，增加就业岗位600多个，使相关农民年增收1200多万元。

企业发展向好，不仅带动村民致富，而且有益于乡村生态环境。林蛙吃黄粉虫，黄粉虫吃蔬菜，解决了农村剩余蔬菜腐烂的问题。黄粉虫粪成为有机肥，有助于蔬果生长。扎根乡村、专注林蛙，国峻豪成长为“农民农艺师”。他积极参加农业农村局、团委、人社局组织的培训活动，帮助农民解决创业和生产中遇到的疑难问题，推广新技术、新产品、新装备，分享经验理念，解放农民只能靠单一粮食生产的固化思维，关注高附加值的农业产业，引领周边村民共同致富。作为乡村振兴的孵化基地，养殖场成为农业农村局的田间示范课堂，每年免费培训30多场次，受众达到700多人。据山东省农业农村厅有关处室负责人介绍，近几年，政府定期围绕乡村振兴人才培育、稳粮保供、农业绿色高质量发展等专题开展专项培训，运用乡村振兴优质校、高等院校、职业院校等教育资源，成立农产品加工、网络电商等4个专题讲师团队，创新开展“互动式”“情景模拟式”教学，通过“师傅带徒”培训，面对面、手把手传授技术技能，在全省范围内遴选了一批优质培训基地。其中，综合类基地30个，专业类基地50个，农民田间学校100个，保障不同层次、不同类型、不同产业乡村人才的培育需求。2022年山东省培育高素质农民4万余人，配合省发展和改革委员会等部门印发的《山东省扶持高校毕业生创业就业普惠政策清单》，支持高校毕业生创业就业。山东省每年举办全省农村创业创新项目创意大赛，搭建农村创业创新平台，助力乡村振兴。国峻豪还出资将所在村的主路进行了硬化，沿路栽种绿化树木，既方便了村民出行，又改善了生态环境。

公司发展不仅带动周边发展，并且合作基地分布省内外。除了省内已有的烟台、潍坊、日照等8家合作基地，还在省外如河北、河南、黑龙江等地建有合作基地。

“为什么要在全国各地建设合作基地？”我不解地问。

“我们转换发展模式，不再一味地把自己摊大饼式做大，而是全国布局。

通过基地合作，形成二次辐射、三次辐射，如同星星之火，遥相呼应，形成规模。一人力量毕竟有限，我希望能够形成团队，共同推动产业发展。”

“合作基地通过什么模式共同发展？”

“公司提供保姆式、管家式服务，提供林蛙种苗、传授养殖技术、辅导饵料孵化、包销成熟林蛙。我们注重平台思维，发挥桥梁作用，对接需求、解决问题。比如经销商喜好不同，有的专要公蛙，有的只要母蛙，有人喜欢大蛙，有人只订小蛙。比如有人想要 1 万只大蛙，怎么供给？单一养殖基地难以满足需求，所以我们发挥自己的独特优势，以主基地为中心，其他基地如同卫星围绕着我们发展。目前企业已经进入品牌化发展阶段。”

谈到公司发展，国峻豪说：“一是继续扩大养殖规模。现在已在全国建成 40 多个林蛙合作养殖基地，计划实现林蛙养殖生产的全国区域覆盖，比如最近正在准备建设海南基地。二要开展深加工、延长产业链。公司通过与高校开展科研共建，提升科研水平，完善养殖技术，做强林蛙产业。比如创办林蛙生物实验室、研发林蛙及雪蛤新产品，建设产品加工车间，建造林蛙养殖、产品展示馆等。”

“你创造性地实现林蛙人工养殖、异地养殖，凭一己之力开创、推动林蛙养殖产业发展，有人称你是行业领军人，你怎么定位自己、评价自己？”

“我认为自己现在还称不上行业领军人，因为我做得远远不够。在我看来，只有对产业发展有巨大推动能力的人才能称为行业领军人。公司现在年产值 4000 万元，生产规模尚小，我认为这个产业的发展规模应该能有 100 亿—200 亿。”

“100 亿—200 亿的规模？你这么看好这个产业？”

谈及未来，国峻豪却讲起了历史：“林蛙，又名雪蛤，自古是中国东北地区的特产，因其有药用、食补、美容功能，自明代起，即为宫廷贡品。古时林蛙仅限于宫廷专享，今日林蛙已经进入人们的日常生活，比如‘木瓜炖雪蛤’是饭店里的一道美食。‘木瓜炖雪蛤’的‘雪蛤’和林蛙是同类。林蛙因体内有雪蛤油，营养保健功能更强，《百草纲目》上标注林蛙具有治疗肺结核的功效。林蛙可以直接食用，也可以提取林蛙油通过精加工做成化妆品、保健品等。我们现在的问题不是担心销售，而是产品太少。我想再干10年仍会缺货，因为随着生活水平的提高，人们一定会越来越注重营养保健。”

“计划多长时间完成你的目标？”

“我的目标可能一辈子也做不完，因为这是新产业，需要新理念来推动。我的目标是把产业做大，把东北林蛙做成优质中国特产。”

“中国特产？”

“是的，最早人们习惯说林蛙是东北特产，我希望随着产业发展，林蛙能在中国各地养殖成功。现在我认为它既不是东北特产，也不是山东特产，而是中国特产。林蛙是森林卫士，林蛙吃虫，鸟、蛇、鼠吃林蛙，这是一个生态链条，大量人工捕捉势必打破生态平衡，而我们通过人工养殖可以实现绿色发展。希望能让更多人知道林蛙、享用林蛙，我们会提供高质量产品，把我们的优质产品推向全世界。”

▲国峻豪介绍产业发展目标：养殖高质量林蛙，供给优质中国特产

人物 12

潍坊高密刘莉：

大学毕业回村，创新发展农场种粮几千亩

采访时间：2021 年 11 月

□ 面孔

刘莉，潍坊市高密市大牟家镇刘莉家庭农场总经理。

▲刘莉

刘莉，1989 年 8 月生，潍坊市高密市大牟家镇西刘家庄村人。2010 年 7 月，她从东北农业大学农学专业毕业，回乡创业；2014 年 1 月，正式创办家庭农场。

从 38 亩地起步，农场面积发展到 5600 亩地，拥有仓库晒场 7000 平方米，主要种植黑花生、小麦、玉米等农作物，2020 年经营收入 1600 余万元。农场在稳健发展的同时，也带动周边万户农民科学种田。2019 年，刘莉的家庭农场被评为“山东省示范家庭农场”。

01 选择

大学毕业，回乡创业

刘莉大学毕业后回乡种地，从 38 亩地起步种田，种植规模发展到 5600 亩地。

一个家庭农场，种植 5600 亩地？种什么？怎么种？ 2021 年 11 月，我带着一系列的问号，来到高密市大牟家镇刘家庄村的刘莉家庭农场。

与普通农田不同的是，刘莉家庭农场的地头上，虫情监测仪、大田物联网检测系统与传统水井并立。

▲建有现代化设备的家庭农场

刘莉介绍之时，在她身后广袤田野之上，几台机器正在作业。

我问：“机器在做什么？”

刘莉介绍道：“远处几台机器是在深翻、旋耕整地，近处的这台是播种机，正在播种小麦。今年因为天气原因，播种比往年晚。翻地、平地、播种都是机器操作。这台播种机一天能种 100 亩地。再有 3 天，5600 亩地的小麦播种作业就能全部结束。”原来规模化种植的背后是智能化、机械化的科技支撑。

我继续问：“你流转 5600 亩地进行耕种，原来的土地主人做什么？”

刘莉说：“土地流转费是固定收入。土地流转给我们家庭农场之后，土地主人一般是根据自家情况自由选择。有的回家帮忙照看孙子，有的去到城里打工再赚一份钱，有的来到我们农场打工，赚钱顾家两不误。现在农场常工 28 人，农忙时候，一天工人多达 120 人。”

我问：“今年收成如何？”

刘莉回答：“2020 年经营收入 1600 余万元，年销售小麦良种 400 余万斤，花生良种 30 余万斤。今年还没算总账，大概和去年相差无几。5600 亩农田里面主要种植黑花生、小麦、玉米等基础农作物，以及进行小麦、花生良种繁育。今年小麦价格创十年新高：普通小麦每斤 1.4 元，高级小麦每斤 1.5 元，往年一般都在 1.1—1.3 元。小麦产量最高达 1500 斤，平均亩产超过 1300 斤。周边许多农户也会学习、引进我们的良种、设备，学习、使用新技术，每亩地能够增加收入 300—500 元。”

规模化种植、高产量收益、示范带动效应，这是刘莉家庭农场的特色。无怪乎 2021 年 6 月省领导到潍坊调研时，会来刘莉的家庭农场实地调研。

“省领导来我们农场调研时，主要了解农场的高产量、水肥一体化技术优势、保障农民收入等问题，并给予肯定。这对我是极大的鼓励。”刘莉介绍情况之时，有位男士在她身侧，默默地看着她。

“这位是……”我问。

“我是给她打工的。”男子笑。

刘莉笑得甜蜜：“这是我对象。我们俩经人介绍认识。原来他在一家国企上班，随着农场规模越来越大，我精力也不够用了。从结婚之后我就动员他回来，直到 2021 年，才把他拽了回来。下一步，我们的品牌运营相关工作主要靠他。”

在广袤的田野之上，两人携手并立、相视而笑。

“回头看，当年的选择多么正确。”我对她说。

刘莉说："这要感谢我父亲。我是站在他肩膀上的新农民。有了父亲帮助，我少走了很多弯路。"

大学毕业之后，多数同学选择留在城市工作。刘莉也参加过公务员考试，因几分之差而落榜。父亲劝她："你回来做农业吧。时间比较自由，收入也不差，关键是咱们了解农业。"

刘莉十分敬重自己的父亲。父亲刘凤俊从 1984 年开始从事农业，那时在当地农业科技推广站上班，主要进行农业科技推广工作。后来辞职经商，从事化肥、种子等农资产品销售。2009 年，父亲组织成立合作社，是大牟家镇唯一一家国家级示范合作社。30 多年来，父亲专注农业，并且热爱农业。父亲经常念叨：农业是国家的支柱产业，小麦、玉米、花生这些都是咱们老百姓的基本口粮。在父亲的言传身教、耳濡目染之下，刘莉心里与农业十分亲近："父亲说得有理，自己大学本科学的是农学专业，加上父亲帮衬，何不试上一试。即便种地，也能种出个样子来。"

刘莉大学毕业回村种地，亲朋好友们无法理解："女孩子干什么不好，偏要种地？回到农村，连个对象都不好找！还是好好学习，努努力再考公务员吧，或者去城里找份工作也好啊。"亲友虽是好意相劝，但刘莉心里暗下决心：自己一定要干出个样子来。可是没有想到，创业起步，就是当头一棒。

02 问题与方法

专注基础作物，凭借科技兴农

种地，首先要有地。想流转土地，没想到四处碰壁。最后还是找到亲戚，才流转到土地 38 亩。

周边农户祖祖辈辈都是种地，经验丰富。刘莉跟着农户边学边干。沿袭本地传统的种植习惯，全部种上花生。人家播种，刘莉也跟着播种，人家浇地，她也随着浇地。刘莉起早贪黑，不怕辛苦，只想把地种好，干出个样子来。

没想到临近收获时节，秋雨连绵，花生减产，被雨水浸泡的黑土黏糊糊的，收割机器根本无法进入，只能依靠人工拔捡。捡的那点花生还不够工钱。为了节省人工费用，刘莉自己进去捡拾。黑土地里，深一脚浅一脚的，一点一点地拨拉，蹲到最后，腿都麻了，精疲力竭。脚上满是泥土，心里百种滋味。知道创业不易，却没想到起步就受挫折。辛辛苦苦大半年，年底盘点算算账，不仅没有盈利，土地流转费加上生产费用总计亏损 5 万多元。

本想干出个样子，谁料竟是如此结果。农户说得很对：农业这碗饭，是靠天吃饭。农业太累了！这还怎么干啊？刘莉想过放弃，可又心有不甘。不想轻易低头的她冷静下来，开始反省："自己是学农学专业的，可是理论知识并没有和实际操作结合起来，反而随大溜作业。缺少实战经验，没有自己的种植思路，别人播种，我也跟着播种，别人浇水，我也跟着浇水。仅靠吃苦耐劳远远不够，寻找科技支撑是关键。能不能立足当地实际情况，把农业理论知识引入生产实践中？"

之后，刘莉主动联系农业院校的专家，对接优质资源、了解科技知识、寻求技术指导。她先后与青岛农业大学、山东省农科院、潍坊农业科学院等建立联系，就花生新品种试验示范区建设、小麦良种繁育、农业新技术研发推广等方面达成多项合作。2014 年，通过青岛农业大学教授的介绍，刘莉接触到了富硒黑花生。高密本土基本上是种植红花生，相较于传统的红花生，黑花生营养价值更高，刘莉决定引进。

农户习惯于沿袭历史，种植传统作物，对于新品种的推介，一般持观望态度，毕竟改变意味着不确定性，不知道新品种是否便于种植、究竟产量如何。而刘莉思想开放，当别人犹豫观望时，她已经埋头试种了。

2014 年，天气大旱，三口井井水总量只有往年一口井的水量。作物缺水，小麦等粮食作物产量减少，效益降低，此后四年，高密市年年干旱，许多农户开始向外流转土地，此时刘莉却逆向接盘，扩大农场规模。

她为何如此胆大，有何底气？如何解决天旱无水问题，这是刘莉和父亲一直在思考的问题。一次外出学习参观，看到水肥一体化滴灌设备，刘莉决定引入并进行改良使用。水肥一体化设备通常用于高端果蔬作物，设备价格较高，此前无人将这种设备用于基本粮食作物种植。2015 年，农场铺设了农业灌溉电缆，引进了水肥一体化设备，实现了全部农田都由该设备精准滴灌。

听说农场投资 60 万元铺设了这些农业灌溉电缆，周边农户啧啧称贵："种点小麦、花生的，还用这么好的设备？这么高的成本，年底算账不得赔钱吗？"到了应该浇水的时候，刘莉和父亲就去地里打开设备，设备自动浇灌。人，在地里走上一圈，看看即可。周围农户去农场地里看后，赞叹不已："老刘家地里真的是没人干活啊，是设备在浇地。还真是'科学'啊！"

刘莉说："以前电视上讲'科学'、专家讲'科学'，农户并不当真，只有他们亲眼看见了，才相信要大胆使用'科学'，这也是我们做科技示范田的意义所在。我们引入新品种、安装新设备，尝试新技术，领着农户一起致富，共享科技创新带来的红利。"

水肥一体化优点很多，省水、省力、省工、省肥。一是滴溉浇水能够节约用水；二是能省去人工浇水的辛苦；三是节省了人工费用，如果雇人浇水每天人工费需要二三百元；四是水肥一体化，不但节水，而且节省化肥用量；五是使用灌冲水溶肥料这种方式施肥，农作物生长更加健康，使得作物品质提升，产量能够高出传统模式的 15% 左右。前前后后算算账，农户这才看懂：看着是要投入，实则是增加收入。在农场的示范带动下，周边农户开始逐步接纳水肥一体化新技术。这种水肥一体化设备，使刘莉的家庭农场实现规模化种植成为可能。尝到科技甜头的刘莉更加注重引进技术、研究设备。

花生种植的工序从来都是一项一项地做，为什么不能同步完成呢？花生播种机能不能播种、覆膜、打孔、滴灌几项工作同步操作呢？与设备厂家交流之后，按照刘莉的想法要求，厂家对机器设备进行改造升级。经过 3 年试验，农场摸索出适合花生种植的"W"栽培法，即膜上覆土、膜下滴灌、单粒播种。敢想才有突破的可能，科技支撑才能使梦想成真。这种方法不仅降低了劳动强度，而且节约种子 30% 左右。

土地是作物之母，好土才能出好品。保护好生态环境、寻求绿色发展才是持久之道。如何提高土地有机质？农场与高密市南洋食品有限公司签订了联合开发和推广销售有机肥合作协议，率先使用该公司提供的由鸡粪、淘汰鸡制成的有机肥和微生物肥料，并在高密市全权代理销售。

随着农场规模的扩大，选择也在增加。比如对于作物的种类选择，刘莉也曾摇摆不定。农业虽然重要，但是由于基础作物收益较低，人们的种植热情普遍不高。刘莉外出参观学习时，经常被问到一个问题："种小麦、玉米、花生这些基础作物，十分辛苦，但是收益不高。你这么大的规模怎么不种点高收入的果蔬品种呢？"

听得多了，刘莉也动了心："我们农场有技术有规模，别人种能赚钱，我们种肯定行。然而尝试两次，结果并不尽如人意。有一年，试种土豆。产量很高，但是那年土豆价格较低。次年，农场试种豌豆。鲜豌豆收获期十分短，只有几天时间。那年种了 60 亩，采摘时节，七八十名妇女蹲在地里采摘，还是没能全部摘完，很多豌豆都烂在地里了。"

走过这两次弯路之后，刘莉想起了父亲对自己的提醒：种地要种最适合的粮，做事要做自己最擅长的事。有些经济作物的确是利润高，可是市场价格波动也大。价格低的时候，赔钱也多啊。刘莉家庭农场通常每亩收入 500 元，差点年头每亩收入 100—200 元，或者是持平。虽然收益不高，但是比较稳定。此后，刘莉不再摇摆，家庭农场坚定地围绕小麦、玉米、花生等基础农作物提升改进技术。

言及青年创业，刘莉很是支持："现在政府对于青年创业的政策越来越好。比如我参加过共青团组织的青年创新创业大赛，通过比赛，锻炼了能力，认识了很多赛友。我支持青年创业，并且期盼青年朋友返乡创业就业。农村的发展机会越来越多，需要更多优秀青年人返乡，比如我们公司下一步将进入品牌化发展阶段，特别需要相关专业人才。我希望用自己的亲身经历来告诉青年朋友，回到农村创业就业，大有可为。"

共青团潍坊市委负责同志介绍："乡村振兴赛道上的好青年，刘莉是其中的优秀代表人物之一，我们潍坊是村村有能人、镇镇有榜样、县县有模范。围绕乡村振兴建设，团市委尤其重视‘乡村好青年’的选培工作。其中在助力乡村好青年发展、促进乡村好青年作用发挥方面，探索了机制引领、大局引领、榜样引领的‘三领并进’做法，举办赛会、搭建平台，促进乡村好青年作用发挥，吸引青年人才返乡创业就业。”

结合自身创业经历，刘莉分享了自己的创业经验：“首先，科技是第一生产力。依靠科技，才能高产高质高效。农场亩产超过 1500 斤的背后是水肥一体化、全程机械化、新品种新技术的科技支撑。比如农场承担了高密市小麦百亩高产攻关以及 29 个小麦品种示范的任务，涉及宽幅播种、病虫草害统防统治、秸秆粉碎还田等多项技术。第二，咬定青山不放松，要专一和坚持。种粮，要种自己熟悉的粮，做事，要做自己最擅长的事，专注专一更容易成功。第三，等，不是办法；干，才有希望。遇到问题，多数农户没有办法，只能听天由命，但是我们不会被动等待，而是想方设法解决，自己解决不了，就对外寻求帮助，通过借助外力或者引进设备等方法解决问题。”

03 现状与未来

品牌化发展，带领农户共享科技创新红利

有了科技支撑，家庭农场蓬勃发展。种植聚焦小麦、玉米、花生等粮食作物，使用良种良法种植；通过应用水肥一体化技术，实现规模化种植；整合资源，通过农技、农机、农艺、农资有机组合，科学绿色种田，提产增质。农场走出生态发展之路，并且辐射带动区域绿色高质高效生产，带动更多种地大户成立家庭农场，进行规模化种植。

有了科技加持，农业生产能力持续增强。“没有想到会发展到这么大规模，”刘莉说，“创业之初，主要是想种点高效农业示范田，于是就和科研院所合作，把麦田变成了良种示范基地。比如 2016 年，农场成为潍坊市农科院花生研究所的育种和试验示范基地，有 32 个花生品种，通过种植良种，农场效益增加，同时用看得见的科技带动农户发展。为拓宽发展之路、实现加工增值，从 2020 年开始，黑小麦、高筋小麦、黑花生、高油酸花生全部实现种植、加工一体化，三产融合发展。”

刘莉说：“我是站在父亲肩膀上创业的农二代，父亲说农资产业是个良心产业，保证质量是前提。他期望我能提升农业水平，干出来个样子来，高产攻关示范带领农户增加收入。”

▲刘莉（左）与父亲刘风俊（右）

在父亲的支持帮助之下，刘莉创办了农业科技大学堂，聘请 8 位农业专家到农场进行技术指导，聘请 6 位专家教授、36 名专兼职科技推广员指导规划，实施了农业新品种、新技术研发以及试验示范推广。刘莉免费为周边农户提供农业技术支持，累计培训农民 5 万多人次，指导 36 个农户成立了自己的家庭农场，在自身不断发展的同时，直接带动周边 1 万余户亩均增收 300—500 元。

有了父亲的指导和帮助，刘莉避开了很多坑、少走了很多弯路，但是刘莉和父亲也有不同观点。父亲希望她能把地种好就好，而她还想把粮卖好。

在刘莉的努力下，农场开始线上线下两条腿走路。线上，开通店铺、加入网上商城，通过新媒体方式进行宣传推广；线下，采取社区团购、商超对接等方式销售，主要供应济南、青岛等地的超市。线上线下同步发力，每年增收 60 万元以上。

精心耕耘不辍，梦想逐步成真，但是刘莉并不满足。她在思考一个问题：农场产品质量高，但被人低价买走、高价卖出，为什么呢？刘莉说："我们农场土地特别肥沃，老一辈人说因为这里是'凹地'。科学地讲，农场地处五龙河和鱼池河交汇处，两条河一条是东西向，一条是南北向，两河双向冲撞出的土壤含有丰富的矿物质和微量元素，地理位置得天独厚。专家检测推荐，这里特别适合种植高油酸花生。"

从 2016 年，农场引进高油酸花生种植和深加工技术，2020 年黑花生油通过绿色食品认证。刘莉介绍："高油酸花生口感香，营养价值高。从前人们喜欢吃花生油，因为花生油香。有一段时间，出于健康考虑，有些人选择了低脂橄榄油，可是橄榄油口味过于清淡，炒出来的菜不如使用花生油口感香，往往又重新用回花生油。人们常在两种油之间摇摆。我们的高油酸花生兼具二者优点，既有花生油的香味，也有橄榄油的营养。今年种了 200 亩，可惜由于高油酸花生的市场了解度不高，所以售价同普通花生价格相差无几。思来想去，还是我们品牌化运营不够。"

找到原因后，刘莉又给自己定下一个目标：树立品牌、打响品牌。从 2016 年开始注册商标，刘莉先后注册了"刘莉家庭农场""刘莉家""大牟家良田""黑花妹"等多个商标，下一步还要进行细分，让每种优质产品都有一个品牌。刘莉最喜欢的是"黑花妹"："'黑花妹'这个名字是我起的，用的是我的头像，因为新品种花生的颜色是黑色的，我是女孩，于是就用最简单的方式来注册商标。我对象笑我太土。土就土吧，可是真啊！人是真人，产品是好产品。"刘莉介绍，企业品牌就像是人的名字，有了名字，再谈提升知名度、提高影响力的问题。农场要创立自己的品牌，打响自己的品牌，不能总是被别人低价买走、贴标后高价卖出。

如今农场发展规模较大，但刘莉依然十分清醒："从事农业，不可能一口吃个胖子，我们的农场是一步一步发展起来的。现有农田 5600 亩，发展不错，可是风险也不小。老百姓常说，农业就是靠天吃饭。这是事实，想要种好地，就要尽量减少天气对于土地的影响。比如水肥一体化解决了天旱水少难题，可是如果天涝呢？如果大旱呢？这些问题我们还是要提前考虑，继续从科技里面寻求技术支撑，来抵御气候突变引发的不确定性，才能更好地种好粮食，示范带动农户共同致富。"

对于自己选择回乡创业，刘莉笑称至今仍有不少同学不敢相信。回首来时路，刘莉坦言："自己是一边种地一边成长起来的。最初几年，累了的时候也有过后悔的念头，后来随着规模扩大，农忙时每天有 120 多人在农场里工作，农场意味着责任，自己想扔也扔不了，而现在特别坚定自己的选择。'三百六十行，行行出状元。'种好地，我就是这一行的专才。我会继续响应国家号召，守好中国人的基础农田，种好老百姓的基本口粮。我希望用自己的行动来诠释'种地很光荣、做农业能赚钱、规模化种植能实现'。期盼更多有志青年学成归来，回到乡村，一起创业。"

（感谢山东省派高密市"加强农村基层组织建设"工作队、高密市委组织部推荐支持）

人物 **13**

济宁嘉祥周广胜：

返乡创业，方寸小梳传承百年非遗记忆

采访时间：2023 年 6 月

▲周广胜

□ 面孔

周广胜，山东周广胜木雕有限公司董事长，周氏木匠第 7 代传人，山东省非物质文化遗产传承人，2019 年度“山东省乡村好青年”。

周广胜，1982 年 2 月生，济宁市嘉祥县大张楼镇陈庄村人。1998 年他初中毕业，随父学艺；2002 年 3 月，学成父辈手艺后，外出学艺打工；2010 年 3 月，返乡创业；2012 年 10 月，创办嘉祥县广胜木雕研究所；2016 年 4 月，创办山东周广胜木雕有限公司；2023 年，被评为山东省非物质文化遗产传承人。

2017 年，嘉祥木雕被济宁市列入市级非物质文化遗产名录。目前，公司已经从一个仅有 3 人的团队，发展成一家拥有百人的企业。2021 年，公司年销售额 2600 多万元。

01 选择

小木匠返乡创业

山东济宁，孔孟之乡、运河之都。济宁市嘉祥县以木雕为特色产业，历史可追溯至清朝。听说陈庄村里有位青年周广胜返乡创业从事木雕，如今公司已发展成为拥有百名员工的木雕企业。

2023 年 6 月的一天，我来到山东周广胜木雕有限公司。公司位于嘉祥县大张楼镇陈庄村。随着乡村振兴建设的不断推进，乡野之地建有工厂，并不稀奇，可是眼前办公楼上的几个大字很是吸引眼球：周广胜木梳博物馆。口气与简陋的大门、杂草丛生的院子反差很大。走进博物馆，别有洞天。香气扑鼻而来，味道来自香樟木。展示架上摆放着各种木梳木雕产品。

▲周文胜介绍产品

▲走访现场

一款木梳，紫檀木料，用料饱满，古朴庄重。一梳一镜，与木结合，用料是上等木材，雕有寓意美好的图案。公司负责人周广胜介绍：“我们的木梳材质以绿檀为主，绿檀富含天然树脂，能够滋养头发。这种材质会越用越润。”旁边人员拿出自己的绿檀挂件，用过的木头似有包浆，又亮又润。

▲一梳一镜

▲新旧绿檀挂件对比

"这把梳子叫'花影'，名字来自陆游的'花影扶疏自满庭'。'花影'，寓意让爱如影相随，一生平安幸福。这款木梳通过网络平台销售，已累计销售 100 万把。鱼骨按摩木梳，网络订单已经销售了 2000 多万把。还有的客户定制木梳作为结婚伴手礼送给亲友……"

款式、材制、尺寸各有不同，图案更是丰富。梅、兰、竹、菊，仁、义、礼、智、信，孔庙的大成殿、杏坛，孔府重光门，济宁玉堂酱园、太白楼、曾子像……简直万物皆可入梳。

企业发展至今，广胜木雕的产品已从单纯的木梳扩展到木镜、首饰、梳妆盒、工艺品等 10 大系列、2000 多款产品。一块木头，经周广胜之手，成为木梳、成为工艺品，可用、可欣赏。

我问："哪款是你自己最喜欢的？"他盯着梳子，笑而不语。"这些都是你们设计的？"我又问。"当然了。"他脱口而出，骄傲与自信从嘴角溢出。我继续问："为何会选择从事这个行业？"他说："受家庭影响。我出生于木匠世家，童年时代，我是听着刨子、斧子、电锯工作的声音长大的，长辈一刀一刀游走在木头上，我从小感受到父辈对木头的热爱，耳濡目染之下，我对家具制作有种特殊的兴趣。"

对于周广胜来说，从父亲手里接过一把尺、一把刻刀、一把锯，跟着父辈学木工，是自然而然的事情。初中毕业之后，他师从父亲学会了制作古式家具、雕花工艺等祖传技艺。

"先祖都是匠人，如果说传承手艺是自然而然的事情，那么什么事情激发了你的创业想法？"

"父亲已年过 70 岁，一辈子从事工匠，做技术员，辛苦了一辈子，只是解决了温饱问题。我认识到只有技术不行。在离乡外出打工学艺之时，我心里立下誓言：打工是暂时的，我一定会回来的，我要自己当老板！”

2008 年，工艺品展销会在济南举办，周广胜跟随老板前去参观。各种木雕工艺品让他大开眼界，络绎不绝的顾客让他看到了产品的广阔前景。有了信心，创业的想法又被激活。做了市场调研之后，看见木雕工艺品市场潜力巨大。周广胜认定时机成熟，决定回乡创业。

02 问题与方法

原创设计，品牌发展，电商推广

打工 10 年，身怀技术，心有市场，周广胜怀揣在外工作赚到的钱返乡，又从银行贷款 5 万元，开始创业。创业之初，凭借技术联系订单，赚取加工费。后又模仿制作了市场上常见的桃木剑等产品，可是同类产品太多，尽管产品做工良好，但仍然难以销售。料好、工好，怎么会没人购买？急于打开市场的周广胜，决定拼上一把。

2013 年下半年，他给多家实体店免费铺货，想通过这种方式迅速打开销路。本意是想大干一场，可这一念之间，公司几乎倒闭。市场上同类产品太多，难以销售。有的店铺倒闭，老板卷款卷物走人。周广胜手里拿着对方的收货单，却要不回货款。公司亏损接近 200 万元，一度无钱发放工人工资。痛定思痛，原因何在？周广胜自我反省：“只想市场，走了弯路。一味地模仿他人，却没有考虑清楚，产品才是第一位。只模仿，无定价权；只模仿，无竞争力。”200 万，多么惨痛的教训！

怎么办？路在何方？周广胜一边继续钻研中国四大木雕的雕刻工艺，同时琢磨产品制作。如何把传统制作工艺融入产品之中？想要有市场，产品就要有用，还要符合当代人的审美。如何把工艺、产品、生活融为一体？周广胜沉下心来画图设计，思考各种方案，他立下誓言："我要做出一款好产品，让经销商先付款才能拿到货，并且还要排队等。"凭什么？靠创新。

第一，产品为王，小切口打开大市场。

一次偶然的机会，周广胜关注到木梳。"梳子，是生活必需品，却也只是用品。木梳行业里面，精雕木梳尚处空白。木梳虽小，用量不小。"发现商机之后，周广胜开始尝试把木雕技艺融入梳子制造中。

花鸟鱼兽、梅兰竹菊、山水祥云皆是素材，设计人员把这些嘉祥木雕的传统元素融入木梳之中，或梅花吐蕊，或玫瑰绽放，或喜鹊登枝……一张张设计图美得如同中国画，梳背上面，方寸之间，自成天地。

好的设计要靠好的雕工来实现。只有设计精美、刻工精致，才能成就好作品。遵循传统技法精雕细琢，周广胜和设计师团队通宵达旦地设计制作。凿胚、精雕、修光、打磨……设计虚实相映，线条简洁流畅，梳子用料饱满，精雕细琢之下，图案栩栩如生。可使用、可欣赏、可把玩，韵致悠悠，令人爱不释手。

"当时市场上没有雕花木梳，更谈不上产业化。"基于对自己创意和手艺的自信，周广胜提前布局，他说："我通过设计使实用产品艺术化，通过产业化来降低成本。我要先做出 2 万把梳子，在全国范围内铺货，让广胜精雕木梳迅速脱颖而出。"

想想激情万丈，可是雕刻机需要百万资金，怎么办？周广胜找到设备公司，和公司总经理说了自己的规划目标，描绘其规模性市场前景，更是坦言自己目前没钱购买设备。跑了几十趟之后，总经理终于被他打动，答应先给设备，半年后付款。

设备解决了，原材料怎么办？周文胜借款去安徽买木料。料选绿檀、紫檀、黑檀等名贵木料，图用花鸟鱼兽、梅兰竹菊等传统中国画元素，既有逼真的形象，又有高远的意境。他把多年所学所练的雕刻技艺、文化修养、商业策略倾注于一把小梳之上。开齿机旋转，整块板材变化成梳。木梳生产通过机械化降低成本，通过手工打磨传承技艺文化。雕刻之下，板材破茧成蝶，焕发夺目光彩。

产品虽好，怎么销售？浙江东阳是四大木雕产业带，周广胜找到东阳的一位代理商，主动提出：“我把全国独此一家的梳子赊给你销售。你收款后再给我结账，只有一个条件：两个月内，把我的雕花木梳铺到全国市场销售。”一个产品，让广胜木雕绝路逢生，全国的市场大门向周广胜敞开。3个月后，他交付了设备款。没有想到，新问题马上来了：雕花木梳受到市场欢迎，市场上很快出现相似同款，几十家小作坊开始仿制销售。

问题摆在眼面：怎么办？怎么抢占市场，是不是要打一场价格战？打价格战的结果是什么？周广胜想得明白：“不管是仿制产品，还是去打价格战，只能是死路一条。打，熬到最后，也是‘伤敌一千，自损八百’，产品不赚钱，公司怎么发展？打价格战的结果一定是两败俱伤。价格战则死，价值战则生。”

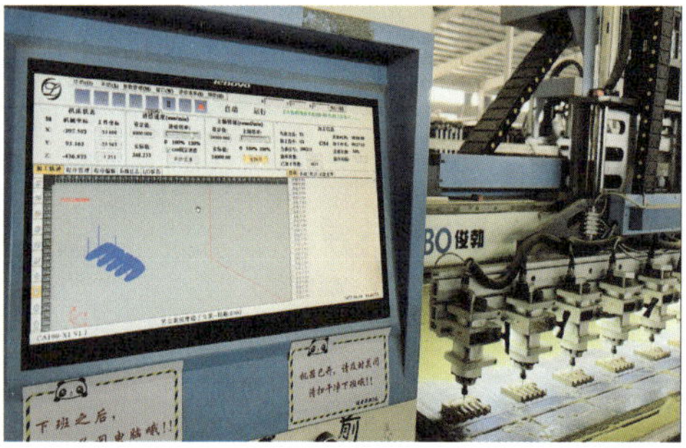

▲雕刻机

▲雕刻车间

第二，创新产品，打造品牌。

周广胜的选择是：“不打价格战，将精力集中于产品研发制作。我要创新产品、打造品牌，走高质量发展之路。谁有创新，谁就有定价权。”公司确定要走“创新产品、打造品牌”之路，便主动放弃了80%的中间商。

树立自己的品牌，如同当常胜将军，必须不断创新。为了加强设计研发，周广胜广揽人才，加强原创设计，打造核心竞争力。现在公司已有15名设计师，专注产品设计研发。

进入设计部，几名设计师正在伏案工作。设计师郭北平桌上摞着厚厚的设计图纸，上面满是中国古典韵味的图案。郭北平介绍："花鸟鱼兽是一类，比如牡丹、荷花、山茶花各有其美，不仅图案美丽，还有美好的祝福。梅、兰、竹、菊自有高雅之风，可以根据喜好自定图案。有的顾客崇尚传统文化，通常喜欢刻上格言警句、修养准则，比如曾有顾客要求在梳背上雕刻'博爱善思，笃行慎言'。每日一梳，既有助于养生保健，也有助于提升自我修养。"

年轻的本土设计师彭超，自在又逍遥，他说："我们的不少国潮风产品受到青年人的喜欢。比如，有的男生要求在梳子上雕刻鲜花和女友的名字，十分浪漫。有客户说女友喜欢猫，我们就把小猫头像刻在梳背，软萌可爱。"

▲设计师郭北平

▲设计师彭超

周广胜说："随着生活水平的提高，人们开始注重追求生活美学、讲究品质生活。独一无二的木梳很受欢迎，私人定制渐渐增多。要想让自己的产品一直受到消费者的喜爱，并且引领市场，就必须持续不断地进行产品创新。创新力就是公司的核心竞争力。"创新之下，新品迭出，不仅有各式木梳，还有雕花气囊梳、带补光的雕花镜子、鱼骨按摩木梳、打皮筋的木雕冲锋枪、解压神器木雕陀螺、八音盒等产品。

"持续创新不容易，创新力来自哪里？"

"灵感来源于中华优秀传统文化、生活观察、思想交流、参观学习等。

比如我们把中国文化元素融入木梳，增加艺术韵味，延续中国传统的梳礼。我们团队不仅埋头钻研、定期学习，还会四处考察。我曾经带队前往广州、深圳、上海、杭州等地，走访相关企业，交流发展心得，更新品牌发展理念，不断学习提升。”

酒香也怕巷子深，如何提升销量？

第三，组建团队，电商销售。

2015 年，电商销售刚刚起势，周广胜决定搭乘电商的快车道：“木梳用量大，顾客面广，适宜做电商销售。并且相比线下铺货，线上销售成本低、见效快。”当年公司就在淘宝开店，2016 年，进驻京东和天猫，成交量年年攀升。现已拥有淘宝 C 店 4 个，其中 2 个为企业店。公司成立了 6 人的直播带货团队，通过抖音直播销售，邀请网红达人、明星带货，公司原创的 300 余款经典产品销往全国各地及海外 20 多个国家和地区。

周广胜，立足原创设计，以工匠之心传承百年技艺，不断创新发展，闯出一条高质量特色产品之路。一把小木梳，做成了大产业。目前拥有 300 余款经典产品，100 余项产品获得国家专利及版权保护产品，获得了 20 项实用新型技术、4 项计算机软件著作权。公司生产的木雕产品，先后获得“第九届中国林产品交易会金奖”“第三届北京国际旅游商品博览会工艺美术金奖”等奖励 10 余项。在 2021 第十三届中国山东工艺美术博览会上，杏坛套装木梳获得山东省工艺美术设计创新大赛金奖。2017 年，嘉祥木雕被济宁市列入市级非物质文化遗产名录，周广胜个人也被评为市级非物质文化遗产传承人。2020 年 5 月，周广胜被评为“济宁工匠”。2023 年周广胜被评为山东省非物质文化遗产传承人。

“你的创业之路起起落落，虽然历经坎坷，却又快速发展起来，制胜秘诀是什么？”

“公司跨越式发展的关键一步在于，把传统木雕技术和现代化设备高度融合，自主创新产品。回看来时路，公司发展经历了四个阶段：代工、模仿制作、创新发展、品牌发展阶段。起步阶段，我选择了加工桃木剑，以技术赚取加工费，但公司很难有大的发展。第二阶段，参照市场产品模仿制作。

虽然我们的做工质量高于市场平均水平，但是销售仍然是个难题。创业前期走了弯路，市场给我教训：趋同守旧，死路一条；变革创新，才有出路。没有创新，就没有定价权，就没有发展前景。由此我开始注重创新，进入第三阶段。建立研发部门，创新产品，传承非遗技艺，结合先进设备，工艺化、产业化融为一体发展，保持持续创新，步入品牌发展阶段。"

"你的胆量、底气来自哪里？手里只有几万元就敢创业，受骗亏损之中，还敢赊货给经销商全国铺货？"

"10 年打工经历，我开阔了视野，提升了技术，也具备了胆识。比如我在安徽打工，学到了手艺。在东阳求学，从学徒做起，深耕雕刻手艺。白天忙于工作，晚上拿着废弃木料独自练习雕刻。在邹平一家家居公司，我看见了产品定位、企业转型。老板改变公司定位、改进技术之后，企业转型成功，从单一产品转为家居整体定制，仅用 3 年时间，公司就从一个小作坊迅速发展到拥有几百名员工、几万平方米的厂房的大厂，这点点滴滴都是我亲历的。我在济南打工时，担任木雕事业部负责人。我经常和老板外出参观，开阔了眼界。无论是安徽、东阳，还是邹平、济南，通过打工学艺，我增长了见识，自己收获满满。"

"为什么老板喜欢你？"

"一是我技术好，二是我眼里有活，工作从来都是勤勤恳恳。比如我在济南一家工厂工作。一天突降大雨，厂房屋顶漏雨，公司 200 多名员工只有我一人冒着危险爬到屋顶修补漏洞。我打工的时候拼命地干活，特别勤快。"

"一个打工人为什么要拼命地干？"

"我父亲就是这样的人。父亲老实忠厚，很讲诚信，做工做事尽职尽责，所以我一直认为主动作为是自然而然的事情，是每个人都应该做的事。尽管后来发现并非人人都能做到。其实年轻人打工时不要怕多干活。多干活长本领、机会多。"

"有没有想过为什么你能够创业成功？"

"第一，我赶上了好时代。父亲经历过啃树皮、嚼树叶、吃地瓜干儿的挨饿时代，他比我努力勤恳，但是只能解决温饱问题。父亲年轻时没有互联网，也不具备做产业化的条件。其次，我个人的努力，父亲那辈有其保守之处，我在传承祖辈技术基础之上，通过产业规模化发展，利用网络把产品销往全国、海外，才实现了飞跃。”

言及青年创业，周广胜笑言：“创业，要讲概率。支持青年创业，最好在你关注的行业先工作两三年，通过打工，跟着优秀的人学习技术，增长见识、积累经验，为自己的创业做好准备，才能少走弯路。我是打工 10 年才开始创业的。我是守艺人，学习传承了先辈同行的技术，并且在此基础之上自主创新，才能创业成功。”

我发现无论说什么事情，周广胜一直在笑。于是问他：“你经历过失败、挫折，想过要退缩吗？”

“我很少想从前心酸的事情，难的时候肯定很难，退缩的想法只是一闪而过。创业路上，只有前进没有退路，而且我得到了很多帮助。随着设备的购入、人员的增加，迫切需要新建厂房，镇政府了解情况后，规划了产业园，并将我们引入其中发展，帮助我们解决发展难题。团委更是经常给予关注指导，介绍对接助企政策，帮助我们发展。”

共青团济宁市委机关负责同志介绍：“服务返乡青年创新创业，助力乡村振兴，是团市委的一项重要工作。团市委出台乡村好青年赋能培育方案，成立青年创新创业联盟，通过实施政策赋能、金融赋能、培育赋能、平台赋能等，开展培训交流，打造‘青春梦想金融包’惠青贷款，授信金额 7.53 亿元，建设‘青创服务站’166 处，为青年创新创业提供‘一站式’服务。周广胜是济宁返乡创业青年的优秀代表人物之一。至今，团市委已经重点培育创新创业青年 1545 人，辐射带动青年创业就业 7430 余人。”

03 现状与未来

以木为本，百年传承

公司发展带动就业 130 余人，并且吸纳 25 位残疾人就业。有的残疾人来自周边村镇，有的通过校企联合办学吸纳到公司。周广胜与菏泽特殊教育学院签订了校企协议，定期招收相关专业学生来公司实习就业。

公司每年定期举办残疾人就业培训班，由专业技术人员对其进行一对一的免费培训，教其掌握一技之长，提供匹配的就业岗位，帮助这个特殊群体找到其价值，残疾人员工分布在设计、生产等各个部门，薪资待遇与其他员工相同，通过让他们不再“特殊”，增加他们的自信。对于没有交通工具的残疾人，公司可以提前预支工资，方便其购买交通工具。

“为什么特别关注残疾人就业困难问题？”

“其实残疾人有自身的优势。从事手工雕刻，需要静心、耐心，他们的灵感有时候是普通人难以想象的。通过培训上岗，公司给了他们一个发挥自身价值的平台。这不仅为公司培养了人才，也是企业的社会责任所在，为这个特殊群体略尽微薄之力。”

▲公司发展带动残疾人就业

周广胜还十分关心孤寡老人。公司每年拿出 6% 的纯利润补助孤寡老人，帮助生活困难的老人安享晚年。听说村里乡亲遇到困难，他也乐于伸手帮上一把。

“为什么要做这些事情？”

“主要是受父亲的影响。我是家里老小，父亲年龄渐长，没有能力工作赚钱。父亲没有给我很多金钱，可是父亲教我手艺，给了我无形资产——诚信。创业之初，我联合木雕热爱者共同创业，先后招收员工及学徒 30 余名，有些员工是父亲的徒弟。父亲为人忠厚诚信，徒弟也多。他们因为相信我父亲，所以相信我。当我亏损 200 多万时，一度没钱发工资，可是大家不离不弃、共渡难关。当我四处借钱时，大家仍然愿意几万、几十万地借给我，部分原因也是来自父亲的影响力和信誉，这份感情是无法用金钱来衡量的，所以当我有条件时，自然会尽力帮助有困难的乡亲。”

周广胜扎根家乡，结合当地的文化特色、技术资源，引入先进设备，把传统技艺与现代生活相融合，创新发展，专注于梳妆用品及木雕工艺品的研究创作，赢得了市场。企业高速发展，周广胜始终坚守初心，不断钻研传统雕刻工艺，成为非物质文化遗产嘉祥木雕的传承人。

作为嘉祥木雕传承人，周广胜尤其注重人才培养。在他看来，培养人才是百年传承的根基所在。为此，公司专门制订了详细的培训计划。周广胜经常组织内部培训，每年不定期给员工提供外出学习的机会。对有能力的员工，公司提供升职机会，人尽其才，帮助他们实现职业规划和理想。在培训学习中，大家达成共识：不趋同、不守旧，创新发展，让每一款梳子都成为艺术品。

“济宁文化底蕴厚重，嘉祥木雕是省级非物质文化遗产，我们把传统文化雕进梳子里，让用户感受传统文化的魅力。比如象征儒家文化的古建筑曲阜孔庙大成殿、杏坛和孔府重光门等，仁、义、礼、智、信等文字，有地方特色元素的济宁玉堂酱园、太白楼、曾子像、麒麟等，我是匠人，用画笔、工艺来表达自己的想法，表达一个普通人眼里的中国梦。中国自古就是礼仪之邦，有着上千年的梳礼文化。我们将传承融入传统木雕工艺，开创了四轴精雕技术，凭借日益精纯的技艺和勤劳朴实的双手雕刻着民间木雕文化复兴之梦。”

▲周广胜（左）与父亲周长其（右）

因为富含文化创意，公司脱颖而出。私人定制客户越来越多，还与一些景区达成合作。将景区文化元素雕刻入梳，小梳子成为景区独有特色的伴手礼。以木为本、以梳为礼，宣传展示了地方文化，不仅与位于山东省内的孔子博物馆、尼山圣境、青岛啤酒博物馆联手开发了文创旅游产品，还为西藏自治区旅游发展厅定制了冬虫夏草木梳。一把小梳，梳背上面刻有冬虫夏草，还有西藏自治区旅游发展厅标识，地域特色明显。至今已经累计推出了10余款定制木梳。

“你的使命是什么？”

▲周广胜介绍“中国梦”木雕

▲木雕设计图

“这是个好问题。我的使命一定不是钱。创业之初，我的目标是赚钱，可是现在不是了。我无数次地问自己：周广胜是谁？周广胜要干什么？周广胜要去哪里？仅仅是收入过亿吗？然后呢？”出神地凝视着远方，周广胜顿了顿说：“我是周氏木匠世家的第 7 代传人。清朝中期，先祖开始从事木匠工作，至今已有将近 300 年的匠心传承，再过 300 年呢？我们这代人不在了，但是我们的产品会留下来。周广胜不仅是我的名字，还是一个品牌、一群人。我们广胜木雕的使命是：传承优秀传统文化，雕刻实用工艺产品。浓缩成 8 个字就是：非遗记忆，百年传承。”

▲周广胜与自己的木雕产品

采访手记
INTERVIEW NOTES

嘉祥行感受三点

嘉祥之行，我有三点感受。

首先，现场感。

参观产品展厅，看着各种图案的木梳，万物皆可入梳，有点不可思议。

我问周广胜："你最喜欢哪一款？"他盯着木梳，笑而不语。我顿时明白：在他眼里，每一款都是好的。我又问："这些都是你设计的？""那当然。"他不假思索地回答。他的"脱口而出"暴露了骨子里的骄傲和自信。

这番对话，让我感觉嘉祥之行是值得的。我曾纠结过，电话交流也是可以完成文字记录的，可是终究还是喜欢这种面对面的交流。走现场，才能捕捉到真情实感；走现场，才能写出有温度的文字。有温度的文字，其实是用"脚"写出来的。

其次，时代的气息。

办公室桌子上，我看见了周广胜雕刻的"中国梦"。我问："为什么要雕刻这个作品？"他答："我是个匠人，当然要用笔、用刀，用自己的方式来表达想法。我很幸运，遇到了两个春天：一是文化产业的春天，二是互联网的春天。我希望自己一定珍惜这大好时代，用手艺来复兴嘉祥木雕。"

"时代"这个词听上去十分宏大，似乎更适合放在政策文件里面，其实这个词如同空气一样，影响着每个人，以至于我们忽略了它。

最后，文化嘉祥。

返程路上，经过武氏祠，我进去看了看。武氏祠，位于嘉祥县纸坊镇武翟山村，外面看上去，并不起眼。走进去，图图惊叹。

祠堂里面，巨石竖立。巨石之上，刻有伏羲女娲图、孔子见老子画像、荆轲刺秦王、孔子问项橐、赵氏孤儿、画蛇添足、曾母投杼等故事……这是千年前的石雕工艺啊。看着路边石雕，想起周广胜木雕。参天之木有其根，怀山之水有其源。中华文明源远流长、博大精深，是当代中国文化的根基，也是文化创新、产业创新的宝藏。

文化振兴是乡村振兴中的重要一项。调研产业振兴之时，我也在关注文化振兴。乡村记忆馆越来越多，从中能够看见本土人物的历史，从老物件里能够看见岁月的变迁。武氏祠中刻在石头上的画是刻在石头上的记忆，也是刻在心头里的文化啊。

我们经常向往远方，却容易忽略身边的风景。在乡村采访，给了我在村里了解中华文明的机会。像周广胜这样的返乡创业青年，在传承雕刻工艺之路上不断创新发展，雕刻着美好生活。

相关链接

大张楼镇木业产业：以木为本，发展木材加工、木材精雕

对话人：嘉祥县大张楼镇镇长曹梦彩

嘉祥木雕的历史可追溯至清朝。清朝中期，嘉祥县梁宝寺镇高庄村的于家逃难到安徽徽州，学会了徽州木雕，后回乡从艺，成为当地有名的木雕世家，嘉祥北部乡镇的木匠很多都是于家的徒弟。

过去，嘉祥木雕多以家具、木匾、屏风为主，以传统的吉祥图案、历史故事和名人字画为题材，古朴典雅，细致精巧。嘉祥木雕多含有吉祥寓意，体现了鲁西南人民追求美好生活的朴素愿望。随着新式家具的兴起，老手艺木制家具逐渐淡出，从事木雕的艺人也日渐减少，但是木业产业仍在蓬勃发展。目前大张楼镇木业主要分为两块：一是木材加工，二是木材精雕。广胜木雕是精雕企业的代表。

为了引导企业向高端、高产品附加值方向发展，打造镇上木业产业的拳头产品和知名品牌，镇政府规划建设了木材产业园，吸引企业进入

▲嘉祥县大张楼镇镇长曹梦彩（右）和周广胜

产业园发展。

下一步，镇政府还会继续整合提升木业园区，采取“一企一策”措施，更新换代环保设备，规范安全生产，力争环保和安全生产水平达到国内木业行业领先水平；深入推进“互联网＋制造”，积极支持诸如广胜木雕这样的传承传统技艺的企业发展，助力推动产业向高端化、自动化、智能化转变。

人物 14

泰安新泰王云龙：大学毕业回村，用产业振兴乡村

采访时间：2020 年 11 月

▲王云龙

□ 面孔

王云龙，泰安市新泰市东都镇酒台村村团支部书记、酒台村党支部书记，新泰市康王台果蔬专业合作社董事长、山东康王台食品有限公司总经理、山东省酒台文化旅游发展有限公司董事长。

王云龙，1990 年 7 月生，泰安市新泰市东都镇酒台村人。2015 年 7 月，他毕业于湖南吉首大学艺术设计专业，毕业后，放弃青岛一家广告公司的录用，回乡创业；2016 年 5 月，担任新泰东都镇酒台村村书记助理、大学生村官；2018 年 5 月，任酒台村团支部书记；2019 年 3 月，当选酒台村党支部书记。

2015 年，王云龙自创产品“酒台辣酱”，荣获全国大学生村官创业扶贫大赛二等奖；2018 年，获全国大学生“互联网 +”创业大赛铜奖，如今，“酒台辣酱”已发展了 7 个地区代理商、15 个地级市代理商。2020 年，“酒台辣酱”年销售额达 480 余万元。截至 2020 年底，酒台村的集体固定资产突破 2000 万元。

01 选择

青岛工作还是回村工作，怎么选?

2020 年 11 月的一天，我步入新泰市东都镇“阿姨买菜”店，看见蔬菜架上空空的。营业员韩玲说：“每天一早就卖完了。尤其是今年上半年疫情紧张的时候，很多商超都关门了，但是我们这里的菜，因为是产地直供，每天供应及时，很受欢迎。‘阿姨买菜’在市里有 8 家店，供应蔬菜全部来自酒台村的蔬菜基地。”

▲菜店营业员韩玲

弯弯转转，我驱车直奔酒台村。酒台村位于新泰西南部山区。羊蹄山脚下，康王河穿村而过。我一边环村参观，一边听着村党支部书记王云龙的介绍：“村庄三面环山，形成了独特的小气候，村内一年四季一般不会刮北风，周围村还是天寒地冻，我们村里已是春意融融，每年自然生长的香椿会比周围村提前 7 天上市。”

小小山村，山多地少，地分三等，根据区域不同、土质不同，全村按片划分成为四个区，各区种植各物。村北种香椿，村南种蜜桃、山楂。1000 亩果树中，蜜桃独占 600 亩。村里有自己的合作社——新泰市康王台果蔬专业合作社，负责蔬菜果品的生产、管理、销售经营。78 位本村村民是合作社的原始股东。

村里规划出占地 200 亩的现代农业产业园区，计划建设 126 个大棚。目前已经建成草莓大棚 21 个，旅游采摘两相宜，以此吸引周边城市人群，走出一条旅游 + 农业的发展模式。

边走边看边听，不知不觉中，我们转到了酒台村辣酱厂。王云龙解释说：“这是我们自己研发的产品——酒台辣酱，水性熟辣酱，好吃不上火。”出了辣酱厂，来到村委会。村委会院里建有乡村历史记忆馆。看着图片，听王云龙讲解本村的山川地貌、先进人物、乡情民俗、桑麻农事，感受到他对家乡的无限热爱和建设家乡的极大热情。

山村规划清晰，产业布局有模有样。地偏一隅，历史清晰，旅游采摘两相宜。看着眼前只有 30 岁的党支部书记王云龙，我有点好奇：他为什么会选择回村？

回首村子的巨变，王云龙功不可没。尽管 5 年前，25 岁的王云龙从未想过要回到家乡。2015 年，王云龙即将走出大学校园。都市生活令人向往，他查看招聘广告、投寄简历，被青岛一家传媒公司录取。海滨城市工作，都市生活即将开启，王云龙兴奋不已。可是这时，他却接到了一个电话，喊他回村工作。打电话的人叫王安仁。王安仁，是酒台村的党支部书记，也是王云龙的父亲。

“回村工作？”王云龙一口回绝，“我找的工作很好，是青岛一家很有名气的广告公司。办公楼地处海边，环境别提有多好了。凭啥让我舍弃这么好的工作？我不回去！”父亲语重心长：“娃呀，爸给你讲几句话，你考虑考虑。第一，咱们村子已经考出去 100 多个大学生，可是没有一个大学生回来，这样发展下去的话，到了下一代，咱们这个村子可能就自然消失了！你忍心吗？第二，村里的人，哪个你不认识，不是你大爷叔叔，就是大娘婶子，我们这一辈呢，修了路架了桥，但是再干，真的干不动了，得靠你们年轻一代啊。第三，你看看今年的中央一号文件，国家对三农有多重视，咱们农村发展有奔头啊！”

放下电话，王云龙琢磨着父亲的话，想起父亲的经历，想起自己从小生活的乡村。2010 年，村委改选，却选不出合适的人担任党支部书记。当时王安仁在外经商，镇政府领导了解到他人品好、有能力，便多次找他交流，力邀他回村担任村支书。

2011 年，走马上任村党支部书记后，王安仁带领村民修山路 10 公里，建水坝 3 座，还打了深机井 12 眼，配上 21 个蓄水池，用于东、西山林果蔬菜旱季灌溉。

村里人出村进城的时间缩短了一大半，可是王安仁却把身体累垮了，患上胆囊炎，不得不做手术摘除。劳累至此，可是父亲觉得自己的付出值得，同时也并不满足。路是通了，如何致富？

父亲把期望寄托在儿子身上：“村子经济发展的事儿，还是得靠你们年轻人啊！人生的路怎么选择怎么走，你自己定。但你要想清楚自己的人生价值怎么体现？”

王云龙这边思想还在挣扎，村里百姓却遇到了愁事。没空琢磨了，王云龙决定先回村帮助村民解决完难题再说。

02 问题与方法

勇闯敢拼，产业兴村

秋收之季，本该是一年最开心的事情。可是村里百姓脸上却愁云密布。往年这个时候都有果贩进村收桃，2015 年，由于特殊原因，果贩没来村收桃。这些桃子可咋办啊？山楂、蜜桃熟了，卖出去是钱，卖不掉则烂在树上。千亩林果，销往哪里？

王云龙琢磨着：山里果子纯天然，质量好，城里人最注重食品安全，原生态水果销到大城市才能卖出个好价格。初生牛犊不怕虎，想到就做，带着一箱蜜桃，他就去了北京。

北京的新发地是有名的果蔬市场，王云龙转遍了整个市场，可是每个老板都有自己的固定货源，没人愿意打破早已形成的供应链，没人愿意冒险找一个新客户，也没有人愿意花时间去听青涩小伙讲故事。后来通过各种方式，王云龙终于得到了一位采购经理的手机号码，他立即电话联系，可是对方不屑一顾。王云龙没有气馁，而是短信连发："我是一名大学生，帮着村里果农销售山里蜜桃。尝遍了新发地市场里所有的桃子，我十分确信我们村里的蜜桃最甜、口感最好。希望能和您见个面，请您品尝一下我们的桃，看看是否符合条件？"短信连发 13 条，条条真诚热忱，采购经理终于答应和他见上一面。一见面采购经理就笑："真是服了，没见过你这么执着的人！"而在品尝了蜜桃样品后，他包下了村里所有的蜜桃。那批蜜桃，往年收购价格每斤 1 元多，北京采购价是每斤 4 元钱。

对于村民来说，能够卖掉蜜桃就很知足了，没想到还卖出"天价"。果农对他挑起大拇指："娃啊，帮咱解决了大难题！"

在村民们的连声夸赞中，王云龙感受到了他们对自己的信任、尊敬，认识到了自己的人生价值所在，他既欢喜又淡定，而在销售蜜桃之前，他还帮助村民卖过山楂，那次情形有些不同。在山楂售完之后，他还和父亲起过争执。

那是王云龙联系的第一笔生意，他十分兴奋。"在村民的期望售价和我联系到的买家购价之间，能有几十万元的差价，既能帮助村民卖果，我也能赚个差价，真是两全其美！"可是父亲却不同意。王云龙很不理解："这个订单跑得如此辛苦，完全是凭我一己之力拿下的，赚个差价不是天经地义吗？"父亲说："你看看村里果农容易吗？这么大岁数，汗珠子摔八瓣儿，一年就靠着这点收入，你忍心赚他们的辛苦钱吗？能打通销售链的确是你有本事。可是你要是赚了这份钱，你就会失掉了民心，赚钱容易，民心难得。想做大事，首先要凝聚民心。"

最终，王云龙没有赚取差价，只是扣除 1 万元管理费，用以支付电费和工人工资。这次蜜桃销售，王云龙二话没说，仍是如此安排。从帮助村民销售山楂时的既激动又不甘，到这次销售蜜桃之后的既欢喜又淡定，王云龙的变化，父亲看在眼里。父亲问了王云龙一个问题："你知道我当时为什么要回村任支书吗？"父亲说起了自己的选择。

2010 年的酒台村是个什么样子？一条羊肠道，三面环山坡，祖祖辈辈肩挑背磨像骆驼。羊肠小路，果子难出村，轿车进不了村，只能走摩托车和电动车。年轻人都出去闯荡了，当时的村子，想要发展真是太难了。

镇领导找王安仁谈了七八回，他也没答应。但是最后镇领导的一句话激起了王安仁的斗志：“邻村人都瞧不起酒台村，笑话你们村，说是偌大个村，没有一个领头人！”邻村人的嘲讽像是巴掌掴在脸上，不蒸馒头争口气，王安仁咽不下这口气，硬生生地扛起了这个担子。

看到山里百姓生活的艰辛，想着“偌大个村，没有一个领头人”的讥讽，想想父亲的选择、鼓励和期望，天秤之上，回村工作的砝码一点点加重，王云龙终于下定决心：放弃青岛的工作，回村创业。

王云龙把原来空有其名的康王台果蔬专业合作社操持起来，组织农民加入合作社，78 位本村村民成为原始股东。合作社对蔬菜果品实行统一管理、统一销售。

忙完了秋收，平时还能做点啥？王云龙琢磨着做个创业项目。辣椒酱，是王云龙的心头好。读大学时，同宿舍有位湖南籍同学，名叫龙沅，顿顿离不了辣椒酱，王云龙也跟着吃上了瘾。一天晚上，王云龙母亲吃了些辣椒酱。辣椒酱吃起来一时爽，可是第二天就上火，母亲一直念叨：“后悔了后悔了，昨晚不该吃那么多辣椒酱。”王云龙心想：要是有不上火的辣椒酱就好了，母亲也能常吃。

一天，王云龙到村里一位大娘家里吃饭，尝到老人自制的辣椒酱，风味独特，大娘说是按照祖上家传做法自制的。王云龙想：辣椒酱市场巨大，可是问题也不少，村里百姓也种辣椒，我们能不能研制出好吃又不上火的辣椒酱？

“市场上多是油性辣酱，高温油炸，油性挺大，容易上火，不够健康。有些水性生辣酱使用生盐，易有亚硝酸盐过量的问题，三高人群不宜食用，并且生椒容易上火。市面上，还有一些蒜蓉辣酱，选材难判，通常色泽也不够鲜亮……”几乎尝遍了市场上所有的辣椒酱产品，对市场分析透彻后，王云龙看到了辣椒酱市场巨大，也找到了存在的问题，因此确定了自己的研制方向：不要油炸要健康，不要生椒不上火，那就使用熬煮工艺，制作水性熟辣酱，力求做到健康口味好，好吃不上火。

研究透了，他立即着手试验。湖南籍同学龙沅跟着王云龙回村创业，一群人关起门来做研究。看着一群年轻人进进出出地采购，关起门不出来。村里有人笑话他们：小孩儿“瞎捣鼓”。

试遍了市面上几十种辣椒，探索食材组合，研究熬煮工艺，经过上百次试验，辣椒酱终于研制成功。它的主要材料是陕西的线椒和本村特产红皮大蒜。

“这种陕西线椒肉质中厚，口感好，并且经过熬制色彩依然鲜艳，红皮蒜是本地特产，香、辣、鲜。鲜椒鲜蒜组合能够最大限度地保留其中的微量元素，加点醋，不干不腻，味香色亮。制作过程中不添加油和生盐，采用熬煮工艺，化生为熟，最终制成这好吃不上火的水性熟辣酱。”

2018 年 11 月，王云龙带着辣酱忐忑不安地参加了新泰市第二届电商物流节。第一天卖了 7 瓶，几人说买回家尝尝，没有想到，第二天刚开门，在头天顾客回购的带动下，300 瓶辣椒酱一售而空。

当时还是铝锅制作，一锅只能制作 28 斤，几人轮流制作，24 小时不停工。为时七天的购物节上，加班加点制作的 2000 余瓶辣椒酱销售一空。市场给了正反馈，王云龙开始加大辣椒酱的生产。

创业项目的功能之一在于富民。如何才能让村民受益更多？王云龙决意将陕西线椒种植本地化。2018 年，村里初步流转了 30 亩农地和 30 亩荒地，部分村民参与种植线椒。

创业项目也给村民带来更多工作机会。“村里留守的多是老人、妇女，初期加工工作强度不大，根据实际状况，细化分工。年轻妇女主要负责辣椒酱加工工艺，这部分酬劳较高，年长者负责原料分选、清洗或者剥蒜等简单工作。目前，村里已有 54 人参与到我们的创业项目中。从投入生产到现在，坚持参加到这个项目中工作最多的一位已经获得 15 万元的劳务费用。”王云龙介绍。

言及青年创业，王云龙娓娓道来：“我是十分支持创业的，但是创业之前，先要做好市场调研。你的产品是否健康？口感怎样？利润空间如何？消

▲创业项目带来就业机会　图片来源 / 王云龙

▲村合作社大棚项目分红　图片来源 / 王云龙

费群体定位是谁？考虑清楚你的产品是否有核心技术，会不会被轻易超越？尤其在创业初期，如果你没有把握，就写出计划书，仍拿不准，可以找人帮你梳理，还拿不定主意，你可以去参加创业大赛。比赛过程中，有专家指导，这相当于专家在帮你免费审核。如果你能拿到投资，那你离成功就很近了。你还可以对接团委等部门，获得辅助资金，或者寻找团队合伙人。”

创业路上，王云龙并不是一个人在奋斗。王云龙说：“我们得到过很多帮助。比如新泰团市委通过山东省青春创业行动指导中心的‘鲁青基准贷’政策，帮助我们申请到 100 万元低息贷款；通过‘青鸟计划’招到 3 名大学生到村实习；另外，新泰团市委组建了乡村好青年联盟，通过联盟，我们创业青年之间互通有无、互相帮助，抱团发展。”

“实习大学生有留下的吗？”我问道。

“有啊，”王云龙的声音里面透着欢喜，“来自青岛黄海学院动漫制作技术专业的李卓、来自潍坊工程职业学院计算机信息管理专业的李光辉都留下了。村里太需要青年人才了。有了人才，我们便注册了新泰青鸟文化传媒有限公司，主要是他俩负责打理，月薪 5000 元左右。两人干得也很好。”据团省委学校部负责人介绍，“青鸟计划”是山东共青团联系青年学子、促进青年就业、服务招才引智、汇聚智力资源的品牌项目。自 2019 年启动以来，先后在清华、北大等 130 所知名高校建立“青鸟驿站”，精准推送就业岗位 86.16 万个，受到广大青年的欢迎。

“在大众创业、万众创新时代，寻找创业机会难不难？”我继续问。

言及这个问题，王云龙信心十足：“现在创业机会仍然很多，所有的行业都值得重新做一遍，比如我们新开的门店‘阿姨买菜’，实际上就是做社区团购。因为现在人们越来越关心食品安全，我们是原产地直接对接客户，减少环节，降低成本，增加利润，蔬菜还能起到引流效果。‘阿姨买菜’现在已经开了 8 家门店，单店日营业额 2000 元左右。”

2016 年，新泰市东都镇统一招考村支书助理。王云龙报名参加了返乡大学生选聘考试，通过考试后在酒台村任党支部书记助理。2019 年 3 月，王云龙全票当选酒台村党支部书记。

林果销售渠道打通，创业项目成功，创业青年转身挑起村党支部书记担子，村集体经济发展蒸蒸日上，而这一切，在王云龙看来，只是开始。

03 现状与未来

目标：村民家家有产业，户户有增收

毕业回村之后，有人给王云龙介绍了一个相亲对象。两人闲聊时，言及乡村未来发展前景时，女孩非但不相信，反而觉得他在吹牛：“这么软弱涣散的村子怎么可能有产业、怎么可能多产融合！这不是天方夜谭吗！”话不投机，一拍两散。亲，没有相成，村子的发展，却按照他的规划一步一步地向前推进。

随着辣椒酱销量的增长，辣椒用量增加，村里村外的几十亩辣椒产量不足，王云龙又向外开拓种植，以康王台果蔬专业合作社的名义在费县拓展了 200 亩辣椒种植基地。

“当前水性辣酱并没有代表性品牌，我们的目标就是将‘酒台辣酱’做成水性辣酱的领军品牌。”这就是王云龙给“酒台辣酱”的定位和目标。为此，他四处求贤，通过多次登门拜访、股权激励等方式，最终请到国内一家著名公司的销售总监加入团队。

如今，“酒台辣酱”拥有 5 个单品，线下已经辐射 7 个地级市，发展了 7 个地区代理商，入驻抖音、快手、淘宝、京东等多个平台的 10 余家电商，已带动就业 50 余人。2020 年“酒台辣酱”的年销售额达 480 多万元。

卖蜜桃、制辣酱……产业为要，酒台村就这样红红火火地发展了起来。2020 年，康王台果蔬专业合作社产值 1280 万元，村民留在山里也能挣钱养家。

产业发展起来了，王云龙并不满足，秉承“村庄为基，文化为魂，产业为要”的理念，他积极盘点乡村、整合资源，带领乡亲们建设新农村。

首先，紧抓党建。通过网格分包的形式，党员带头发动村内老人整编村史、调研三资、盘查村级财产。其次，引资入村。引入北京肆拾玖坊实业有限公司，建设酒台村酒文化基地，打造酒台村村史馆。最后，绘制蓝图。根据国家现代农业产业园的政策，立足本地实际情况，完成酒台村及周边五个村的旅游规划，设计 14 个大项目区，目标是要打造集山、水、林、田、湖、草于一体的新农村。

深入研究，惊喜连连。新泰有首民谣：“酒台村，有三怪：烟筒口，朝北开；圪针没有倒扎勾；河里的螃蟹是软盖。”酒台村“三怪”的民谣反映出酒台村独特的民俗民情。村里流传着羊蹄山传说，有“诗仙”李白的饮酒台等古迹。这些都是酒台村得天独厚的优势，有了文化自信，王云龙更有底气。他马不停蹄地引入大棚种植，种植草莓、蔬菜等农产品，吸引着周边人们前来旅游采摘，创出一条“旅游 + 农业”的发展模式。

酒台村已经发展成为新泰市乡村旅游基地之一。王云龙步稳蹄疾，他说：“下一步，我想要争取国家政策，对接高标准农田、水库清淤、小流域治理等项目落地，还要加紧完成梨仙谷、结义园、梯田咏唱、芦苇逸钓、亲子农园等五大项目。”

事务繁多，加班加点是常态，王云龙说：“每一年都能感受到自己的成长进步。我从不把问题当成门槛，而是当成台阶。解决一个难题，工作水平就前进一步。每年，市政府工作人员都会来村做调研，了解扶贫工作情况，看着村民开心的样子，还有对我的认可，感觉自己再怎么辛苦也值得。”

王云龙是回村的第一名大学生，在他的带动影响下，更多有情怀、有抱负、有能力的青年人回流乡村。目前，酒台村发展小分队里共有 12 名大学生。龙沅负责辣椒基地源头管理，独当一面。20 岁的王晶，大专毕业，进入村“两委”，负责妇女工作和电脑操作方面的事务。王云龙说：“我还兼任村里的团委书记，期盼能有更多青年人回到乡村工作，让村子更有活力。现在国家重视乡村振兴，广阔乡村，大有可为。”

言及未来，王云龙信心满满：“担任村党支部书记，就要立足长远谋发展，给村民谋福利。我的目标是紧抓乡村振兴机遇，通过多产融合，联合周边村庄，推进国家级现代农业产业园建设，使得村民家家有产业，户户有增收。”

（感谢山东省派东平县乡村振兴服务队的推荐支持）

人物 15

泰安新泰焦圣贵：
辞职创业，小野菜种成大产业

采访时间：2020 年 11 月

▲焦圣贵

□ 面孔

焦圣贵，国家电子商务师、新型农艺师，山东省康源农业科技有限公司总经理，新泰市大自然野菜野生水果研究院院长，2019 年度“山东省乡村好青年”，“全国农村青年致富带头人”。

焦圣贵，1984 年 4 月生，泰安市岱岳区黄前镇焦家峪村人。2006 年 7 月，他在泰山学院计算机应用专业毕业后，到泰安市科学技术局工作；2011 年 12 月，辞职创业，成立泰安市金山林果专业合作社，发展和推广地下养金蝉、地表种野菜、地上种果树的林下生态循环经济模式；2014 年 1 月，注册成立新泰市聚野家庭农场；2015 年 2 月，注册成立新泰市康源农业科技有限公司；2016 年 7 月，成立国内首家权威专业的野菜、野生水果科研单位——新泰市大自然野菜野生水果研究院；2018 年 4 月，组建山东莲花山农业产业化联合体；2019 年 2 月，打造国内首家野菜野生水果标准化种植基地。

截至 2020 年，野菜种植面积发展到 600 亩。2020 年，山东省康源农业科技有限公司的年收入达 300 余万元。

01 选择

放弃稳定工作，回村种野菜

种野菜、养蝉，就能做成大产业？带着这个疑问，2020 年 11 月的一个周末，我来到新泰市泉沟镇，在山东省康源农业科技有限公司门口见到了公司总经理焦圣贵，他清瘦、黝黑，戴副眼镜。进入院内，我看到遍地大棚。

“公司建有 4 个种植基地，共有 122 个大棚、138 个野菜品种，这是其中的一个。680 亩光伏大棚里，种植着各种各样的野菜，这个基地里有 39 个大棚，固定用工 9 人，农忙时有 20 多人。”在种植基地里走走转转，听焦圣贵介绍，同时我好奇地打量着各种野菜。一个大棚里，我看到红艳艳的果，模样看着像是枸杞，但个头却比平常见到的枸杞要大。

“这是菜用枸杞，叶果两用。我们已经研发四五年了。我们有研究院，研究院里有 23 位专家为我们提供技术支持。”焦圣贵介绍道。

另一个大棚里面，植物肆意生长，像是无人打理的样子。焦圣贵说：“这是土人参，叶子可以食用。这是仿野生种植模式，可以把人工成本降到最低。”

走出大棚，空隙之地，种有桑树。气温渐低，桑树上的叶子零零落落。焦圣贵介绍：“夏天时，我们会在桑树上养蝉，桑叶能够制成茶叶。这是蒲公英，通常人们会把蒲公英当成野菜吃，现在不仅能吃，我们还把它研制成茶。”

一个棚里种的像是小菊花。“这叫‘菊花脑’，人们常讲的‘七头一脑’中的脑指的就是它，能够清热解毒。这也是南京的市菜……”讲起野菜，焦圣贵滔滔不绝。

“这是白蒿种子，150 元一斤，这些晾晒的约有 4000 斤，价值 60 万元。国内只有几家公司拥有纯正白蒿种子。我们公司现在主营种子，90% 的收入来自种子销售。去年（2019 年）春节时，白蒿售价 25 元一斤，荠菜 9 元一斤，荠菜卖到新疆每斤 80 元……2020 年因疫情影响，野菜销售非但未受影响，反而逆势增长。同时，直播带货促进了电商销售。”

发展至今，公司已经拥有 138 个野生品种。地上种植果树，地表种植野菜，桑树上养金蝉，三重空间立体种植的经济结构模式已经形成。

▲白蒿种子

这个基地既是种植基地，也是示范基地，不仅为周边居民提供就业岗位，更能带动农户增收致富。焦圣贵介绍：“通过提供就业岗位，助力精准扶贫，基地已经带动帮扶 40 余户家庭，人均每年增加 2500 元收入；带动 20 余户农户参与野菜种植。借助野菜项目，实现农业提质增效。”

眼前的盛景，始于 2011 年焦圣贵的一个决定。2011 年，焦圣贵在泰安市科技局工作。公务员身份，工作稳定。当他说出要辞职从事农业时，父母强烈反对：“我们辛辛苦苦地供出个大学生来，容易吗？好好的工作你要扔了、回村种地？这不让人笑话吗？喜欢种种野菜养养虫，当成一个业余爱好就行，为什么非得辞职啊？”

焦圣贵主意已定，耐心地向父母解释自己的设想和规划，同时毫不犹豫地辞职了，并且是和妻子两人一起辞职的。回首过往，焦圣贵笑笑：“那时真是太年轻了，不知天高地厚，根本不知道做农业有多难。”

02 问题与方法

科研立身，电商插翅

辞职创业，焦圣贵绝非一时冲动、临时起意，而是多年的心愿。关注农业，提高农业种植收入的想法，始于读书时代。

自小长于山区，焦圣贵见证了父辈生活之艰辛。高中在读之时，每逢开学季，为了凑齐学费，父母会想方设法地卖掉家里值钱的物品。卖掉农产品仍凑不够，就把小羊羔忍痛卖掉。后来条件好了些，家里安装上了电话。焦圣贵家是村里较早安装电话的一批。逢年过节，村里在外打工无法回家的人，会把电话打到他家里，然后由焦圣贵跑去喊来老人接听。

“我的老家是焦家峪，村里共 100 多户，也就是 300 多口人，一个村就是一个大家族。老家从前是个比较闭塞的小山村，收入很少。村里的年轻人都去了内蒙古、新疆打工。电话旁边，听到的是外出打工的艰辛及他们对家人的思念。”年迈的父母在这头，壮年子女在那头，经常是老人放下电话后，低着头抹眼泪。那个辛酸的场景深深地刻在焦圣贵心里。焦圣贵说：“那时我就想，如果年轻人不用走那么远打工，能在年迈的父母跟前工作该多好啊；或者不用出村，能通过农村有限的土地赚到钱就好了。”

2006 年，焦圣贵大学毕业后，进入泰安市科学技术局工作。在科技局工作的时候，焦圣贵结识了不少农业专家，了解到很多农业项目信息。他心里的种子发了芽：“我要找到适宜当地的种养模式，帮助乡亲们增加收入，过好日子。”有一回，看到城里人到村里挖野菜，他动心起念：野菜天然有机、营养丰富，可否开展林下种植，树下种点野菜，是不是就可以提高土地利用率、增加农民收入？

焦圣贵开始从野外收集一些野菜种，比如荠菜、面条菜、蒲公英、灰菜、苦菜、白蒿等，然后在自家农田里试种。焦圣贵把周末和节假日的闲暇时间全部投入到野菜种植中。试种之后，收入可观，焦圣贵有了信心。同时，他的金蝉研究也渐入佳境。

金蝉，每年 6 月 20 日左右出土，到 7 月 20 日左右结束。金蝉种、收只需要一个月的时间，并不耽误从事其他农活。读大学时，焦圣贵就开始研究金蝉，工作之后，更加痴迷。尤其在金蝉生产期、出土期，为了研究金蝉的生长生活状况，焦圣贵每天必回老家村里。即便路上需要花费一个多小时，他也风雨无阻，当日返回。

焦圣贵经过多年养殖研究，使得金蝉的孵化率、成活率均达到了国内最高值，金蝉仿野生养殖技术终获成功。2011 年，此项技术获得国家发明专利。同年，他辞职创业，成立泰安市金山林果专业合作社。

2014 年，通过土地流转，焦圣贵在新泰市泉沟镇小良庄村注册成立了新泰市聚野家庭农场，开始从事野菜、野生水果及金蝉食用昆虫种养，开启地下养金蝉、地表种野菜、地上种果树的林下循环经济模式。到 2015 年，合作社金蝉养殖已经取得了非常可观的经济效益，每亩地纯利润已经超过了 1 万元。

创业之初，他建起 5 个大棚，用作种植，同时是示范基地。焦圣贵说："免费给老百姓提供种子、种苗，村民种植，公司负责回收；免费提供金蝉种条、金蝉养殖技术及其他养殖所需品，带动村民参与野菜野果野虫种养，通过种植高营养价值的野菜，村民增收获益。"

2015 年，焦圣贵建立中国野菜野生水果种质资源基地、创办新泰市聚野家庭农场、注册成立新泰市康源农业科技有限公司，通过整合林果苗木、中草药、食用菌、山野菜、昆虫等各类种养殖资源，发展林下生态循环经济，摸索出一条投资少、见效快、收益高、易操作，适合山区百姓发展致富的种养模式。

2016 年 5 月，焦圣贵联合 7 所高校、科研单位的 23 位专家，共同成立国内首家权威专业的野菜、野生水果科研单位——新泰市大自然野菜野生水果研究院，发展野菜茶、野菜水饺、野菜面条、野菜窝头及即食野菜产品，果酒、果脯、果干等深加工项目。研究院承担了药食同源高产野菜品种选育及标准化种植技术工程项目，研究野菜、野生水果等的成分组成、品种测定等，为百姓规模种植及产品深加工提供科学数据。

焦圣贵和妻子还利用所学的计算机专业特长建立网站、开设网店。如今，公司建有中国野菜网、中国野菜信息网及中国野菜种子网等多个网络 B2C、C2C 平台。经过多年积累，如今平台注册会员超过 6000 人，发布信息 10 余万条，已经发展成为国内野菜行业最重要的门户网站及网络交易平台，年交易额超过 5000 万元。公司每年为国内 1000 多家野菜规模种植单位提供种植及市场解决方案；示范带动国内 3 万亩野菜种植，年销售收入

6亿元；借助网站和网店，平均每天能接到200份订单。通过网络经营，公司影响力不断扩大，实现了国内野菜种子市场占有率达70%。

言及青年创业，焦圣贵坦诚相告：“第一，农业是有技术门槛的。以我为例，如果单纯种地，我不如村民。最早种植时，我什么也不懂，野菜产量极低，村里百姓笑话我：‘你们这一地能卖10块钱吗？’只有科技创业才能给农业插上翅膀。青年创业，要做老百姓做不了的东西。第二，成功不是一蹴而就的。农业创业周期长，要有思想准备。第三，创业的过程是艰辛的，要经得起挫折。比如创业之初，我曾经从网上购买过野菜种、野树苗，买回来的种子能够长出小苗，但是长不大，最后只好扔掉，白白损失了20多万元。”

03 现状与未来

目标：将新泰打造成全国野菜产品交易中心

“农业必须抱团发展。只有抱团发展，才不会掉到坑里。比如我做野菜种植，做大之后，就想建加工厂、建销售渠道。如果盲目上新设备，一则不能聚焦主业，二则如果发展中遇到困难，容易引发资金链断裂问题，风险系数增大。有的企业建有专业加工车间，有的企业拥有漂洗、速冻机器，我们完全可以互通有无、联手合作。”焦圣贵说。

有了紧密产业链上下游企业合作的想法，如何整合各类资源？

2018年4月，焦圣贵发起并联合5家农业龙头企业共同成立了山东莲花山农业产业化联合体。焦圣贵说：“一伙人共同去干一件事，专业事由专业人来做，让野菜长大变壮。”联合体以科技为先导，以农业产业链构筑为基础，以野菜为媒，将林果种植园、畜禽养殖场、食品深加工企业及农产品销售公司等上下游公司串联起来，搭建资源共享平台，发挥各成员企业的优势和特长，避免重复投资和建设，提高整体竞争实力和抵御风险的能力，协同抱团发展。当时的共青团新泰市委书记康守宝介绍：“共青团新泰市委今年成立了‘乡村好青年’联盟，也是意在打造平台，帮助在乡创业青年抱团发展、携手共进。”

2019 年秋季，焦圣贵利用光伏片区打造国内首家野菜、野生水果标准化种植基地。在新泰市泉沟镇光伏农业园区，公司免费发放 1500 亩茵陈、荠菜及蒲公英种子，并且负责回收野菜，以此带动 40 余家光伏大棚承包户从事野菜种植，携手周边农民共同致富。现在公司的野菜种植面积有 600 亩，带动周边野菜种植面积发展到 1500 亩。2020 年，公司年收入达 300 多万元。

小小野菜，大有可为，发展至今，公司已有野菜保健菜、野生水果、野生食用昆虫、野生中草药及食用菌等产品，其中野菜品种 138 种，野生水果品种 38 种，还有林下畜禽养殖及特种水果百果园。公司发展成为集农副产品技术研发、种植、加工、销售、农业科普等为一体的综合性农业公司。

技术研发是焦圣贵最为重视的一项工作。其研究院成功牵头组建了中国野菜产业联盟及中国野菜产业战略联盟，从种质资源、基地环境、标准化管理、生产加工、储存保鲜等方面制定发布行业标准，指导国内野菜行业科学发展。新泰的野菜标准已经成为全国野菜行业发展的标准。

“公司计划利用 5 年时间在全国建设 100 个基地种植野菜，供给对于原料品质要求较高的功能性食品使用。目前已经合作建设了 8 个基地。公司以推动国内野菜产业发展为己任，不断发展壮大自己，整合各类资源，注重科技创新，让野菜更好地服务于国民健康，服务于乡村振兴。”焦圣贵说。

如今，小野菜已经发展成为大产业，新泰农民种植生态野菜已形成新的特色产业，成为当地农业发展新的增长点。公司 95% 的订单来自网络，产品不仅供应国内，还销往国外。焦圣贵并未止步于此，他开始搜集整理各类与野菜有关的文化传说、历史故事。

焦圣贵想要讲述野菜故事，发展野菜文化，用野菜产业来支撑野菜文化，用文化产业来滋养野菜产业。公司规划在 4A 级莲花山风景区内建设中国野菜博览园。博览园是以野菜开发、利用、发展及保护为宗旨，集农业现代化生产、野菜科研成果转化于一体，是具有博览示范、科普教育、研学互动、康养体验等综合性功能的农业产业园。

焦圣贵的手，满是老茧。他笑着说："做农业，很不容易，但对于自己的选择，我从不后悔。干点农活，于我是一种放松。我每天在园区里转悠至少一个小时，有时晚上会拿着手电筒在园区里散步，思考如何发展。那是一种很舒服的状态。十年磨一剑，公司的发展超出我的想象，国家提出乡村振兴战略，更坚定了我对农业发展的信心。小野菜，如今已经发展成了大产业。我现在的目标是：依托博览园，把公司产品打造新泰地标产品，同时也将新泰打造成全国野菜产品交易中心。"

（感谢山东省派东平县乡村振兴服务队的推荐支持）

人物 16

威海乳山张娇娇：为了生存销售乳山牡蛎，成为地方致富带头人

采访时间：2020 年 2 月

▲张娇娇

□ 面孔

张娇娇，威海好品鲜水产科技有限公司总经理，2019 年度“威海市好青年”。

张娇娇，1987 年 1 月生，威海市乳山市徐家镇南寨村人。2003 年 9 月—2004 年 12 月，她在乳山技校计算机专业求学；自 2006 年 7 月开始，从事地产销售；2015 年开始做电商销售；2019 年 5 月，成立威海好品鲜水产科技公司，先后投资 500 余万元，建造了牡蛎养殖场和牡蛎加工厂；2021 年 8 月，为了实现公司多元化发展，成立了威海基明建筑劳务工程有限公司。

01 选择

离婚后为生存，微信销售牡蛎

大年初五，中国人迎财神的日子。我们一行人来到乳山市海边，实地调研走访威海好品鲜水产科技有限公司。

下海作业的渔船正在缓慢靠近海岸。公司负责人张娇娇笑言："公司初三就上班了，没有办法，客户催货啊。"

海边风大，我们进入安全督导小屋等待。安全督导小屋由徐家镇政府设立，内有安全监督员 24 小时值班。入海口安装了升降桩，如果风浪过大，阻挡桩升起，渔船就不能下海。

▲拖拉机拖着下海渔船驶向养殖场

渔船缓缓靠岸，张娇娇爱人宋先生赶紧出去，把拖拉机开到海边，将船拉上拖车，直接开到附近的养殖场。

听张娇娇讲，平时她爱人每天跟船下海。我问："不是有工人吗？下海这么辛苦，非要亲自出海？"

张娇娇笑言："经营企业不能当甩手掌柜，不亲力亲为，干不好企业。"

养殖场位于南寨村前。在乡村平房与都市楼房之间的一块空地上，工作人员正在紧锣密鼓地作业。

▲工作人员正在卸下船上的牡蛎

▲工作人员正在分割大块牡蛎

正在作业的工作人员，看上去有 20 多人。张娇娇手指北边："后面村子就是我家，工人多数来自附近村子。"空地旁边有排小屋，边上的一间，用作餐厅。随意步入，便看见张娇娇母亲正在忙着给船员们做饭。

我说："还管饭呢？伙食不错啊！""下海辛苦，中午管饭，就得吃得好些。人心都是肉长的，你对别人好，人家才会对咱好，"张娇娇笑言，"现在公司有两艘船。每船固定一个船长，根据作业需求，搭配 1—3 名船员。"张娇娇母亲姜秀丽满面笑容地说："我闺女能走到今天可真不容易。当初她离婚了，还带着有智力障碍的孩子，自己卖货，身边连个搭把手的人也没有，谁敢想能够发展到今天这样啊。"张娇娇说："我妈性格开朗、特别乐观，对我影响很大。我 2016 年离婚时，啥都没有，是我妈收留了我。2015 年我爸因病去世，那时家里经济条件十分困难，但我妈总是说：'没事没事，总会有办法的。'我妈现在在村委任职，平时还给农信社联系存款。"

母亲心疼女儿，也以女儿为傲。母女俩相互依靠、互相赞赏，看着母女俩，我想起了乳山这座城市的名字。

乳山市因境内浑圆挺拔、状如母乳的大乳山而得名。此地既有大乳山、睡美人等母爱自然资源群，又流传着海神娘娘拯救众生等神话故事。大概因此，这座沿海旅游城市打出了这样一张名片——“母爱圣地，幸福乳山”，每年 5 月还举办母爱文化节，而我印象最为深刻的是参观位于崖子镇田家村的胶东育儿所教育基地。

▲张娇娇（左）与母亲姜秀丽（右）

在胶东抗日战争最艰难的时期，八路军指战员抛下亲生骨肉奔赴前线、保家卫国。为解决革命后代抚养问题，1942 年 7 月，中共胶东区委决定在牟海县（今乳山市）组建胶东育儿所。300 多位当地年轻乳娘在极其艰苦的条件下，秘密哺乳了 1223 名八路军后代和烈士遗孤，用超越传统亲情的伟大母爱书写了一段人间奇迹，在中国抗日战争史乃至世界反法西斯战争史上写下了不朽的篇章。

我突然走了神，仿佛看见一位位站在血雨腥风战争年代里的母亲……

“等一下，刚才于松伟书记介绍，你们是夫妻联手经营。离婚又是怎么回事？”

“我离过婚。宋先生是我现在的爱人。”张娇娇没有半点犹豫，笑着坦然回答。

2014 年，张娇娇离婚。离婚时，张娇娇主动把患有先天智力障碍的女儿接到自己身边，而当时她连份稳定工作都没有，还有负债。

“为何要把女儿接到身边？”我问她。

“为女儿幸福考虑，虽然会很辛苦，但我不能放弃她。”

打听到威海有特殊康复训练学校，张娇娇给女儿报了名。每月学费 1800 元，并且需要家人陪读。张娇娇就去威海租房住下。白天，孩子在教室前面上课，家长坐在教室后面陪着。带着孩子外出时，还会遭受路人的异样眼神。

面临经济、精神的双重压力，看着需要照顾的女儿，张娇娇心想：“得养活自己和闺女啊。没有工作、没有资金、没有时间，怎么办啊？自己有什么资源？我只有微信朋友圈里 100 多个客户的联系方式，那是做房地产销售时积累的客户。乳山海产丰富，尤其是乳山牡蛎，味道鲜美，我用微信销售海货行不行？”

02 问题与方法

人品、产品，相互成就

100 多人的微信朋友圈，这是张娇娇的起点。开始，很难。乳山牡蛎好吃，可是从前名气并不大。只有吃过的人才知道，并不像如今的乳山牡蛎品牌闻名全国。

起步之初，订单寥寥无几，时有时无，即便订单再小，张娇娇依然十分珍惜、认真对待。周末回到乳山，母亲帮忙照看闺女，张娇娇就联系客户、推介海产品，收到订单后，取货、打包、发货……一点点摸索着做电商销售。

“牡蛎是我亲手挑选的，个别开口的，我就捡出去，宁愿自己吃了也不发给客户。诚信经营、童叟无欺、货真价实，我都做到了，就是做不到供货及时，因为女儿需要我照顾。因为更换学校、房东要用房子等各种原因，那一年我搬了 4 次家。”

起初，女儿需要全陪上学。后来换到一所不用陪读的学校，张娇娇早晨把女儿送到学校，然后回乳山，取货发货。因为女儿没有安全感，哪怕晚上请老师陪着也不行，必须见到妈妈才肯睡觉。所以张娇娇必须得回到威海陪孩子，有时到家已经是夜里 11 点多了。威海和乳山，张娇娇来回奔波，身心疲惫，可是想到女儿，自己再累也得坚持下去。

后来寻到一所能够全托进行康复训练的学校，张娇娇才稍微喘了口气。每周一把闺女送到威海，周五再接回乳山。

2017 年底，春节临近，接到一个订单，不巧那天母亲有事，放假在家的闺女无人照看，张娇娇只能带着闺女去渔民家里取货。电动车前面筐里放着物品，脚下放着保温箱，后面驮着女儿。雪天路滑，车翻了，人重重地摔在地上。女儿并不哭，而是抓着泥巴往嘴里送，张娇娇特别自责，发誓一定要让孩子过上好日子。那年的冬天特别冷，那个冬天也特别美，因为张娇娇和宋先生走到了一起。说起宋先生，张娇娇笑得肆意："我离异，带个孩子，还是个特殊孩子，他可是大好青年啊。我赚到了哈。"

我忽然发现，说起任何事，她都在笑，离异、单亲母亲、孩子先天智障，这都是人生的坎坷和挫折，可是张娇娇脸上，笑容灿烂。人生写满故事，脸上不见风霜，是不是人生好状态？

"你是个很乐观的人？"我问。

"是的，我性格乐观，内心比较强大。"

"你怎么会这么乐观豁达？"

"这与我的原生家庭有关吧。父母感情很好，从小家庭幸福，这让我有着良好的心理素质。有人说要用一生去治愈自己的不幸童年，而我的童年能够治愈我遇到的所有不幸。父母与人为善、乐于助人，父母的善良使我得到了很多福报。有时，我也会想：我命不好，可是换个角度想想，我命也挺好的，我的福气是我女儿带来的。有的客户起初也是出于同情我的经历，才会关注到我的公司。"

"你们俩怎么走到一起的？"

"宋先生是我多年的客户，那时他在一家贸易公司工作，每年都会从我这里订购好几万元的货物。他看我带着这样一个特殊孩子，觉得挺不容易，告诉我有事你就说。一次水管坏了，实在是没办法，请他帮忙修好，为了感谢他，我和母亲、孩子请他吃了顿饭。后来两人越走越近。"

"怎么会和张娇娇走到一起？你的选择是不是遇到了很大阻力？"我问宋先生。

“最早只是认识，接触时间长了，发现娇娇身上没有短板。她孝顺、人品好、有责任心，工作有格局，做事大方不计较，乐于帮助别人。我们两人为人处世，总能想到一起。我妈起初有一点儿不同意，时间一长，了解了她的为人，后来就同意了。”宋先生安静沉稳，即便是夸人，也是波澜不惊，像作报告。

他们还真有相似处：处事举重若轻。说起宋先生，张娇娇眉开眼笑：“我要早点认识他就好了，现在养殖场业务他来负责，我的全部精力都在加工厂。我们两人观点一致，任何事情，一人想到，另一个总是支持。比如我说想自己建厂，他说好啊。可是创业永远缺钱，每年赚的钱都会持续投入，他就把自己多年做贸易积攒的资金拿出来支持我。没有他，公司不会发展这么快。”

人品、产品互相背书，诚信经营让她的客户越来越多。朋友介绍朋友、客户介绍客户，原来的同事也主动找到她：“娇姐，我也跟着你干吧！”张娇娇十分愿意和朋友们共同发展、共生共富。随着客户不断持续增长，公司现在已有 100 多家代理商，分布在全国各地。经营的范围不断拓展，不仅销售牡蛎，还有海参、鱼、虾、蟹、贝类等。2021 年，仅牡蛎一项年发货量就达 500 多万斤。

随着销量的不断扩大，张娇娇租赁厂房、增添设备，不断整合资源，扩大生产规模。2019 年，正式成立威海好品鲜水产科技有限公司，创建牡蛎养殖场、加工厂，延长产业链。同时，立足电商发展，通过品牌化运营，企业稳健发展，带动 40 多个就业岗位，带动周边村民致富。2020 年，张娇娇被评为“威海市乡村好青年”荣誉称号。2021 年 9 月，张娇娇在齐鲁青年乡村振兴创新创业大赛中获二等奖。

提及这些荣誉，张娇娇说：“我收获很大，赛后得到了很多培训交流的机会。印象深刻的是参加山东省团校的培训班。老师讲课实在，切合实际，干货满满，案例生动，参加者都是返乡创业青年，大家坦诚发言、资源共享、达成很多合作，还交了不少朋友。”

据省团校工作人员介绍：“张娇娇参加的是山东省‘青马工程’农村班

暨青年骨干培训班，那届培训有理论课程，也有实践教学，还增加了学员之间的交流互动环节，培训期间就达成了项目合作，效果远超课程安排预期。”省团校通过培训班给青年创业者搭建了一个交流平台，大家深入交流，整合资源，向上下游拓展产业链。通过这次培训，33 名农村创业青年结成共建伙伴，达成合作意向项目 31 个，直接现场签约 25 个。

言及青年创业就业，有人批评现在的年轻人不把工作当回事，常换工作，不踏实。张娇娇持不同观点：“我支持年轻人多干几份工作。年轻人，多尝试是好事。我开过饭店、卖过房子，换了很多工作。现在别人说起什么话题，我都懂点。别怕吃苦，要多拼搏。但是我不支持大学生刚毕业就创业，最好是有点工作经验再去闯，避免走弯路。”而宋先生更加理性：“第一，做事之前先做评估。我会问自己：‘我能吃苦吗？我能做好销售吗？我认为自己能行，才会去做。’我当时去外贸公司时，就是这样想清楚了才去的，用了一年时间，我就从销售员干到了经理。第二，要能吃苦。进入这个行业后，我还学会了开拖拉机、开铲车。第三，提前做好准备。事业要做大，人才是关键。要让专业的人干专业的事。在企业创办之前，我们先要找到合适的人。”

03 现状与未来

办工厂、做电商，带动村民共同致富

我们来到加工厂参观。只见分成单体的“泥货”（未经冲洗的牡蛎）进入加工厂，用高压水枪冲洗之后，进入自动分拣传输设备。传送带上有称重装置，不同规格的牡蛎，自动落入对应筐内，尺寸分类由此完成。

“我只卖 3 两以上的牡蛎。不符合我要求的牡蛎，即便是自家养殖场出品的，也不能进入我的加工厂。顾客群体不同，别的加工厂会收。”

“放入水池的牡蛎是怎么回事？”

“这些明天发走。水池里面是海水，牡蛎放在里面不仅保活保鲜，还起到沉淀净化作用。”

▲张娇娇介绍加工厂

清洗、分类之后的牡蛎来到包装车间。工人们正在紧张有序地工作，一派红火景象。于松伟书记不由感叹：“谁能想到牡蛎现在这么受欢迎呢？ 15 年前的市场上，50 元能买到一麻袋牡蛎，一麻袋大概有 50 斤。”

“是啊，随着生活水平的提高，人们越来越意识到牡蛎纯天然有营养，现在牡蛎泥货是每斤 4 元，刷干净之后每斤 7—8 元。牡蛎产业有四环：育苗、幼苗、育肥和加工。我们公司现在已经掌握了三个环节。我们在购入幼苗时，会把好质量关，质量达不到标准就不会采购。其他三个环节，全部自己把控，以此保障产品质量、供货时间等各方面。”张娇娇说。

“这个是二维码，扫描后，可辨真伪。”张娇娇指着包装上的二维码说。

“牡蛎不都是纯天然的海产品吗？为何还要有二维码？这个怎么假冒？”

“不是假冒牡蛎，而是有的商家假冒乳山牡蛎。同样都是牡蛎，乳山牡蛎味道特别鲜美，所以现在有个别人会假冒乳山牡蛎销售。冬吃牡蛎夏吃蛤，这是牡蛎最肥时。”

“都是牡蛎，为何乳山牡蛎鲜美？”我问。

“徐家镇位于黄垒河与黄海交汇处，河海交汇处藻类丰富、微生物多，牡蛎营养价值高，所以口感更好。而且这片海域的海蛎子肥得早。”

“乳山牡蛎近几年名声在外，是不是对企业也是利好？”

“是啊。政府也在推动乳山牡蛎品牌发展，近几年越来越感受到地方品牌对我们企业的加持。去年到省团校参加培训，返乡创业青年聚在一起。我说自己销售乳山牡蛎，赢得一阵掌声。企业发展向好，其中也有地方品牌崛起的原因。地方品牌崛起，我们个体创业者乘势而上，效应倍增。”

据乳山市海洋发展局海洋经济发展中心负责人谭林涛介绍：“乳山牡蛎养殖主体有 600 余个，其中个体家庭户居多。牡蛎初级加工厂有 270 余家。牡蛎产业关乎民生，政府十分重视，近几年出台了系列政策推动产业科学发展，助推牡蛎养殖相关企业健康发展。市里尤其重视乳山牡蛎区域品牌的建设。为了推动产业整体持续健康发展，市里将要实施集群化发展提升工程，助力企业规模化、品牌化发展。”

事业就是磁场，吸引人才返乡，助推乡村振兴。“干事创业，最大的难题是人才招引问题，何况我们场房建在村里，毕竟很多年轻人还是想要去城里，”张娇娇说，“我们两人拼命地将同学、朋友往村里拉。赚钱重要，工作顺心也很重要。人合适了，干什么都顺。负责加工厂的徐强，是我高中同学。他原来在威海工作，曾在互联网行业工作过。现在周内在这里上班，周末回威海生活。会计兰晓廷，是我爱人的同学，原来在济南工作。我爱人把他拉回老家，工资发放待遇等同济南，还能守着老妈生活。随着事业的发展，现在身边聚起一群兄弟姐妹。回望创业之初，只想赚出饭钱、养活闺女，没有想到能够发展得这么好。”

对于女儿，张娇娇早就规划好了：“我闺女现在 11 岁，智力只有 5—6 岁，我会永远把她当个大娃娃看待，让她跟着我们快快乐乐地生活一辈子。她特别听我爱人的话，我常说，闺女上辈子是他的女儿吧。”

公司发展向好，张娇娇不仅能够照顾好女儿，还能回馈社会。逢年过节她经常去看望村里的孤寡老人，还经常捐款捐物。

对于公司的未来，张娇娇信心满满：“你坐的地方是我平时的工位。忙的时候，我就坐在这里，微信接单、复制信息、打出订单，一坐就是一天。现在这个行业前景很好。多年的专注和坚持，使公司步入正轨，尤其是与客户之间的信任是我们事业发展的基石。随着企业的发展，人才也在聚集，我们一群 80 后团结在一起，要把公司做强、把产业做好，让身边人都能过上好日子。我们会继续通过电商模式，让更多人品尝享用优质的乳山牡蛎。”

相关链接

乳山牡蛎

对话人：乳山市海洋经济发展中心负责人谭林涛

乳山市地处青岛、威海、烟台三市衔接的腹地；南濒黄海，与韩国、日本隔海相望，海岸线长 199.27 千米。一类海水水质可利用海域 170 万亩，是世界顶级牡蛎产区之一。牡蛎养殖海域面积 60 万亩，年产量 50 万吨。

乳山境内的两大入海河流——乳山河和黄垒河，为海区提供了丰富的营养盐，水质肥沃，非常利于牡蛎摄食的浮游藻类等基础饵料生物的繁殖和生长。洁净的水质，适宜的温度、盐度以及丰富的基础饵料，这些得天独厚的自然条件非常适合牡蛎的生长，造就了乳山牡蛎独一无二的优良品质：个大肥美、肉质爽滑、味道鲜甜，含有丰富的蛋白质、牛磺酸、糖原以及锌、铁、钙、硒、镁等微量元素。

乳山市海洋经济发展中心负责人谭林涛非常自豪地向我介绍：“乳山牡蛎已在全国形成了品牌领先优势。2009 年，乳山牡蛎注册为中国地理标志证明商标，先后荣获‘最具影响力水产品区域公用品牌’‘山东省优秀地理标志产品’‘山东地标名片’等称号；乳山市被授予‘中国牡蛎之乡’，并入选‘首批山东省特色农产品（牡蛎）优势区’‘国家地理标志产品保护示范区’。”

乳山牡蛎鲜品销售范围通达全国各地，覆盖国内31个省市的大中城市和发达地区的中小县城，年销售洗净及净化鲜品牡蛎达7亿斤，鲜品销售额50亿元以上，市场占有率居全国第一位。

▲乳山市海洋经济发展中心负责人谭林涛

人物 **17**

威海荣成宋楠：留学归来种苹果，打造世界一流果业品牌

采访时间：2022 年 2 月

▲宋楠

□ 面孔

宋楠，山东悦多果业有限公司总经理，2019 年度“山东省乡村好青年”。

宋楠，1988 年 2 月生，威海市荣成市崖头街道耩上宋家村人。2005 年 9 月—2009 年 7 月，他就读于吉林延边大学工商管理专业；2010 年 9 月—2011 年 7 月，在加拿大 Capilano University 读书；2011 年 8 月—2017 年 11 月，肄业后自主创业；2017 年 12 月至今，回国返乡经营山东悦多果业有限公司。

发展至今，公司建有 2300 亩现代化苹果种植基地，推出“雀斑美人”新品种，创办“晒果果”无添加果干零食品牌。2021 年，公司年产值达 8000 万元。

01 选择

留学加拿大，返乡种苹果

正月初六，我来到荣成市夏庄镇甲夼曲家村，山东悦多果业园区所在地。

在这乡村之地，有着 2300 亩的现代化苹果种植基地、6000 平方米全自动包装分选车间、1.2 万吨国际标准气调保鲜库，设备是从法国、美国以及以色列等国引进的先进技术和设备，“雀斑美人”品牌苹果就产自本地。

跟随负责人宋楠乘车参观，园区里面湖天一色，即便冬日，自有其美。我正欣赏着风景，宋楠一句话把我拉回现实。

“我们能活下来，都是奇迹。2017 年我回来的时候，这里根本就是死局。当时已经投入 1.2 亿元，我父亲的半生心血即将付之东流。”

“为什么这样说？”我疑问。

“因为一个逻辑错误，误入此行。本地农户从前种植富士苹果。每亩地利润 1 万元。看到这个利润可以，于是就开始规模化种植。可是规模化之后没有利润。”

“怎么回事？”

“小农种植成本每年投入 1 万，销售收入 2 万，每亩净赚 1 万，的确是真的，可是没有核算管理费用、没有计算人工费用、没有考虑地租费用。苹果前 4 年不结果，纯投入，没有收入。到了第 5 年，每亩投入成本 2.2 万元，销售收入 2 万元。如果没有办法破局，8 年投入将会血本无归。”

言语之间，汽车停在果园一处。眼前的果园与自己童年的记忆截然不同。“印象里的果园，树树相邻、枝枝交叠。人从树间过，弯腰才能行，这里怎么行距这么宽？难道不是多种一棵果树效益更高吗？”我问道。

“果树行距 4 米，方便农业机械车辆进出作业，也能够确保每个苹果都能享受到阳光的滋养。苹果着色均匀，果体通红，口感独特。采用水肥一体化自动灌溉，滴灌管道就铺排在树下，种植环节通过现代设备进行科学精准控制，收获的苹果在包装车间由机器完成分选。”

▲宋楠介绍苹果栽种

放眼望去，宽行密植，行垄分明，林木成排，十分气派，谁能想到这里一度曾是“死局”！

“2017 年，我刚回国，当时的情形是产销倒挂。现在一个苹果售价最高 30 元，平均每斤 50 元；那时候的苹果每斤售价不到 2 元钱。我当时并没有涉足农业，农业销售方面没渠道、没人脉。”

“怎么会选择自己从未做过的农业项目？”

“因为一次参观。2012 年，我参观美国华盛顿的苹果农场，看到了机械化、现代化的果园。苹果树行行分列、栽种整齐，树行之间，采摘车贯穿作业。而在家乡，仍是传统人工种植模式。”

震撼之余，宋楠动心起念：何不在家乡打造一个现代化果园！父亲本就看好农业。在宋楠的极力鼓动之下，父亲在荣成倾力建设果园。

“你当时还在读书？”

“那时我在加拿大创业。到加拿大读书一年之后，碰到一个机会，我就肄业创业，经营火锅餐饮，那是我的第一个创业项目，生意火爆，当时感觉特别顺利，自己一做就做到天花板了。后来还投资了鲜花生意，回报率很高。”

宋楠在加拿大创业春风得意，老家的果园生意却出现问题。出国读书之时，宋楠本已做好定居加拿大的准备。此时此景，何去何从？

宋楠最终选择回国。回国之际，他怀揣梦想：“做，就要做到最好，我要种出高品质苹果，比肩世界一流品牌。”

2017 年，回到家乡，胸怀一腔热血的宋楠只觉得透心凉：“偌大的生产基地，只有少量挂果的果树、空荡荡的厂房，而且果树头 3 年不结果，纯投入无收入。当时的情形是，我父亲最早做石油行业生意，从未做过销售。公司一个销售人员都没有。尤其可怕的是，如果没有办法破局，前期 1.2 亿元的投入将会血本无归，父亲前半生的辛苦将会付之一炬。”

面对难题，宋楠用什么方法破解死局？有何妙计打响品牌？

02 问题与方法

科技支撑、品牌破局

现实很残酷，必须找到破局点。怎么办？苦思冥想之后，宋楠决定用品牌破局。

“想要打响品牌并非易事，没有铺天盖地的广告、没有资金、没有渠道，哪来的底气、胆量？何况农业都是深耕细作，怎么决定上来就先立品牌？”

“吃到自己果园长出的一个苹果之后，我有了信心。”宋楠自信地说。

“一颗苹果给你这么大信心？”

“是的。我去过日本、美国、新西兰等地，寻找最好吃的苹果。在日本考察时，我吃过一个苹果，当时被惊艳到了。我问自己：为什么我们种不出这么好吃的苹果？在我自己的果园里，吃到自己选育、种出的苹果之后，我有了信心。因为我们种出的苹果品质不比它们差。有了这个好苹果，我就有了打造一流品牌的信心。”

“这样的好苹果怎么得来？”

“注重科学技术，进行标准化管理。我们悦多果业的每一个苹果都是一样的。”

宋楠的回答愈发令人生疑：每一个苹果都一样，是如何做到的？自然生长的苹果，是如何做到科技化、标准化、品牌化的？农产品与工业产品不同，农产品是如何实现标准化的？宋楠应对问题的打法、招法有何可供借鉴之处？

跟着宋楠边走边看。听他介绍，看他招法。

第一，优化土质，生态种植。

土地是根基。荣成是沙质土，天然适合种植苹果。而宋楠并不满足，在他看来，深耕细作出良果，打好基础行久远。他组织大规模地深翻土地，梯田改坡地；定期进行土壤检测，保证土壤微量元素均衡，为果树生长创造良好的生态环境。

我问："如何做到？"宋楠说："让专业的人做专业的事。公司聘请了很多专家顾问，比如请来日本专家，帮助优化土质，改良土壤。果园里工作的员工有山东农业大学的毕业生。"

第二，更新种植模式。

普通果农种植苹果，通常采用传统种植模式，种植技术相对落后，苹果品质自然不稳定。为了保证品质稳定，公司同青岛农业大学、美国华盛顿大学、美国苹果协会等建立联系，引进先进的技术，完善科学种植体系。种植模式采用宽行密植，设备引入以色列的水肥一体化滴灌设备。

宋楠介绍："种植之前，我做了很多调研，美国是规模化种植，日本是精细化农业，反过来说，美国做不了精细化，日本做不了规模化。比较美日农业种植的优劣，引进海外先进设备，取其长处，结合荣成本土的情况，因地制宜，我做了很多尝试、努力。"

第三，优选优育种苗。

2014 年种植果树之初，基地 95% 的果树由宋楠父亲决定，5% 的果树是宋楠选择的新品种。"我们活下来是奇迹。能够活下来就靠这 5% 的新品种。新品种是我从日本优选过来的改良品种。品种选育上，我们做对了一小步，产品提上了新高度。"宋楠介绍。

新品种一棵果树的利润是传统品种果树 10 棵的利润。10 倍的利润，一个苹果能抵上一筐苹果，这是宋楠选育的树种。结果之后，他给苹果起名为

“雀斑美人”。同时，父亲选的品种，因为种苗选择不慎，在一片几百亩规模的果园已经开始挂果时，才发现该品种利润极低。

第四，现代化设备保障标准化供给。

我们走出种植农场，进入包装车间。时值正月初六，还是春节假期，然而车间里面一派繁忙景象。工人们正在把从冷库取出的苹果打包发货。

“这么早就开工了？”

“没办法，客户催，”宋楠介绍，“分选车间设备是从北美进口的国际化标准设备。果品分选靠机器，这是全自动果品分选流水线，来自法国。”

每一个苹果都要经过层层筛选。外观上，高频相机拍照检查。每一个苹果，都有自己的 32 张照片，全方位无死角。内里的糖酸度指数，由光谱仪照射检测。在机器的“法眼”之下，外观颜色、大小尺寸、糖分指数等各项质量标准清晰生成。根据数据，苹果被分送到不同的包装线。

精分细选之后，即便是同一棵树上结出的苹果，也会被分成不同规格。标准化的筛选分装，确保消费者收到的一定是品质稳定的苹果。

在这乡村之地，来自世界各地的现代化设备在园区工厂内运转。手指现代化设备，宋楠骄傲地说：“好苹果是种出来的，也是选出来的。每一点都要做到最好，才能提供最好的苹果。每一个苹果都是标准化产品，每一个苹

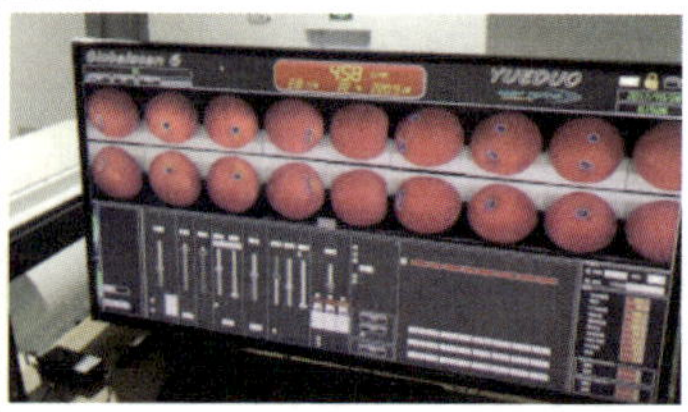

▲车间一角

▲ Maf Roda 果品全自动分选机

果的价值都能得到相应匹配的价格，价格最大相差 30 倍，身边有朋友说不爱吃苹果，我说：‘那你是没吃过好苹果。’我这也是供给侧改革啊。”

品牌破局怎么做？我问：“打响品牌并非易事。没有多年深耕，没有多年市场回馈积累，怎么会想到上来就打响品牌？通常的打法不是先来一波铺天盖地的广告吗？刚才你也提到资金紧张，销售方面无渠道、无人脉，怎么做到产品一出就打响了品牌？”

宋楠回答：“这就要讲品牌逻辑啊，要考虑产品渠道问题。可以使用‘1990’原则。先找到一个目标用户，让他影响到 9 个人，再让这 9 个人去影响 90 个人。如此一来，就能找到自己的目标用户。”

“你的目标用户在哪里？”

“最高品质的苹果就要去最高端市场。我觉得，中国最好的商场在哪里，我的‘雀斑美人’就要在哪里。所以我去了北京 SKP（北京华联百货商场）。”

“突然冒出的新品种，没有一点点名气，凭什么说服 SKP 让你入驻？”

“锲而不舍。刚开始，根本没人理我，我就一遍一遍地和销售部经理交流：给我一个试销机会，保证会成爆品。后来我们上了促销，一战成名，成为当年苹果销售的第一名。”

“雀斑美人”进入 SKP，相当于给产品做了背书，之后产品相继顺利进入 Ole、Costco 等大型商超。

说话之间，我看见身边的工人像装网球一样把小苹果放进筒里。

“这种包装好像并不常见吧。”我询问。

“大果、小果甜度没有差别，可是小果不好卖，我就改成这种透明筒装，50 元一筒，价格比原来高。价格提高了，推出即被抢空。卖场催着发货。”营销真是处处是学问。

在基地实现规模化生产之后，宋楠通过电商销售渠道，开始线下、线上两条腿走路。宋楠说：“我们的苹果价格不低，起初销量不多，但因为品质稳定，复购率很高。每年销售增幅 20%。”

言及创业成功之法，宋楠和盘托出：“青年不要白纸创业。创业，是创业者思考、经验、时间沉淀的结果。有人天资聪颖，有人努力付出，可是创业要讲概率，白纸创业的成功概率太低。”

“你第一次创业不也是白纸创业吗？并且首次创业就很成功。”我忍不住问道。

“首次创业，我给自己打 3 分。如果从事餐饮行业工作 3 年再去创业，我相信能够做到 8 分、10 分。青年创业，可以选择自己喜欢的行业，工作 3 年，再来创业，结果会有很大差异。这是第一。第二，选择大于努力。青年创业，创业方向最为重要。第三，要有顾客视角。为什么我创业、投资能够成功？因为我有顾客视角。比如餐厅生意，我的目标客户是在加拿大生活的华人。我自己是中国人，了解中国人的口味，可以随时切换到顾客视角。找准需求，做好产品，拥有顾客视角，成功的概率就高。”

“在加拿大创业与在中国创业有何异同？”

“在加拿大创业和在中国创业，创业的底层逻辑是相通的：永远都是产品第一，只是在加拿大更苦、更累。因为加拿大人工贵，而且他们本地人不愿意加班，要求按时上下班。创业要做好心理准备。创业不是你看见的成功者的鲜衣怒马、光鲜亮丽的形象，每天都会有 10 件麻烦事来找你。对于创业者来说，按时下班回家休息，那是做不到的。”

“留学海外，最大的收获是什么？”

“在我看来，留学最大的价值在于看世界。读书本，学到方法论；看世界，拥有多维视角。国外学习的创业经历提升了我的综合能力。农业最大的难题是产业链太长：一地头、二工厂、三市场。人们常说：会种的不会卖，会卖的不会种，这种情形比较常见。这要求操盘人有综合能力。前端种植业十分辛苦，需要农业思维；第二阶段是工厂制造，得有工业思维；第三阶段是市场营销，要有商业思维。创业成功很难，需要天时、地利、人和。创业比你想象最难的程度还要难上 10 倍。虽然自己创过业，家人一直从商，但从未涉足苹果种植业。果树种植 3 年才能结果，意味着前期的 3 年是纯投入却没有一分钱收入。我们差点倒在‘黎明的前一刻’。幸好坚持下来了，幸好得到了很多帮助，比如荣成农商行给予了我们资金支持。”

时任荣成农商行董事长于洋介绍："得知企业流动资金周转困难，荣成农商行工作人员马上进行实地考察，了解到是因为设备引进、人才聘请以及技术改造升级导致的，考虑到该企业发展前景良好，并且直接带动区域农业经济发展，推动我市苹果种植专业化、现代化、品牌化发展，随即为企业提供 1000 万元融资支持，并最大限度地为企业减费让利，缓解企业资金周转紧张问题。受疫情影响，企业面临销售渠道受到冲击、劳动力成本上升、运输价格上涨等困难，我行根据疫情期间延期还本付息政策，为其办理无还本续贷 210 万元，再次解决企业融资难题。悦多果业只是荣成农商行服务支持青年创业的一个缩影。截至 2022 年 4 月，荣成农商行共为 1336 户返乡创业青年、农创青年、当地创业青年发放贷款余额 6.25 亿元，解决了一批又一批有志青年的融资需求，金融支持助力乡村振兴和服务地方经济发展。"

对于青年返乡创业，农商银行给予了极大的金融支持。据省农村信用社联合社副主任于富海介绍：近年来，省农信联社认真贯彻落实省委省政府支持青年返乡创业工作部署，加强与省人社厅、省退役军人事务厅、团省委等单位的合作，创新推出"创业担保贷""退役军人创业贷""乡村好青年贷""巾帼系列贷"等信贷产品，通过加强政银合作、创新推广信贷产品、优化金融服务模式，积极运用支农再贷款、贴息、风险补偿等政策，满足返乡创业青年融资需求，有效降低融资成本。截至 2022 年 4 月，山东全省农商银行系统累计支持返乡创业青年 38.61 万户、资金支持 744.47 亿元。

03 现状与未来

打造世界一流果业品牌，提供优质健康生活

山东悦多果业有限公司广泛应用先进农业技术、以科技引领产业升级。通过现代化、标准化、品牌化运营发展，千亩果园成为优选优育、科学种植

的现代化种植基地，实现苹果的绿色有机标准化生产，产品以质胜出，得到市场认可，也获得 ChinaGAP（良好农业规范）认证及北美、韩国等海外出口认证。

公司推出的“雀斑美人”“维纳斯”“风霜蜜”等品种得到市场正向反馈，成为业界关注的产品。2021 年，公司联动迪士尼，推出与迪士尼的联名系列“小熊维尼黄金蜜果”，这是迪士尼首次在农产品苹果领域的联名产品。

随着市场的打开，苹果销路越来越广。宋楠又在北京成立了品牌营销中心，还与朋友投资了健身品牌。7 家健身房都开在北京地标建筑处。他说：“我从不盲目投资，深加工果脯是延伸产业链，健身房是链接高端客户，提供绿色有机健康生活，这与我们悦多果业的经营理念是一脉相承的。”宋楠向内深挖广联，对外开疆拓土。

企业发展向好，带动村民就业增收。苹果种植园区提供固定工作岗位 200 多个，周期性工作岗位 4 万人次。公司还为当地农户提供苹果种植、储存、销售等方面的支持，带动周边 400 多家农户共同发展。公司定期开设技术课堂，推动家乡果业技术升级。

2022 年 6 月，我打电话给宋楠了解公司近况。宋楠说：“疫情对公司影响很大。上海是公司的一个重要市场，市场流通受限，今年三四月，基本没有销售。”

“你做了什么工作以应对疫情？”

“干不了活，就修内功，”宋楠笑笑，“我去产地考察、挑选优质水果果源。今年在荣成投资了一个深加工工厂，

▲宋楠介绍黄金蜜果

刚刚推出了一个零添加零食品牌：晒果果。晒果果，就是果干。我们专注于纯天然、无添加的健康水果零食，只用优质鲜果，使用自然工艺，保持鲜果味道。30 天跑了 7 省 18 市，通过考察，我在南方投资了一个供应链公司。”

从云贵高原到巴蜀之地，宋楠亲见、亲选、亲品水果，提升了自信心：“我们中国水果的品质并不差于国外，并且价格便宜很多。真的是了不起的中国水果！”兴奋之余，宋楠更是骄傲：“2012 年在我动心起念种植苹果之时，相较美、日等国家的果业，我们相差了二三十年的发展水平。中国果业用 10 年走过了欧美农业三四十年走过的路，而这里面有我们的深度参与，我很自豪，像我们的‘雀斑美人’，已经进入中国一二线城市的 Ole、Costco 等商场，我们的苹果被放在‘爱妃’等世界一流产品旁边。我们产品的价格不比它们低，并且同样受到消费者的喜爱。”

言及未来，宋楠信心满满：“我会继续稳扎稳打，走高质量发展之路，让我们的水果品牌打动世界！”

人物 **18**

日照岚山袁奇军：与家乡共生共长，创新发展日照茶

▲袁奇军

采访时间：2022 年 5 月

□ 面孔

袁奇军，日照市御园春茶业股份有限公司总经理，“中国制茶能手”，国家一级评茶师，农艺师，2022 年度山东省乡村好青年。

袁奇军，1985 年 5 月生，日照市岚山区巨峰镇薄家口村人。2005 年 9 月—2009 年 6 月，他在中国人民解放军炮兵学院（现改建为中国人民解放军陆军军官学院）通信工程专业学习；2009 年 7 月—2013 年 9 月，在日照市御园春茶业股份有限公司任技术员；2013 年 9 月—2016 年 9 月，任日照市御园春茶业股份有限公司经理；2016 年 9 月至今，任日照市御园春茶业股份有限公司总经理。

2021 年，日照市御园春茶业股份有限公司年销售额 1852 万元。

01 选择

辞职返乡做茶农

日照，北方绿茶之乡。当地有句俗语：“江北绿茶看日照，日照绿茶看岚山。”听闻岚山区巨峰镇薄家口村里有位“中国制茶能手”，目前获此称号的人，全国只有 6 位，日照绿茶制作者中仅此一位。

2022 年 5 月 15 日，我来到薄家口村，见到了“中国制茶能手”袁奇军。袁奇军，日照市御园春茶业股份有限公司总经理，一位“85 后”，为什么是他？带着问号，我跟随袁奇军来到茶园。

这里草木丰茂，绿意盈盈，茶园里入目处都是妇女员工。

“怎么没有统一着装的采茶姑娘？”我问。

“那是某些摆拍广告给您的误会，”袁奇军说话率真坦诚，“这才是真实茶园的样子。我们公司的茶园共 1600 亩地，每个数字都真实。”

眼前的茶园是现代化的设施农业。茶园全部使用水肥一体化设备进行精准滴灌，设备来自以色列。自动滴灌管道埋在地下，数据连接在茶园物联网大数据平台上。“看，这个‘小方盒’，空气温湿度监测、虫情监测、土壤监测、氮磷钾监测……数据云端同步连接。无论我在哪里，打开手机上的小程序，就可以实时察看茶园情况并及时调整，比如发现缺少什么营养，随时滴灌补充。”随着袁奇军的讲解，一幅现代化茶园风情画卷徐徐展开。而袁奇军最为骄傲的是在茶苗上的技术性突破。

▲走访现场　　图片来源 / 徐庆云

我们来到茶树育苗棚，里面只有一名工人。

“怎么只有一人？”我问。

“都采摘去了，”袁奇军笑着说，“每年谷雨前后，日照绿茶开始上市，即从阳历三月开始到五月中旬，这段时间是春茶开采黄金期。家家户户都忙着春茶采摘、销售。这是当地茶农们一年中最忙的时节。”

▲袁奇军培育的茶树新品种

“这里怎么空着？”

“这里的茶苗刚被客户拉走了。3 元一棵，一亩地种上 2000 棵茶苗就够了。我现在卖苗收入超过卖茶收入。”

“怎么找到客户的？”

“是客户打听着找上门的。”

“凭什么成为买方市场？”

“因为我们创新发明了‘多根无性茶苗扦插快繁技术’，这是我最为自豪的一件事。”

“多根无性茶苗扦插快繁技术”是专业术语，我问：“这是什么技术？”

袁奇军说：“有了这个技术，茶苗成活率提高，根系生长能力是原来茶苗的 60 倍。育苗时间缩短，原来需要 18 个月，现在缩短到 30 多天。采茶时间提前，传统茶树 3 年后才能采摘，我们的茶树当年就能采摘。这个技术完善了日照的茶业产业链。日照茶业种植历史有 60 年，前 50 年，从南方买种、买苗，有了这个技术，非但不用去南方引进茶苗，而且我们还向外卖苗。客户来自全国各地，还有内蒙古的客户。因为我们的技术创新，茶树种植向北拓展了好几个纬度。”袁奇军指着一棵茶树继续介绍：“这是我培育的茶树新品种，1 年零 6 个月的时间就长得比我高，普通茶树长成这样需要 10 多年的时间。”

眼前的袁奇军，皮肤晒得黝黑，言语间满是自豪，说话时身上透着用不完的劲儿。育苗方面，他主持的“多根无性茶苗扦插快繁技术研究及产业化示范”通过了中国茶叶学会的科技成果评价；炒茶技艺方面，他获得山东省首届乡村振兴技艺技能大赛手工炒茶一等奖；论评茶水平，他已是国家一级评茶师。

“怎么会选择炒茶、制茶呢？”

“大学毕业后，我本来有很多选择，比如可以留在城里工作，但考量之后，最终还是决定回村。公司由父亲袁从波创办，但年龄渐长，父亲精力顾不过来，他希望我回来帮忙打理。我自小在茶园里长大，对茶很有感情。”

可是育苗制茶评茶，不修炼几十年很难出彩，袁奇军是如何快速成长的呢？他有何招法？他的成功背后有哪些可供借鉴的？

02 问题与方法

师承传统，创新发展

回到家乡，袁奇军一边帮着父亲打理茶园，一边学习相关知识。他是如何闯出这番新天地的？

第一，传承古法，手工制作。

回村工作，父亲提出要求：“你得学会炒茶。”我问：“炒茶，有机器制作，有工人炒制，为什么要做这么具体的事情，会品不就行了吗？”袁奇军解释说：“炒茶，是用手掌在铁锅中翻炒，200 多摄氏度的高温，热气熏面，高温烫手，十分辛苦。起初，我也不理解父亲的用心。为什么让我炒茶？”父亲说：“只有自己会炒、会品，才能做出最好的茶。高端茶基本都是手工茶。手工杀青可以更加准确地感知鲜叶的杀青程度，两个巴掌做出来的茶跟机械加工的是不一样的，手比机械杀青更加灵活，并能及时调整。”袁奇军问自己：“我怎么干？真干还是假干？对于茶业，我虽了解，但不专业。不干则罢，干就要干好！”

恰逢日照市组织开展炒茶培训，袁奇军积极参加学习，指导老师是日照本土制茶人杨现明。杨现明从 17 岁成为制茶技术员，已经炒茶 30 多年，是江北唯一一位获得“中国制茶大师”称号的人。那时，袁奇军的炒茶知识极为缺乏。培训结束后，回到家里，他开始下手开练。由于他高大粗壮，蹲下不便，袁奇军就坐在地上，对着热锅翻炒、揉捻，练习单手深抄上挑，或双手上下炒制手法，锅里热气熏面，烤得面红耳赤。到了晚上，皮肤火辣辣地疼。

袁奇军个性倔强要强。学好炒茶，岂能速成，可他却和自己较上了劲，炒不好就不停手。有一次，他连续炒制了 8 个小时，铁锅温度高达 260 摄氏度，第二天，他发现手被烫伤，脸上蜕皮。虽然皮肤在蜕皮，但手艺在精进。他的用心被父亲与师傅看在眼里。父亲与师傅两人是多年的合作伙伴。一位是种茶专家，一位是炒茶能手，两人言传身教，毫无保留地指点着他。

父辈“只为做出一杯好茶”的初心、“精益求精、追求极致的匠心”影响着袁奇军。他沉下心来，跟着父亲学习培育茶苗，管理茶园，随着师傅学习机械和手工炒茶。袁奇军不仅坐得住“冷板凳”、磨得了“铁砂掌”，还练就了“飞毛腿”。他主动前往江南大学食品研究院等机构充电，学习茶园管理、茶叶加工、茶叶审评等相关知识，提升茶园科技含量。

第二，注重科技创新，研发应用新技术。

公司经营向好，自己的水平渐长，而袁奇军最为关注的是茶苗。袁奇军介绍：“我们早年种植的无性系茶苗是从外省引入的。因为地域差异、气候不同等因素，引入本地种植的成活率特别低，最早只有 16% 的成活率，并且品种也不能满足公司种植生产高端茶业的需求。能不能研发出适合本土种植的高质量茶苗？”袁奇军向着这个方向发力。

袁奇军尊重实践“土专家”的经验技术，引入专家智库的科研技术，联合各种力量，开始研发创新茶苗繁育技术。最终，他主持的“多根无性茶苗扦插快繁技术研究及产业化示范”通过了中国茶叶学会科技成果评价，并且专家评价认为，该项技术总体水平居国内领先水平。

有了技术突破，马上应用推广新技术、新设备。袁奇军引进国内名优品种 40 余个，无性系茶苗良种繁育、水肥一体化滴溉技术推广 200 亩，投资 1000 余万元新建一个 5000 平方米的钢结构现代化苗木繁育玻璃温室、一个 1000 平方米的冬暖式日光温室育苗大棚以及 2000 平方米的连栋温室苗木过渡大棚；新建 400 亩无性系茶树良种生产母本园，年茶树苗木繁育量达 1000 万株。

我们随意步入一个设施农业大棚。进入之后，我感觉反常：通常进入大棚，感觉好像被炙烤一般，而这个棚里反而比外面凉快。这是怎么回事？袁奇军介绍其中的奥妙："这个棚四周有气孔，上面有气窗，孔、窗打开之后，里面通风，棚膜能够遮挡掉部分紫外线，所以棚内温度比外面低。其实茶树并不喜欢直射光，每天 7 小时光照即可，大棚还能起到阻挡的作用。我们自己不打药，还要防止别人打药，随风飘入。"

"传统茶园多是露天，怎么会想到发展设施农业？"

"2017 年，我参加山东省现代农业发展培训班时，曾前往台湾参观，看到设施农业，就决定引入应用到我们的茶园。"

"这是信息素诱捕器，是陈宗懋院士发明的。我们茶园是陈院士的实验基地。放入信息素，就能吸引虫子进入，从而起到灭虫的作用。我们想方设法地使用物理方法，让茶树少受虫扰。"

▲袁奇军介绍设施农业大棚

茶园里面设有院士工作站，这里还是山东农业大学的产学研基地以及浙江大学、南京农业大学的产学研实验基地。若非眼见，难以想象，传统茶业企业里面，高新技术随处可见。

第三，实施标准化管理。

随着父亲退居二线，袁奇军正式接手茶园。父辈创出的茶品牌，不仅要传承，更要创新发展。袁奇军制定企业技术标准，实施茶叶标准化生产，示范带动周边茶农改进生产模式，提升茶园建设规模化、管理标准化、品种优良化、环境生态化进程，立足产业，拓展产业链条，进行标准化管理。袁奇军通过土地流转的方式，建设自有标准化良种茶园；通过有机产品和无公害农产品基地认定，建立了标准化管理模式，推广应用绿色防控新技术，建立与完善生产档案、专人监管与产品追溯制度，实行全程质量监控和可追溯制度。

“人们经常说有机农业，到底什么是有机农业？”我问。

袁奇军介绍：“不是说不用化肥、不打农药，就是有机，那最多是无公害。我们茶园的管理是全方位的，通过标准化管理、标准化生产，才能生产出高质量的产品。从源头、种植、管理上层层把关，连水都要经过过滤，茶树喝的水比城里的自来水都干净，接近直饮水标准，茶园要与周围田地有隔离区、缓冲区……茶种种植管理有 200 多个技术节点。”

几分耕耘，几分收获，袁奇军在技术创新、标准化管理、专业技术等各方面日日精进，尤其是炒茶方面突飞猛进，从炒茶“小白”成为行家里手。2019 年，袁奇军分别荣获东港区第二届“技能之星”（茶叶加工）职业技能大赛第一名、五一劳动奖章、山东省农民技能大赛（茶叶炒制）二等奖，被聘为山东省农民乡村振兴示范站站长；2020 年 1 月，荣获人社局认定的中级农民职称奖项等。

对于这些成绩，袁奇军当作是对自己付出的认可：“当别人不看好我的时候，我不解释、不说话，低下头做自己的事情。产品是最好的说明。我特别高兴的是，在一次次比赛中，不仅赢得朋友的认可，也赢得了对手的认可。”

言及青年成长成才、青年创业话题，袁奇军说了三点："一是现象与观点。当前，乡村发展需要青年，但愿意返乡从事农业的青年人较少。有的青年人想当网红、想做创投，想要快速致富，却没有考虑清楚那些工作是否适合自己。我从事农业，虽然辛苦但很踏实。二是创业要选好方向，不要舍近求远，要从身边找资源，才能稳健、快速成长。三是对于青年创业，我很支持，但更鼓励青年人联合创业，联合起来才能实现资源最大化。"

03 现状与未来

建设现代化茶园，与家乡共生共长

跟随袁奇军走村转茶园，感受到袁奇军对村庄茶木深深的情感。路上遇见村里的工人，他热情地打着招呼。巨峰镇是国家级"一村一品"示范村镇、"江北绿茶第一镇"。袁奇军的公司发展向好，带动村民就业，引领茶农共同发展。

这几年，公司不仅带动就业 1638 人，同时引领种茶农户共同发展。企业与茶农自愿建立双赢的合作关系：作为企业的生产基地，茶农严格按照企业的技术要求和质量标准管理茶园，采摘茶叶。企业每年拿出专项资金购置"绿霞"等品牌有机肥、茶树专用肥和高效低残留农药，半价供给 300 余户茶农，并指导茶农按标准化操作规程生产，公司再以保护价或高于市场的价格回收。

步入一个茶园，绿意盈盈，十分养眼，我突然看到：齐整茶树有处凹陷。凑近一看，发现一只新生小鸟，还不会飞，正在颤颤巍巍地抖动身体。

"这里有只小鸟！"我感到惊喜。

"园里绿色生态，人进来觉得神清气爽，鸟妈妈也喜欢在这里生产。我

▲茶树凹处有新生小鸟

们不会打搅它们，任其自然，”顿了顿，袁奇军笑言，“我是在茶园里学会走路的。小时候，我妈忙着采茶，就把我放在筐里。我在茶园里抓螳螂、抓蚂蚱，玩累了，经常就在筐里睡着了。”袁奇军冲着茶继续说：“当地有句俗话：‘种茶不如炒茶，炒茶不如卖茶。’茶业收入并不高，单纯从经济角度考虑，很多行业都比种茶赚钱，比如可以投资商铺，但是我们没有。茶业，于我而言，不仅是事业，而且蕴含着浓厚的情感。”

一个棚里，有株植物比较特别，缠缠绕绕，顺杆爬上。袁奇军介绍：“这是茉莉花味的金银花，是我培育出的。传统金银花只开一茬，这株植物能够开到下雪。”

“为什么要培育金银花？想要多元化发展？”

“茶树喜欢金银花的味道。把金银花和茶树种在一起，可以起到滋养茶树的作用。所以我利用茶树的扦插技术创新培育出这样的金银花树。”

袁奇军内练手艺、外连智库，精益求精，没有止境，始终保有匠心，只为做好茶。

走出大棚，茶园周围有块荒地。我有点奇怪：“怎么还有荒地，这是忙不过来吗？”

“我想空 3 年，养好地，再种茶，种出有机茶。可是周边村民不知道，有人看见空地就过去‘开垦’，种上蔬菜……”袁奇军笑言，“基地目前拥有有机认证茶园 92 公顷。”

出了茶园，来到公司。院子里面，一排炒茶设备正在施工之中。见我疑惑，袁奇军说：“虽有机械炒茶，但我们公司一直坚持传承手工炒茶，手工炒茶耗时费工、产量少，但是手工制茶有温度、有灵魂。等这里建好了，我会把炒茶的老师傅们请来。每位手工艺人都值得尊敬。大家一起炒茶，一起切磋交流，通过这样的活动，传承发展我们的产品、宣传推广日照茶业。”

日照政府也在力推茶业发展。作为日照茶业的青年代表，近几年，袁奇军参加了北京、哈尔滨、杭州、沈阳、西安、深圳、上海等国内重点茶博会，不断扩大日照茶叶的品牌影响力。

“日照茶是国家地理标志产品，我们日照茶种植有 60 年了，一辈辈人口口相传、手手相传，我们一定要做好产品、光大品牌。”在宣传日照茶业的同时，袁奇军呼吁，“严守品质方久远。打药能够一时提高产量，但实际上会弱苗，还会伤害土壤。土质差，则苗弱，形成恶性循环。你看我们的茶园不打药，这样土壤好就会根基强，茶叶绿油油的，透着健康的光泽，说明营养健康，我们形成了良性循环。绿水青山就是金山银山，保护土地、保护环境是我们的共同职责。严格标准，茶产业才能健康生长、高质量发展。”

言及未来，袁奇军信心满满：“公司现在的发展情况如果用树来比喻，已经到达顶点，现阶段准备通过平台进行复制，横向裂变，扩大茶业发展。”

采访手记
INTERVIEW NOTES

把日子过得好一点，比宏伟更宏伟

农业农村，是中国的饭碗和命脉所在，青年选择回乡创业就业，就是选择与乡村成为发展共同体，与区域经济“休戚与共”，而国家地理标志性产品是县域经济的宝藏。正是袁奇军他们在乡村发展，正是他们的传承和创新，带动附近村民脱贫致富，让中国乡村日子过得好一点，这很宏伟。

院子里面，碰到袁奇军的父亲，我便到办公室和老人聊了起来。滚烫沸水直冲而下，清亮嫩绿的叶片舒卷，绿意游动，轻抿一口，唇齿之间，香气流转。这样一杯清茶，源自哪里?

20 世纪 80 年代，当地开始实行家庭联产承包责任制，通过抓阄，袁从波抓到了一亩七分地的茶园，创业之路由此开启。袁从波说："当时我不到 30 岁，年龄比奇军现在还小。"怀着劳动致富的朴素心愿，袁从波全身心地投入，不怕吃苦，成了种茶、炒茶的一把好手。2004 年起，他又在村里流转了 100 多亩土地，扩大规模种植。日复一日、年复一年，培育茶苗，管理茶树，采茶炒茶，30 年如一日，袁从波把一片茶叶做成了日照绿茶的领军品牌，他本人被授予"全国劳动模范"荣誉称号。

耳濡目染、言传身教，袁奇军传承技术与匠心，创新引入现代科技，育苗技术得到突破性发展，成为日照茶业的青年代表人物之一。两代人接力跑，追求"要做绿色生态高品质的日照绿茶"，"跑"出了眼前 1600 亩优质茶园。

"起初为什么让儿子学习炒茶？"我问袁从波。

袁从波说："只有自己亲手做，才能真正深入了解。其实，我就是不提这个要求，过段时间，他自己也会主动学习炒茶的，因为身处这个环境，掌握技术是必须要做的事情。"

"让奇军接手公司，周围人看好吗？"

▲袁奇军（右）与父亲袁从波（左）

“没人看好，同期老友都说，让自家孩子接手公司不行。越是自己的孩子越是管不好，一是他不听你的，二是他吃不了这个苦。”

“是不是对奇军很满意？”

袁从波说：“即便满意，我也不说满意，就是希望孩子能干得再好些。”

我问袁奇军：“将来会让自己的孩子接班吗？”

袁奇军皱皱眉头说：“不想，太辛苦了。”

袁父却笑呵呵地说：“我有两个孙子。人家小孩子都有才艺，有的学唱歌，有的会弹琴，我的两个孙子啥特长班也没报。他俩喜欢干啥？在家里，摆出一排茶杯，表演茶艺……”

参天之树，必有其根；怀山之水，必有其源。家风亦是民风，斗转星移，一方水土养一方人。而人，是其中最宝贵的生产力。

和两代创业者闲聊，有了纵深感。两代创业者，都奋起于青年时期。他们从脱贫、致富，到带动村民共同致富的故事里面，一个地方产业的发展脉络隐约浮现。

时代各有不同，青春一脉相承。新火试新茶，诗酒趁年华。

人物 **19**

临沂平邑武政：
辞职上海银行主管，返乡做起“罐头青年”

采访时间：2022 年 7 月

▲武政

□ 面孔

武政，临沂奇伟罐头食品有限公司总经理，2018 年度“山东省乡村好青年”。

武政，1989 年 5 月生，临沂市平邑县地方镇西朱尹村人。2011 年 6 月，他从滨州职业学院国际经济与贸易专业毕业；2011 年 7 月，进入上海浦发银行总部集中作业中心工作；2013 年 3 月，辞职返乡，在临沂奇伟罐头食品有限公司任财务经理；2014 年 12 月，创办平邑奇伟电子商务有限公司。

截至 2021 年，公司产品销至全球 20 多个国家地区。

01 选择

从银行辞职，返乡做“罐头青年”

2022 年 7 月 1 日，我来到临沂市平邑县的奇伟罐头食品有限公司，见到了负责人武政。

因为网上“东北人都是被黄桃罐头‘骗大的’，曾经物资匮乏的年代，多少东北人装感冒只为了吃一口黄桃罐头”“谁要说黄桃罐头不好，东北人第一个不答应”“‘80 后’银行主管返乡卖罐头年入 3 亿”“平邑县黄桃罐头支配东北大地的爆梗”等相关话题，《半月谈》、大众网等媒体相继报道，武政“火”了。

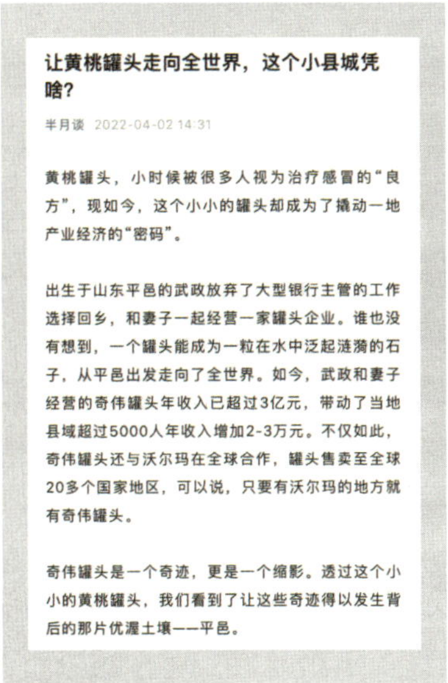

让黄桃罐头走向全世界，这个小县城凭啥？

半月谈 2022-04-02 14:31

黄桃罐头，小时候被很多人视为治疗感冒的“良方”，现如今，这个小小的罐头却成为了撬动一地产业经济的“密码”。

出生于山东平邑的武政放弃了大型银行主管的工作选择回乡，和妻子一起经营一家罐头企业。谁也没有想到，一个罐头能成为一粒在水中泛起涟漪的石子，从平邑出发走向了全世界。如今，武政和妻子经营的奇伟罐头年收入已超过3亿元，带动了当地县域超过5000人年收入增加2-3万元。不仅如此，奇伟罐头还与沃尔玛在全球合作，罐头售卖至全球20多个国家地区，可以说，只要有沃尔玛的地方就有奇伟罐头。

奇伟罐头是一个奇迹，更是一个缩影。透过这个小小的黄桃罐头，我们看到了让这些奇迹得以发生背后的那片优渥土壤——平邑。

▲《半月谈》报道

▲多家媒体宣传平邑黄桃罐头

一瓶黄桃罐头，让山东省一个并不显眼的县城走到台前。谁能想到东北市场上近八成的黄桃罐头来自山东平邑，中国超三成的水果罐头来自山东平邑。

随着平邑“80 后”银行主管返乡卖罐头年入 3 亿的新闻登出之后，高潮再起，人比桃火。

当我提出“‘80 后’银行主管返乡卖罐头年入 3 亿”的疑问时，武政坦言相告：“年入 3 亿是我们公司的年产值，我创办运营的电商公司 2021 年年销售额是 2000 多万元。”

“东北人真的这么喜欢吃黄桃罐头吗？”我很好奇。

“的确是。我们的主要市场是东三省。20 世纪八九十年代，罐头属于珍贵产品，经常用作走访礼物，现在是日常消费品，陪伴我们的生活。在东北吃饭，桌上一定要有一瓶罐头。山西和陕西的红白喜事宴席之上，定会出现我们的罐头，罐头相当于甜品。还有西北地区，像甘肃、宁夏等地，都有我们的产品。近几年，华南、华东一线城市的罐头消费增速较大，消费者也在年轻化。”

“你怎么看待‘上热搜’这件事？”

“做出好罐头，消费者喜欢，我们就很开心，顾客在享受罐头的同时，还能回想起从前日子里的美好情感，是件开心事。因为‘热搜’，更多人忆起儿时的甜蜜时刻，知道还有年轻人在做罐头，进而看到罐头产业仍在蓬勃发展、迭代前行，了解全国三分之一的黄桃罐头来自我们平邑，对于我们产业发展是件好事。”

“网上有很多关于罐头的美好回忆，来自罐头的甜和亲友之间的爱。这么多年发展，罐头标准有什么变化？”

“罐头制作需要保鲜储藏工艺，像我们的鲜桃罐头，还有老干妈、八宝粥、午餐肉，都是一种储藏手段。从前罐头是甜就好，现在的标准是要锁鲜，保持鲜果味道。我们的标准是‘6 小时锁鲜’，即一颗新鲜的黄桃从第一道工序开始，到加工制成罐头，平均用时 6 个钟头。”

来到奇伟罐头厂，观看一个黄桃罐头的生成过程。武政介绍：“除了挖核、修整需要人工操作，其他工序都由机器操作完成，例如筛选、开瓣、去皮、装瓶、封口、蒸煮等程序。”

来到第一道工序——去核车间入口，今天这批罐头是油桃。打眼望去，一筐筐新鲜油桃，都是大粒果，红艳艳、黄澄澄的。

▲第一道工序：去核

▲罐头产品都是用鲜果制作

“可以看一下，全部都是鲜果，质量优于一些商超销售的水果。罐头的成分只有水、果子、白砂糖、柠檬酸，使用国家专利技术，高温杀菌，真空处理，根本不添加防腐剂，添加剂比面包等食品的还少。水果是甜的，罐头也是甜的。我和媳妇结缘也是因为罐头，我常说自己从事的是甜蜜的事业。”

“当时怎么会选择辞掉上海的工作呢？”

“大学毕业之际，想去大都市闯荡，经过学校推荐，我和同学去了上海一家银行工作。城市工作节奏快，生活成本高。我租住的房子离单位很远。每个工作日早晨6点起床赶地铁，晚上到家已是深夜11点。工作3年，只有工作，没有生活。工作从最基础的录入信息开始，最后我做到经理的岗位。虽然业务工作得心应手，但是比较枯燥，两点一线，压力很大，也没有归属感。我的性格活泼外向，喜欢从事对外交往的工作，所以就辞职了。”

“你的微信名字是‘罐头青年’，为什么会选择这个行业？”

“当时考虑了很多，比如是在上海重新找份工作，还是回到临沂工作，或者从事罐头行业。最终从事罐头工作，因为家人希望我们年轻一代回乡帮助企业创新发展。罐头公司是父辈创办的企业，我对水果、对罐头非常熟悉，也感觉很亲切，所以选择回来。”

2013 年，武政辞掉上海的工作，返回家乡，进入奇伟罐头公司。从大上海到地方镇、从银行到企业，武政如何把个人能力融入家乡产业发展，如何开创自己的公司？

02 问题与方法

销售方式电商化，罐头产品年轻化

进入临沂奇伟罐头食品有限公司，武政先从财务、审计、管理工作做起，发挥自己的专业特长，工作起来游刃有余。只是武政并不满足于此，接下来他要做的事情遭到管理层、周边人的反对。

首先，创办电子商务公司。武政想网上开店，开辟线上电商通道。彼时还是 2014 年，网络销售刚刚兴起。武政的想法令人吃惊：网上能卖罐头？没听说过！怎么收款？货款放在第三方，14 天后对方确认之后才能到账？网络诈骗那么多，不会受骗吧？周边人听着就担心，领导层全都反对。

可是武政没有停步。2014 年 12 月，他创办了奇伟电子商务有限公司，以独立法人的身份采购奇伟罐头，进行线上销售。

“我是地方镇、也是平邑县第一个注册电子商务公司的人。注册之时工作人员还问我：‘电子商务公司经营什么？’我怕自己填写不准确、不规范，回家从网上查询了经营范围，返回填好经营范围，才注册成功，然后就摸索着干了起来。”

“周边人都反对，你怎么就那么坚定？”

“当时我有位同学在网上销售服装，其实就是到临沂商贸市场批发衣服，然后放在淘宝网店上销售。电商是发展趋势。既然有人做得很成功，我为什么不试试？”

可是，无人支持，办公地点和人员怎么解决？车库收拾一下，放台电脑，就成了办公室。储藏室整理一下，就成了包装发货车间。武政蹲守在车库里面，化身“店小二”，做起了运营，他经常盯着电脑屏幕守到深夜。

“人员问题怎么解决？”

“在小区院里我经常遇见一个出生于1991年的小伙子，他叫张子洲，当时正处于想干点事却不知干啥的状态，我就说那你跟着我做电商吧，负责填写发货单。那时候的发货单全靠手写，后来变成了机打，现在又成了热敏打印。后来又招了一个人，负责打包装箱。三人成伍，干了起来，将水果罐头搬到线上销售。”

“起步之时，销售情况如何？”

“刚开始，一天就能卖出100—200单，我经常骑着电瓶车去送货。那时运费很高，为了节约运费，我还代理了3个乡镇的快递经销权。随着销量的增加，又招聘了两人负责派送，”回想创业之初，武政痛并快乐着，“现在回头看看，其实早期问题不少。比如最初销售的玻璃瓶，破损率较高，碎了就要赔款，售后问题较多。后来，我们就主推铁罐罐头。随着电商的发展，也给当地的罐装企业带来了新的商业机会。”

看着武政一意孤行地做起了电商，有人仍然瞧不上眼：工厂里面都是整箱整箱地销售，一箱12瓶，你是一瓶一瓶地卖，成不了大气候！“我两瓶的利润相当于你一箱的盈利，”面对质疑，武政不为所动，“线上销量与实体商超相比，虽然销量不多，但是电商价值并不仅限于此。开辟电商，除了增加销量，还有宣传效果、品牌效应。比如天猫、京东商城等各大网络平台，主营各类优质农产品及初加工农产品，我们能够进驻，说明产品质量过硬。可以说，进驻本身就是一种品牌宣传，更何况还有大数据的及时反馈。”

大数据是最真实的说明。每个地区的口味喜好各自不同，区域差别很大，网络数据反馈及时，相较于此前的线下调研，节省了很多人力物力。有了这些数据，武政及时反馈给集团公司，统一调控产品布局。

其次，实现多元化、年轻化、国际化发展。罐头需要保鲜储藏，制作工艺与果脯、银耳粥有相似之处。在武政的建议之下，公司利用现有制作工艺，在传统罐头基础上研发新品种，推出果脯、银耳粥等新品，开启多元化、年轻化、国际化发展之路。

武政说：“产品质量好、口感好当然重要，还要契合顾客的消费场景、审美需求等各个方面。年轻人生活节奏快，我们在包装、口味、用料等方面做了很多创新，推出果干、果脯系列产品。独立小包装，方便携带，撕开即食，有的包装盖上还带有小叉子，方便食用。”新品问世之后，市场反馈良好。

打造自己的年轻品牌 IP 形象之后，电商之路走得更加坚定。2014 年 1 月，进驻阿里巴巴天猫商城，创办奇伟食品旗舰店，推出奇乐果园、皇家港湾等品牌，销售迅速突破 100 万元。此后，又在京东商城开设奇伟食品旗舰店。

2018 年，通过调研、查阅资料，武政与妻子积极开拓国外市场。凭借优质产品，公司与国外商超达成全球合作，奇伟产品进入国外市场。奇伟罐头已售往全球 20 多个国家和地区。

武政回到家乡，从事罐头产业，不仅带动奇伟罐头发展，也用电商发展新理念带动地方罐头产业发展。2016 年 8 月，武政和其电商团队在临沂举办奇伟罐头首届微商大会，吸引近 500 名达人参加。2017 年，开设电商培训班9期，培训青年600多人，带动了当地200多名农村青年开设网上店铺。

在品牌化运营的同时，武政积极参加共青团临沂市委组织的青年创新创业活动，借助市青联、市青企协平台，开展电商创业培训，培育本地电商，推介罐头产品，掀起了“我为家乡罐头代言”的热潮。据共青团临沂市委负责人介绍：“武政是临沂返乡创业青年的典型代表人物之一。扶持青年返乡创业是团市委的一项重点工作。团市委联合临沂市人社局、临沂市人才发展中心共同下发了‘青创沂蒙’行动实施意见。从精准‘青创课堂’赋能、组建‘青创导师’队伍、提升‘青创大赛’影响、强化‘青创信贷’支撑、夯实‘青创基地’建设、选树‘青创榜样’标杆等一系列活动激发青年返乡创业热情。”

“为什么要花时间做这些事情？”

“企业的价值不仅在于创造经济价值，还在于社会价值。企业负责人要有正能量。回到家乡创业，投身家乡产业发展，我有了归属感，并且十分自豪。一个地方产业要发展好，产业链条上的企业要共同发展才好。”

“公司经营中有什么问题吗？”

“青年人太少了，有新鲜血液进来，企业才能更有活力。公司现有员工600多人，旺季达到1000多人，平均年龄40多岁。我们十分需要青年人，现在公司无论是一线工人还是基层管理、高管，都存在青年人才断层问题。我们公司的工资不算很低，但是不少青年人不愿意来我们这种位于乡村的公司，”武政说，“一些青年人不愿意回到乡村发展，这是事实。”

“作为临沂市首批青年创业导师，你怎么看待这种现象？”

“我认为可以理解，因为乡村与城市发展的确有差距。不过，我觉得青年人也应该看到，正是因为有差距，青年人返业创业就业的空间更大。作为青创导师，我应临沂大学邀请到校讲课，结合临沂大学乡村振兴学院、农林科学学院、农业规划团队的平台优势，解读临沂市创新创业政策，分享返乡创业经历体会，帮助学生了解乡村就业的新形势和新业态，引导学生关注家乡创业就业新机遇。”

“可否具体地讲一下：青年返乡创业就业的机遇到底在哪儿？大学生如何运用自己的专业特长投身乡村振兴场景？”

“乡村对大学生的需求与城市对大学生的需求程度差异较大，青年人投身乡村建设的应用场景很广泛，可以发挥个人特长，学以致用，把知识与才干融入家乡建设之中。比如乡村农产品里面有宝，但是目前农产品的品牌化程度较低，大学生可以整合家乡资源，通过创新生产方式、销售方式和管理方式，带领村民致富。比如对于法律专业的大学生来说，城里的法律人才很多，可是乡村人才极其稀缺。回到家乡，你就是唯一。随着乡村振兴的不断推进，资源都在向乡村倾斜，各级政府都想为返乡创业就业青年服务，比如第一书记带着项目资金到村、团委积极主动联系返乡创业青年。”

“作为返乡创业青年，你特别受益的一件事是什么？”

“团县委组织的一次电商培训让我受益匪浅。当时我正在摸索着做电商，对电商的认识就是网上卖货。到浙江金华、义乌参观学习之后发现：原来电商背后还有专业的摄影运营、专业客服流程，有产业园。原来电商可以这么干！还有地方政府对罐头产业的支持力度很大，政府投资建设高效物流，降本增效，提升了企业的竞争力，促进了产业发展。”

言及青年创业话题，武政说：“第一，不要仅凭激情创业。不是拿到资金，就能当老板。要想清楚：除了年轻，你还有什么？你有什么项目，你的项目有什么独特性？你有什么创业基础？如果没想清楚，可以先去就业，考虑清楚自己到底适合做什么，再去创业。第二，要踏实专注。聚焦主业，明确自身的优势、劣势，想要做精做强，就要踏踏实实、专心专注。第三，如何经营好企业，在我看来，关键在三点：产品质量、企业管理、注重服务。”

03 现状与未来

一罐好果，全球同享

罐头生产属于劳动密集型产业，公司员工有600多人，合作农户2000家。

“果农很不容易。现在到了收桃季节，种植户会在凌晨一两点钟到果园里面采摘，因为夏天凌晨凉快。早晨四五点钟，满载果子的三轮车已在工厂门口排起了长龙。工厂7点就上班，鲜果入厂后，从第一道工序开始，6个小时之内鲜果变身成为罐头。”说起果农，武政言语中饱含感情，也显示出企业担当：“公司成立了农村合作社，与农户紧密联系。我们免费提供优质化肥等相关用品，请专业人员为果农培训种植技术，公司收购鲜果，让果农不愁种、不愁销，安心种植，收入有保障。农闲时节，有的果农还会到工厂打工，有种植、打工两份收入。”工厂院里，碰到一辆三轮车飞驰而来。见我对他拍照，果农对着我们挥手。

“本地果农的鲜果都能卖掉吗？”

▲果农送来清晨采摘的鲜果

▲黄桃入库

“销售问题不用担心。我们公司是本地龙头企业，每年收购黄桃3000万斤，当地有罐头企业64家。农民种桃不愁销售，并且本地黄桃满足不了公司需求。我们收购黄桃是从南向北收购，收遍大半个中国。跟随季节、地域，在6—10月，从湖南、安徽、山东、河北到辽宁，会在全国范围内采购鲜果。”

“听说，奇伟是当地第一家罐头厂？”

“是的，1988年创办，是地方镇第一家罐头厂，那时候名字叫平邑甜蜜罐头厂，是公司的前身。”

“一家罐头公司发展30年，市场竞争激烈，凭借什么走到今天？”

“的确是不容易，听父辈讲：本地罐头厂高峰时期达到300多家，起初品质相差无几，县里所有品牌都放在一起对外销售，一辆火车专列向外发货。经过30多年的发展变迁，不少工厂倒闭转行。我们公司能在琳琅满目的商品中脱颖而出，依靠的是不断创新。比如陆续引进了开桃机、挖核机、蒸煮设备等现代化设备，扩大规模；不断改进罐头的品相、口味、包装，提升质量产量，满足消费者的新需求。”

“经历30多年发展，产量提升有多大？”

“工厂刚成立之时，每天也就生产几百箱，产量不到一吨，现在每天生产200吨，年产6万多吨。”

“父辈创办了本土第一家罐头厂，你开创平邑县罐头产品网络销售先河，都是敢为人先的创业者。别人会怎么评价你，你又如何定位自己？”

“有人说我是富二代。我不认可这个说法。父辈是‘闯一代’，我是‘创二代’。我们这代人不是守城守业，而是创新发展。”

“闯、创差别在哪儿？”

“父辈创办公司，制造出罐头，出去找市场。我们‘创二代’的使命，是让公司产品走得出去、走得更远。父辈是大胆闯世界。岳父曾经去国外参加贸易展览会，手里拎着罐头，身后背包里装着外汇。有一次在意大利，岳父走错了飞机场，就枕着背包、抱着罐头在机场长椅上睡了一晚。我很骄傲的是，我和妻子把奇伟罐头推向了世界。我们会不断提升自己的品牌，产品要好，时效要快，声誉要响。为了提高时效，时机成熟时会在海外建仓。”

言及未来，武政信心满满：“我们地方镇的多数人都在从事罐头行业。地方镇是我们镇的名字。在中国任意一家超市罐头货架，总有一款罐头产自地方镇。有罐头的地方，就有地方的罐头。我是土生土长的地方人，一瓶罐头，看着不起眼儿，但是能把罐头产业做大，带动本地果农共同发展、共同致富，我很有成就感。能把家乡的产品推向世界，我很骄傲。我的目标是把公司做成百年企业。拥有做百年企业的决心，才能踏踏实实地把产品做好。我希望我们提供一罐好果，全球同享。”

采访手记
INTERVIEW NOTES

你见过凌晨四五点的地方镇吗？

返程中回想武政的话：“果农挺不容易。种植户会在凌晨一两点钟到果园里面采摘，因为夏天天热，凌晨凉快。早晨四五点钟的时候，我们工厂门前已经排起了长长的队伍……”

说起凌晨四五点，人们会想起什么？我想起了科比的一句话：“你见过凌晨四点的洛杉矶吗？”因为我儿子亮同学超级喜欢科比，所以我曾用这句话来激励他。

“你见过凌晨四五点的洛杉矶吗？”让无数篮球爱好者热血沸腾，科比对篮球的执着和热爱激励着无数篮球热爱者追寻自己心中的梦想。

我通过电话对亮同学说：“你知道科比说过‘满天星星，寥落的灯光，我的耳中只有篮球空心入网的声音。’那是科比在追求自己的热爱，凌晨四五点地方镇里的果农也是如此。有的忙着摘果，有的排起长队，那是果农在用双手为自己和自己爱的人而打拼，小小一颗桃里面，是一年的生计与梦想。我早上班或晚下班的济南市经十路上，永远都有人车涌动，那是我们上班族在‘投篮’。你和你的小伙伴们离家万里海外读书，那是你们在为自己的热爱与未来在‘投篮’。等你回来，我们一起去乡村走走看看。”

眼前生机勃勃的临沂市平邑县曾是贫困县。地方镇身处沂蒙山区，果蔬是当地的支柱产业，几乎家家户户都以果树种植为业，水果多样、产量很大，然而交通不便，水果经常滞销。纵然花果飘香，经常丰产不丰收。听沂蒙干部学院副教授徐莹讲：“现在的临沂是‘中国物流之都’‘中国市场名城’，经历过贫穷落后、艰苦创业、整体脱贫阶段，成为全国 18 个连片贫困地区中率先脱贫的革命老区，并且现在仍在高速发展。临沂物流成本比全国平均低 20%—30%。”

成绩单的背后是什么？奋斗者勇为人先。水果卖不远就会烂掉，于是果农开始制作罐头，延长保鲜期，让水果走得更远，一代一代奋斗者依靠勤劳智慧谱写出创新创业篇章。政府善为民谋。临沂市人民政府出手提速电子商务发展，建成了数智物流产业园，企业迎来发展新机遇。一代接着一代干，一个产业创新发展，一张蓝图描绘到底。

一瓶罐头里面，有青年创业故事，有企业日新月异的发展，也有地方县域经济的发展密码。沂蒙精神的基本内涵“党群同心、军民情深、水乳交融、生死与共”，在武政的创业故事里，我读懂了一二。

人物 20

德州德城刘儒子：传承创新非遗，要把老字号做成百年企业

采访时间：2023 年 6 月

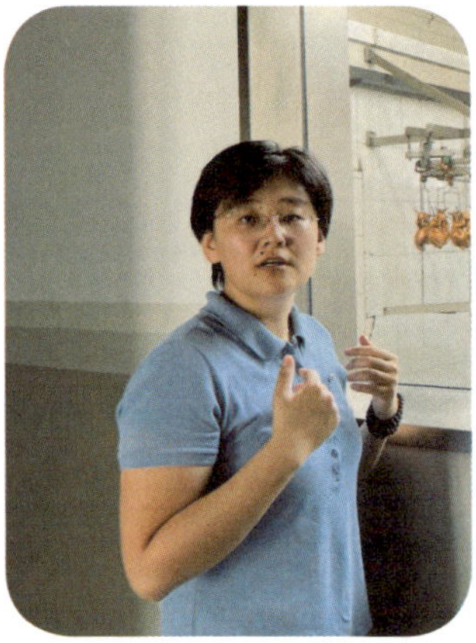

▲刘儒子

□ 面孔

刘儒子，德州永盛斋扒鸡集团有限公司总经理，德州五香脱骨扒鸡第十一代嫡派传人、德州永盛斋扒鸡第三代传人，山东省农业产业化促进会副会长，共青团德州市德城区委兼职副书记，2022 年度“山东省乡村好青年”。

刘儒子，1985 年 9 月生，德州市德城区广川街道大东关社区人。2006 年 9 月—2011 年 7 月，她就读于法国佩皮尼昂大学管理学专业；2011 年 7 月，进入德州永盛斋扒鸡集团有限公司工作。

01 选择

“责任感”三个字让我回到家乡

2023 年 6 月的一天，我来到德州永盛斋扒鸡集团有限公司。跟随负责人刘儒子，走近中华老字号。德州扒鸡，鲁菜经典，始于清朝，距今已有 300 多年历史。在色、香、味、形、质、养等方面自成特色，素有“中华第一鸡”之美誉。永盛斋扒鸡是中华老字号，永盛斋扒鸡集团是非物质文化遗产保护单位。

扒鸡好吃，但如何制作？我跟着刘儒子参观车间。隔着玻璃，我看见一行行吊挂的扒鸡正在流水线上“行走”。

刘儒子介绍：“这道是油炸造型工序，用 190 度的热油炸至金黄色。”

眼见肉白色进去，金黄色出来。我问：“颜色怎么这么好看？”

刘儒子说：“颜色好看，是因为鸡身上均匀地涂抹了蜂蜜。饮食讲究色香味俱全，蜂蜜起到自然上色作用。”

“这是第一道工序？”

“这是咱们能看见的第一道工序，前面几道工序已经完成了。养殖、屠宰都在我们的乡村基地完成。”

“扒鸡形状这么特别？”

“德州扒鸡很有特色，第一步，在形上就十分讲究。原料鸡处理干净，两腿盘起，爪入鸡膛，双翅经脖颈由嘴中交叉而出，鸡呈卧体，口衔羽翎，十分美观。”

“所有扒鸡都是这个造型吗？”

“这是最传统的扒鸡造型。

▲ 70 多年前的扒鸡制作铁锅　图片来源 / 刘儒子

这种造型优雅，尽管费工费时，但我们依然保留。形色兼优，要从细处、小处出发，把小事小节做好，这是尊重传统，也是保有匠心。永盛斋创立于 1945 年，至今已有近 80 年了，始终延续这种最传统的制作方法，有些企业嫌费时费工，为了降低成本，省掉造型，把鸡脖往鸡身上一搭，直接下锅。”

“造型始终没变，那设备呢？”

“设备变化很大。最早的设备是炸油条的那种铁锅，后来逐步改进，迭代成为现在这种可控温、链条式的设备。”

油炸定型之后，下一道工序是焖煮入味。炸好的鸡放入锅里，锅里的高汤是由 16 种中草药调制而成的。大火煮半个小时，再文火煮 8—10 个小时，让鸡充分吸收营养，入滋入味，才能达到五香脱骨、鲜奇滋补的效果。焖煮入味之后，晾透包装。

每天入库产品作为一个批次。每个批次都要进行抽检。从原料进厂、工艺制成到成品入库，都有详细记录。公司每天生产 1 万多只扒鸡，作为劳动密集型企业，我们现有员工 130 余人。听着刘儒子的讲解，感受到她对产品质量的较真和公司管理方面的细致。

“听到‘刘儒子’这个名字，我就想到‘孺子可教’，儒子应通‘孺子’。‘孺子’是古时对小孩子的称谓。‘孺子可教’喻指青年人有培养前途，这个名字是不是包含着长辈的期望？”我问。

▲熬煮车间

“名字是长辈起的，因为我属牛，取‘俯首甘为孺子牛’里的‘孺子’之意。你看，我只有 37 岁，却白发不少。”刘儒子说着撩开利落的短发，果真白发不少。

“管理很操心吗？”

“做企业太操心啦。我在法国读书 7 年，原本不想回国。当时我和我对象一起去的，我们俩商量好了，毕业后留法工作。”

“什么事情促使你做出改变？”我问。

“有次，我与一位来我们学校进行博士论文答辩的小姐姐，谈及未来规划。那时父亲刘阿平希望我回国，我不愿意回去，即便回国也不想来公司工作。那个小姐姐说：‘父辈没有高学历，却给你打造了这么好的平台，现在需要你，你却只想自己过舒适的生活，不愿回馈家庭，不觉得自己没有责任感吗？’”刘孺子边思考边说。

“责任感”这三个字给了刘儒子很大触动：“那是第一次，有人和我谈责任感，那晚思量良久之后，我给父亲写了邮件，表示愿意回去。我们家里有个习俗：每个周日中午，大家庭里的所有人都要去爷爷家吃饭，父亲把我写的邮件打印出来，当众念给大家听，这一下我没有退路了。”

“没有退路”的刘儒子选择回国，接过父亲的担子，扛起这份责任。

法国留学 7 年的新青年挑起老字号企业的担子，新老迭代，工作中会有什么碰撞？会遇到什么困难？又如何带领老字号焕发新光彩？

02 问题与方法

传承与创新并重，让老字号年轻起来

2011 年，刘儒子回到家乡，从基层销售做起，先是帮助父亲经营企业，后来自己独当一面，用自己的方式推动企业发展。她做了什么？

第一，升级管理，加强沟通。

我问她：“经营公司，初始最难的是什么？”

她脱口而出：“价值观不一样，管理方式、经营理念不同。有的老员工嫌我事多。从前不都这样吗？怎么原来行，现在不行了？怎么你来了就不行了？有的老员工觉得太严格了，车间本来就很干净，还要分批分类、增加质量抽检，有这个必要呢？”

新老迭代，难免思维碰撞。怎么解决？

第二，用制度管人。

在刘儒子看来，老字号是块金字招牌，应该倍加珍惜。“诚信第一，顾客至上”，产品质量就是企业的生命。人们对食品安全要求越来越高，刘儒子在产品包装上加上了一个二维码。

小小的二维码背后，是层层质量关。当天入库的产品作为一个批次，如果原料的供应商不同，则根据供应商不同分成不同批次。每一个批次都会抽检，没有检验不能出厂。增加一个二维码，相当于全程可监控，能够让消费者买得放心、吃得放心。

有一天，刘儒子听到父亲教导外孙：“从前家里太穷了，太姥姥做饭，如果剩余或不够，你太姥爷就会不高兴。我每天晚上吃饭时，都会注意观察。如果粥熬多了，我就多喝，不让剩饭；粥少了，我就少吃，不饱也说自己饱了。我儿子问：‘姥爷，你为什么要和你爸爸对着干呢？’”

爷孙俩的对话引起刘儒子的思考：“父亲本意是想以身说教，为了家庭和谐，个人要多付出。男子汉要多担当，大家庭才能团结和谐。自己与员工交流时是不是也存在这样的问题——我想表达的和对方领会的根本不是一个意思，自己和员工讲理念，员工不一定理解。沟通有成本，方式要注意。”

沟通成本较高，怎么解决？

第三，用情感凝聚人。

公司定期开展培训活动、团建活动。刘儒子为人处世喜欢简简单单，坦诚交流、真诚待人，通过增加交流机会，增进彼此了解，她终于与员工打成一片。

在活动中明确共同目标，提升认知、凝聚共识，激发员工工作的积极性，带着大伙儿朝着一个方向努力。

第四，加强技术创新，传承与创新并重。

"'毫毫克克的配料一厘不少，分分秒秒的焖煮一分不差。'这是扒鸡艺人世代相传的经营训制，我们在制作过程中，始终坚持精选草果、山柰、肉蔻、桂条、砂仁等16种名贵佐料，不添加任何色素、味精、防腐剂，使用百年循环老汤保持原汁原味。坚持传统工艺制作扒鸡，坚持'一丝不苟的工匠精神'。这是我们必须遵循的原则，但尊重传统并不意味着墨守成规。"

在刘儒子看来，老字号是把双刃剑。老字号品牌有历史、有文化、有底蕴，可是活跃度不高，现在不少年轻人喜欢食用网红产品。相比而言，老字号员工年龄老化、惯性操作，那么如何在保持老字号特色的前提下，还能与时俱进、博得年轻人的喜爱？

刘儒子确立了"传承与创新并重"的发展路线，成立了研发部和技术革新小组，推进理念创新、文化创新、模式创新、产品创新、工艺创新。围绕技术创新和模式创新，还建立健全了一系列规章制度。

扒鸡制作工艺中包含100多个技术节点，在刘儒子看来，这些都是无价之宝。她带领员工把公司的传统技艺做了全方位的总结与归纳，并与现代管理体系相融合，实现了传统技艺的流程化。

公司与中北大学合作建立研发创新体系，成立了功能食品研发中心，通过科研成果转化提高产品营养价值。产学研合作开发新产品取得重要成果，从而形成传统扒鸡美食系列与时尚休闲食品系列，两个系列各自精彩、相得益彰。公司通过强化品牌宣传，拓展线上销售渠道，实现市场渠道多元化发展。

刘孺子说："创新就是解决问题。创新不一定非得是高大上的东西，看见问题，解决问题，其实就是创新。比如我们的设备更新，从前炸鸡环节，油是滴到地上的，浸渍地面，难以清除，我们就增加了接油设备，还给机器设备设定了高温自动断电功能，这样就增加了安全保障。我们是边干边摸索边提升，设备研发也是我们和设备厂家共同探讨、研发完成的。”

办公室里，打开一个产品礼盒，鸡鸣声清亮悦耳。刘儒子介绍：“这是我们开发的文创类产品，开盒有声，给顾客小惊喜，提升了礼品层次。公司开发了一系列文创产品，比如鸡形剪纸等小产品，用小惊喜、小手创来传播扒鸡文化。”

通过文化提升、流程再造，德州永盛斋扒鸡在保留老风味的同时，融入时尚元素。公司发展焕发勃勃生机，产能倍增，影响力也在不断扩大。2018 年 9 月，永盛斋扒鸡被选为外交部国宴冷餐食品的专供产品，晚宴宾客有 500 多人，是来自 158 个国家和国际组织的驻华大使、中外记者、中外企业代表等。

招待外宾，如何做到“把中餐西式化”？刘儒子和她的“80 后”工作团队耗时 1 个月，圆满完成了这项任务。永盛斋将德州五香脱骨扒鸡形色兼佳、五香脱骨、肉嫩味纯、味透骨髓的特点发挥到了艺术的境界，让中外使节在品尝美食的同时享受到健康和快乐，受到外国朋友的高度赞誉。

▲刘儒子介绍文创产品

基于良好的品牌效应，2018 年以来，公司相继代表德州走进了外交部冷餐会、上海国际进口博览会、中华老字号故宫过大年展、央视节目《回家吃饭》等一系列国字号平台。2019 年，德州永盛斋扒鸡文创精品得到故宫博物院原院长单霁翔的称赞。2020 年，德州永盛斋扒鸡被央视新闻美食节目《买遍中国》力荐。永盛斋成为德州老字号品牌传承与创新完美结合的样板。

“创业成功有何秘诀？”

“我不觉得自己成功了，不过是在父辈的基础之上创新发展而已。我怕别人说自己干得不好，压力很大，所以特别努力地工作。作为老字号企业，传承是企业的灵魂，创新是企业的动力，只讲传承就是抱残守缺，只讲创新就是无源之水。与时俱进，传承创新，才能实现老字号企业的行稳致远发展。”

“父亲对你影响很大，主要在哪些方面？”

“父亲对我管教严格，无论是做人做事，还是品德方面。一要诚实，不能说谎。小时候，说过一次谎，被父亲罚站，从此我再也没有说过谎。二要艰苦朴素，小学、初中、高中，我都是骑自行车或走路上学，一次也没坐过家里的车。同学零花钱多，我却很少。三是教方法、不越界。父亲会告诫我不要盲目创业，创业路上坑很多，可谓年年有坑，坑坑不同。遇到‘馅饼’时，要想想这样的好事儿凭什么砸到你头上？为人处世，父母可以帮你厘清思路，但不会越界。有问题自己解决。我儿子现在3年级，我也这样要求他。现在我对儿子的教育也是严管道德品质，像我父亲要求我一样要求他。”

我想起一句话：“家风家教是一个家庭最宝贵的财富，是留给子孙后代最宝贵的财产。”

言及青年创业，刘儒子坦诚相告：“第一，我支持青年创业，但不能盲目创业。只有一腔热血去创业，是白白扔钱。青年创业之前先要了解社会、了解企业。第二，要了解自己。青年要明确自己的能力。能力分很多种。一是有技术，比如我们公司员工王龙龙，虽然只有初中文化，但是他煮鸡手艺精湛，就会得到尊重与认可，也会有被其他企业高薪聘请的机会。二是平台赋能，有的平台为了提升团队水平，愿意培养你、给你赋能，你可以用好平台资源，增长个人才干。第三，把自己的专业领域研究好。大学假期回家，我就在店里跟着工人学炸鸡，脸上、胳膊上都被油溅过。2011年进入公司工作后，我从销售做起。头一年，跟着资深业务员跑销售。我曾在多个基层岗位上锻炼学习，正是有了基层工作经历，结合自己在法国学习的相关知识和经验，才有了后面的创新发展。”

03 现状与未来

三代人接力跑：把永盛斋做成百年企业

公司发展向好，带动就业 130 余人。周边很多农村青年来公司学习各种技能，成长为车间技术人员。2012 年以来，刘儒子根据公司对 817 肉鸡、林下散养鸡、蛋鸡换代鸡的大量需求，利用企业的产业特点和资源优势，结合乡村振兴的政策导向，将两者有机融合，开创了“企业 + 农户”的合作发展模式，带动周边农村青年共谋发展、共同致富。

合作之初，有些创业青年面临资金短缺问题，刘儒子就主动为合作青年提供资金，帮助他们解决难题。养殖起步之后，公司主动为创业青年提供选种育种咨询、养殖技术帮扶、禽病预防和防治等一条龙服务。企业一系列全过程的保姆式支撑服务，带动周边 100 多户农村青年兴办养殖场，共走致富路。

刘儒子还积极参与扶贫帮扶、抗震救灾等各项社会公益活动。公司成立了永盛斋爱心义工团，定期参与公益活动、回馈社会，帮助一些村庄修桥铺路、慰问敬老院、为抗震救灾捐款捐物等等。刘儒子还积极参加德州团市委组织的各种公益活动，比如捐建希望小屋等，担当责任，奉献爱心。

老字号创新发展，走出高质量发展之路。近年来，公司先后荣获“山东省民企帮村先进单位”“‘食安山东’食品生产示范企业”等荣誉，刘儒子被授予“齐鲁乡村之星”“德州市青年五四奖章”等称号。

刘儒子给企业注入了活力，而她却说：“企业让我改变了很多。原来不善于管理、不喜欢交际，现在性格改变很大，在工作和生活中与员工打成一片。经营企业，从最初不得不承担的责任变为现在从内心尊敬、热爱这份事业。”

“从前为什么不愿意回公司？”

“我以前不喜欢父母那种只有工作没有生活的状态。小时候父母天天不在家，我跟着爷爷奶奶长大。我问爸爸妈妈：‘周六周日也不回来，在办公室坐着干啥呢？’可是我现在就是这种状态，没有周末。有一回，我妈打趣我：‘这下你知道为什么了吧？’”说起从前，刘儒子感慨万千，“那时候有的朋友卖车，有的朋友从事广告创意工作，要么利润较高，要么轻松时尚，我为什么要做这么传统的零售生意？不仅辛苦，赚钱还少，所以不想学成归来做扒鸡。虽然作为家中长女，责任感让我回来，可是自己内心并不喜欢。”

“什么事情让你改变了观点？”

▲刘儒子的父亲刘阿平，德州扒鸡第十代传人　图片来源 / 刘儒子

“我是在工作中慢慢改变的。比如，有一回我和父亲出差，遇到几位成功的企业家。大家一起交流，我父亲还有房地产、物业公司，哪家公司都比扒鸡生意大，可是说起扒鸡，企业家们顿时兴趣十足，因为这是非物质文化遗产，听说已经经营了近 80 年，很佩服我们的匠心与坚持。父亲经常感叹：‘你看看德国企业做个盘子都能做上几百年，一家门市部也是百年企业。咱们怎么就不行！’这张照片是表彰‘改革开放 30 年山东民营经济最具影响力人物’时所照，父亲指着照片告诉我：‘获奖的民营企业家坚守从前行业的寥寥无几。人总想着能给后代留点东西。留点什么呢？留钱没有意义，留下老字号，留下非物质文化遗产，才有意义。’而我在经营之中也感受到老字号的魅力和匠心传承之美，自己的观点也在慢慢发生变化，觉得这份工作越做越有意思。”

传承非遗工艺，需要培养青年人才。刘儒子对此特别关注：“我们公司员工王龙龙，‘90 后’，因为技艺突出，被评为‘德州工匠’。可是 3 年前他差点去开挖掘机了。”

“这是怎么回事？”我问王龙龙，“当时为何想开挖掘机？”

王龙龙说：“公司生意越来越好，工作也越来越忙。那年春节前夕外地工作人员提前放假回家，本地员工留岗。春节前生意特别好，工作量大，员工少，特别累。而且我 16 岁就到公司制作扒鸡，有点儿干够了。想换换工作，看着别人开挖掘机挺好的，就想着自己也买辆车，去开挖掘机多轻松。"

"怎么又留下了？"我继续追问。

王龙龙回答："刘总说得有道理。她说：'你是初中文化，文凭低不要紧，一辈子干好这一件事，你就是专家能手。做扒鸡技术好，这就是你的核心竞争力。为什么要扔掉技术、去开挖掘机？'想想公司待遇不错，现在我年薪不少，而且还是厂里唯一一名'德州工匠'。"

这件事情也触动了刘儒子："我开始反思，每个人都会有职业倦怠期，要打造年轻的工匠和技术骨干，仅有工资、奖金的激励是远远不够的。怎么培养人才、留住人才、激励人才？不仅要考虑收入原因，还要考虑社会价值、荣誉感等因素。后来参加政协会议，我经常呼吁工匠称号不要只给工业制造人才，也要关注我们传统行业。"

言及青年人才培养，刘儒子感叹："老字号企业用工难是个问题。人才支撑薄弱，十分需要青年人才。我特别想招收大学生从事技术岗位，大学生的学习、创新能力强，工作当中能够举一反三，可是没有大学生愿意从事技工岗。这是我感到特别遗憾的事情。"

▲刘儒子（右）和"德州工匠"王龙龙（左）

2022 年 2 月，刘儒子参加了德州市政协会议，会议上明确提出了德州要打造千亿级食品名城的概念和目标。“这对德州食品行业，特别是老字号食品企业来讲，是前所未有的利好消息和发展契机。”作为市政协委员的刘儒子感到非常振奋，她提建议：“在拟定全市产业规划时，结合老字号提产能、上规模的发展需求，政府搭台，企业唱戏，招才引智，为老字号创造空间、提供资源。比如是否可以引导和支持德州本土院校设立与老字号传承技艺相关的实用型专业，从而大力培养老字号发展所需的应用型人才。”

言及企业未来，刘儒子信心满满：“我们与中北大学合作建立健全了公司的研发创新体系，成立了功能食品研发中心，实现科研成果转化。目前，围绕人们喜欢营养低脂的健康产品需求，集团正在开发一款高蛋白、低脂低卡的鸡肉代餐类产品。”

“怎么想到开发这款产品的？”

“最早是因为我喜欢吃鸡肉。鸡肉高蛋白、低脂肪，我经常下班后，吃块鸡排，当作晚餐，然后就去打羽毛球了。后来经过调研，发现市场对于这类产品需求很大，于是开始研发新品。目前已经进入小白鼠验证阶段……”

▲刘儒子介绍正在研发的鸡肉代餐新品

刘孺子笑言："爷爷刘永海，从小作坊开始生产扒鸡，父亲刘阿平把公司做大做好，我是第三代传人。我们祖孙三代，代代传承工艺、创新发展，只为做好一只鸡。老字号要传承、更要创新，从而走出一条独具特色的高质量发展之路。我要把永盛斋做成一个百年老字号品牌，让消费者在品尝扒鸡美食的同时，享受到健康和快乐。"

相关链接

扒鸡传人刘儒子分享扒鸡家庭做法

● 1. 选料

1 斤 8 两左右的白条鸡。

● 2. 浸洗

将白条鸡放入水中浸泡净血水，捞出控干水分。

● 3. 造型

在鸡胸处剪一道口，爪入鸡膛，交叉串扣，双翅经脖颈插入，由嘴中交叉而出，之后呈卧姿排放在容器中。

● 4. 炸鸡

用蜂蜜涂抹全身以着色，将油烧至 180℃左右，把鸡放入锅中，待全身金黄色时捞出。

● 5. 焖煮

将砂锅清洗干净，放入一定量的香辛料。在砂锅内加入适量的水，待烧开后下入材料，熬制 20 分钟左右后，加入适量酱油及食用盐，把鸡放入砂锅内，待开锅后，开始计时，大火 15 分钟，小火 30 分钟（不能盖锅盖，如果盖锅盖，汤容易变质）。关火后，焖煮 7 小时左右。

6. 起锅

用笊篱轻轻捞出，控去油腻。

永盛斋扒鸡 16 种焖煮佐料清单分享：丁香、砂仁、草果、白芷、茴香、良姜、陈皮、沙姜、甘草、肉蔻、香叶、桂条、白蔻、桂皮、花椒、八角。

人物 **21**

聊城冠县刘栋田：跟随“一带一路”，让家乡梨走向世界

采访时间：2019 年 11 月

▲刘栋田

□ 面孔

刘栋田，冠县东源产品有限公司总经理，2018 年度“山东省乡村好青年”。

刘栋田，1989 年 9 月生，聊城市冠县清水镇刘屯村人。2012 年 7 月，他毕业于聊城大学东昌学院英语专业，而后就职于聊城市一家房地产公司，两年后返乡创业；2014 年，创办冠县东源农产品有限公司。2015 年，公司取得出口资质，发展至今，已成为集果蔬种植、收购、包装、储存、销售、出口于一体的现代化农业企业。2019 年，公司年销售额达 702 万元。

01 选择

辞去工作，返乡卖梨

大学毕业后，刘栋田就职于聊城市的一家房地产公司。但在 2014 年 1 月，他做出了艰难决定：辞职、返乡、创业。

这三个词，像是三记槌，槌槌敲心。为什么辞职？为什么要返乡？毛头小伙有什么资源，怎么敢去创业？

乡亲们关心地问刘栋田：“你怎么回来啦？城里混不下去了？”

一直以来，村里有这样一个观念：农村孩子考上大学，进城工作才有出息。而刘栋田心中自有主意。对他而言，辞职回乡创业并非一时起意，而是基于理性思考后的选择。

冠县是有名的鸭梨之乡，鸭梨种植历史悠久。清水镇刘屯村已有 60 多年的种梨历史，有梨园 5000 多亩。刘屯村的村民收入主要靠种梨，平日里农户们埋头种梨，到秋收之季，就等待客户来村收购。村里这种田间地头的销售模式，价格不高，而且很不稳定。因此，村里种梨户渐少，出去打工者趋多。

刘栋田回乡创业，想依托本地资源收购梨果，既能实现自己的创业梦想，也能帮助乡邻销售梨果。

初心美好，谈何容易？祖祖辈辈就是这样的梨情梨价，一个普通的“农二代”、刚毕业两年的毛头小伙凭什么有这个自信？又怎么从零起步呢？

短短几年时间，刘栋田的公司已经步入稳步发展期，他到底怎么做到的？有什么创业秘诀？

02 问题与方法

研究顾客需求，连通农户、客户一体化

各卖各梨，档次偏低，零散销售，任人叫价，这是刘栋田回村创业前村里梨果销售的状况。刘栋田回村后，想收购梨果，从而形成规模、掌握主动、卖出好价。但梨果卖给谁？凭什么让客户出高价？

要创业，先调研。刘栋田先后去上海、深圳、香港等地调研梨果市场，从梨果品种、甜度、包装、价格、需求时间等各个方面进行考察、对比，他看到城市消费群体喜欢的水果，大都外形好看、甜度较高、包装精美，并且一年四季可以长期消费。回乡后，刘栋田引导种梨户选择优质品种，从种植源头抓起，挑选品种、注重品质、筛选分级、讲究包装，最终实现产品增值。销售梨果的一个关键环节在于保鲜存储、延长销售时间。为此，刘栋田想方设法筹措资金建冷库。

2014 年，刘栋田开始在村里建设标准化加工车间和冷库，由于周转资金不足，公司面临停工。2019 年 7 月，经团县委协调，刘栋田申请到“鲁青基准贷”260 万元的低利率贷款，解了燃眉之急。对于像刘栋田这样的乡村青年、青年企业家等重点青年群体，聊城团市委加强了金融、培训和平台三个方面的支持力度，组织实施青年创新创业专项行动，解决创业难题。

“如果没有这么好的政策支持，公司的发展不会这么顺利。”刘栋田说。资金问题解决了，冷库建起来了，公司的存储保鲜能力有了极大的提升。刘栋田从客户的需求出发，依托村里的果品资源优势，搭建起从农户到客户的一体化营销模式，并与很多大型商超（即商业超级市场）建立了合作关系。

随着梨果销量的增长，刘栋田对家乡的梨果更加有信心：“我们冠县果品品相好、质量高，完全能达到出口标准。如果直接出口，可以减少中间销售环节、降低成本，提升果农的收益。”有了这样的想法，刘栋田立即行动，一次次跑海关，终于取得出口贸易资质。

万事开头难，出口资质办好了，可是没有客户、没有订单也是枉然。怎么办?

初生牛犊不怕虎，刘栋田开始了说走就走的寻找客户之旅。耗时一个月，他天天奔波在马来西亚、新加坡、印度尼西亚等东南亚国家的水果市场，了解行情、寻找客户、推销自己。凭着一股冲劲，他联系到了马来西亚的一位水果经销商，对方实力雄厚，同意定购 30 万元的梨果，然而条件苛刻：不付订金，货到付款。

“接，还是不接？”“不接，错过机会？接，会不会被骗？”“如果收到货后，对方拒不付款怎么办？”百般纠结之后，刘栋田咬牙接下订单，心情忐忑地发了货。辗转反侧，备受煎熬，十几天后，客户收到货后表示满意，支付全款。就这样，他有了第一个海外订单、第一个国外客户。后来，基于对果品质量的认可和对刘栋田的信任，公司的订单越来越多。

▲刘栋田与国外客户洽谈生意

图片来源 / 刘栋田

如今，刘栋田的公司拥有果蔬包装车间 2000 平方米、保鲜冷库 1500 吨、出口备案果园 800 亩、种植基地近万亩。果农收入渐丰，亩均效益达到了 6000 元，有的果农亩均收益甚至上万元。广大果农的信心和热情重新被激活。公司还安置了农村劳动力 60 多人。2019 年，刘栋田被共青团山东省委评选为“山东省乡村好青年”。

言及青年创业，刘栋田现身说法：“创业之前，先要考虑清楚自己拥有什么资源。我创业之初，没有其他资源，只是熟悉家乡的梨果，所以就依托本地资源，结合自己的专业和兴趣开始创业。另外，起步之时不要贪大，要脚踏实地、步步为营、稳健发展。国家的乡村振兴战略给农村创造了很好的发展机遇，省派驻冠县乡村振兴服务队工作、生活在乡村，关注、帮助我们，这是之前想都不敢想的事情。村里的青年人太少了，我希望能有更多的青年人回乡发展。”

03 现状与未来

提供优质果源，不断开拓市场

随着“一带一路”倡议的提出，各种国际果蔬展览会吸引了世界各地的客户，刘栋田也积极参加。从 2017 年开始，他参加了中国国际果蔬展览会、香港亚洲国际果蔬展、迪拜果蔬展览会等高端农产品展会。经过他的努力，家乡梨果出口到新加坡、马来西亚、印度尼西亚等东南亚国家以及中东地区。刘栋田也真切地感受到“一带一路”倡议给公司带来的实实在在的便利，他说：“随着‘一带一路’合作国家的增多，中国在国际上的影响力越来越大，中国企业的产品在国外通关时也十分便利。果蔬产品时间性强、保鲜要求高。货箱通关时，海关人员看到来自中国的柜箱，基本上不会出现延时检验、增加抽验等现象。公司的业务做起来就比较顺利。”

谈及未来，刘栋田信心满满：“公司订单越来越多，今年（2019 年）年销售梨 1 万多吨，主要品种有黄金梨、鸭梨、秋月梨、丰水梨等。本地梨果供不应求，我还从河北、山东的其他县收购了一些优质梨果，并建设了更多的冷藏基地。在全国各地考察梨果时，听闻哪里有好梨，我就去哪里考察。我下一步的目标是开拓欧洲市场，希望通过我们公司，家乡梨、中国梨能乘上中欧班列，进入欧洲市场。”

2019 年 11 月的一天，我走进冠县东源农产品有限公司，首先看到的是一辆货车，三四个人站在上面装车，装满纸箱的叉车在一旁等候。再往里走，是冷藏车间、包装车间。刚刚从冷库里拿出来的梨还是冰凉的，30 多名员工正在进行分拣、装箱。包装员工全是附近村镇的妇女，只有负责封箱、搬箱的是男工。

同行有人介绍："从前种梨，每年三四月份种植，八九月份销售，冬季没有事做，男人们外出打工，妇女们闲在家里。现在能在公司里干点活，守着家门就有收入，妇女们都很高兴。现在并不是用工旺季，最忙的时候在秋季，那时，会有 60 多人在这里分装备货。"

介绍完公司的发展情况，刘栋田指着放得整整齐齐的果箱介绍："这边果箱是送去深圳的，那边是送去马来西亚的。今年梨果大丰收，除去公司现有的存储梨果，已经出口 8000 多吨，主要销往东南亚国家……"

天气冷飕飕，场面热火火。角落里一群妇女手里忙活着，嘴里说笑着。这笑声把我从恢宏的国际贸易视角里拉回眼前。与严肃工整的现代化工厂相比，车间里欢乐浓郁的乡土气息提醒我，这里只是中国大地上的一个普通乡村。

▲梨果包装车间里的欢乐场景

可是，就在这个简朴的车间里，在刘栋田的讲解中，中国的“一带一路”倡议和国家乡村振兴战略现于眼前，若非眼见耳听，真的难以想象。中国方案、国家政策、地方青年返乡创业支持政策自上而下产生垂直扩散效应，青年返乡创业者激活本地经济活力。

相关链接

冠县

冠县生态优美、资源丰富，拥有生态湿地、百里林海、万亩梨园、宜人温泉，是全国平原绿化先进县和著名的“鸭梨之乡”“毛白杨之乡”。全县林地面积23.53万亩，林果面积40万亩，其中果树面积16万亩，年产各类果品40万吨。全县灵芝大棚总数1万余个，种植面积超过1万亩，成为全国最大的灵芝种植和贸易基地。

（资料来源：冠县人民政府官网，2023年4月27日）

采访手记
INTERVIEW NOTES

选择的智慧

冠县青年刘栋田，聊城大学毕业后返乡创业，使家乡梨果不仅在国内热销，还在国家“一带一路”倡议政策的支持下出口到东南亚。返乡创业、带动村民共同富裕，这样的创业青年是乡村发展的内生动力。

白天我随刘栋田参观梨园、果蔬包装车间，与他交流，晚上记录，刘栋田的返乡创业故事几乎是一气呵成的。

美国作家巴巴拉·W．塔奇曼（Barbara W. Tuchman）认为，研究的更大目的是要挖掘历史真相，但不要太急于发掘历史发生的原因，要尽其所能去探讨当时的人对那些事件的真实感受。而在写下本文时，我也提醒自己不要急于寻找刘栋田成功的原因，只要记录下他的创业经历以及他返乡创业的成功路径，那么他创业成功的原因自然会浮出水面。

可是当为本文画上句号之后，我仍然觉得意犹未尽。因为与多数创业者相比，他的成功有点“平淡”。刘栋田辞职回乡创业，创办公司，顺风顺水；想做出口贸易，自己闷头出国寻找客户，然后就找到了。虽然创业不易，但他没有跌过跟头。

创业成功是个小概率事件，而他，而立之年，未经波澜，事业已立，怎么想都觉得有点不科学。心有不甘，仿佛画龙，龙形虽成，却少那点睛一笔，直到他回答了一个问题。

看着意气风发的刘栋田，我问：“发展那么好，有没有考虑增加产业链？比如加个流水线、做个梨罐头……”他没有丝毫犹豫地说：“没有。我没有那么多资金，即使资金充足也不会那么做，因为那不符合人们的饮食习惯，现在人们更喜欢吃新鲜水果。”

刘栋田有激情，但不失理性。走了这么远，目标不变，靶心不散。他的“不选择”，令我想起了他的“两个选择”。第一，大学报考专业时，选择外语专业，因为他认为对于家乡的现状，知识比技术更为缺乏。第二，决定辞职返乡创业，他的选择依据是自己的专业和本地梨果，他把自己的事业与当地经济资源紧密相连。越是扎根乡土，越是离远方更近。或许，相比于创业招数，他的选择才是制胜的关键。

前面在“问题与方法”栏目里面，记录的是方法，方法是术，而选择的智慧，是道。没有选择固然痛苦，选择太多亦是艰难。刘栋田这种选择的智慧，细品有味。对于创业者来说，行动之前，或许首先要问问自己：我是谁？我有什么？我能做什么？

人物 22

聊城冠县李新括：梨园养鸡，复式经济体唱响乡村振兴

采访时间：2019 年 12 月

▲李新括

□ 面孔

李新括，冠县鲁燊畜禽养殖专业合作社理事长，2018 年度“山东省乡村好青年”。

李新括，1985 年 12 月生，聊城市冠县店子镇石头村人。中专毕业后，他先后在济南、深圳等地务工；2012 年，回村承包梨园，种植梨树，并经营树下养殖；2013 年，成立了冠县鲁燊畜禽养殖专业合作社；2013 年 11 月申请注册了“百年梨园”品牌商标，专营土鸡养殖。2019 年，冠县鲁燊畜禽养殖专业合作社的年销售额达 3000 万元。

目前，冠县鲁燊畜禽养殖专业合作社主营林下生态健康养殖基地，拥有百年以上老梨园 260 亩，生态放养母鸡存栏 5 万只。

01 选择

回村种树养鸡

2012 年 7 月之前，李新括在深圳从事工程机械租赁工作。他把自己的工程用车连车带司机一起出租，每台车每年能赚 18 万元。这样的工程车，他有 4 辆。有此收入，李新括的日子过得很轻松，然而他并不喜欢这种生活方式，一是思念家中的父母妻儿，二是感觉这种工作没有意义。

2012 年 7 月，听说老家村里要流转梨园土地，李新括从深圳回到家乡，打算承包梨园。家里没有一个人支持他的想法。因为种梨费工费时，若逢梨价低的年头，忙活一年，不仅不赚钱，甚至可能赔钱。村里愿意种梨的人越来越少，外出打工的人越来越多。没有人愿意承包梨园，李新括为什么要反其道而行之呢？

李新括既想承包梨园，也想养鸡。他的创业想法源于 2011 年他在广东请客户吃饭的经历。当时，一只鸡的消费将近 400 元。李新括看到了其中的商业机会，萌生了养鸡的想法。所以在得知村里梨园土地流转这一消息后，李新括不顾家人反对，带着自己在深圳赚到的 80 万元存款回到家乡，承包了 260 亩梨园，既帮助村里解决了梨园闲置无人愿种的问题，也开始了自己的林下养殖创业路。

▲李新括在梨园工作　　图片来源 / 共青团聊城市委

02 问题与方法

品质立身，订单养殖

李新括的创业思路十分清晰：树下养鸡，鸡肥育树，这样能够形成良好的生态循环。梨树下养鸡，复式经济体。听上去十分美好，但实际干起来，有各种“不容易”。

养殖前两年，因为鸡的品种不纯、对鸡的防疫重视不足等问题，李新括交了不少“学费”。2013 年 4 月，李新括购入 5000 只“笨鸡”苗，随着这些“笨鸡”越长越大，才发现鸡的品种不纯，于是将其低价淘汰。吃一堑、长一智，他又亲自采购了 15000 只华北纯苯鸡苗。自己创业，处处用钱。鸡未长大，一分钱收益也没有，可是每天要支出 3000 多元的粮食费用。他在外打拼多年赚到的 80 万元很快消耗殆尽。

为了筹钱，李新括返回深圳低价出售了一台吊车，拿到资金后又投入到养殖上。尽管遇到各种困难，但他并不急于求成，而是稳扎稳打，边干边学边总结。李新括说：“养鸡能坚持下来的人不多，养不活、卖不掉是两大门槛，技术、销售等各个方面都需要考虑周全。”

2013 年，李新括成立冠县鲁燊畜禽养殖专业合作社，并申请注册“百年梨园”品牌商标。创业之初，公司定位于绿色、科学种养。为了科学种植梨树，李新括联系到中国农业大学、山东省农业科学院、聊城大学的专家教授，定期到村给予技术指导，以便科学种植。

水果早上市价格高，有的人为了让鸭梨早上市，就把催熟剂抹在梨蒂上。李新括坚决反对这种做法，他说：“那样做或许一时能卖个高价，却不可能拥有自己的品牌。没有品牌，就只能随市波动，不可能得到长足发展。”李新括坚持绿色生态养殖，不仅自己严把产品质量关，还会把发酵好的鸡粪免费发给合作的养殖户，用于梨树施肥。

2016 年 10 月，李新括到台湾参观学习先进农业经验。台湾的一家养鸡场是零抗生素养殖，给鸡使用的防疫配方是纯中药配方。尽管纯中药配方成本高，李新括还是购买了其产品，用以提升自己养殖鸡的质量。

品质创出品牌，品牌保障质量。拥有自己的品牌之后，订单越来越多，李新括实行“订单式养殖模式”，即根据客户的订单开展养殖。公司不仅自己养殖，还扶持发展周边的小型养殖场，带动邻里共同发展、共同致富。

村里一户 60 多岁的夫妇饲养了李新括交付的 2000 只鸡苗，4 个多月后，交鸡收钱，每只鸡净赚 10 元，两人共赚到了 2 万元，高兴地催问李新括赶紧再上一批鸡苗。

育雏成功后，把鸡苗发放给附近有条件的村民，并教给养殖户养殖技术，统一标准散养，4 个多月后，再按约定价格回收。这种模式使养殖户每养一只鸡就能净赚 10 元钱，无须承担市场价格风险，却有稳定收益。

“4 个多月，一只鸡赚 10 元钱”，依靠这种模式，李新括为村民提供了 30 多个就业岗位，为周边养殖户提供了价值 150 多万元的订单，带动了 246 户农户共同发展。另外，李新括还把外出务工的同学也喊回家乡。在问他如何说服同学回乡时，李新括说：“我只问了他们两个问题：在外打工，每年是不是只能赚到 3 万多元？每年是不是最多回家两次？”在李新括家乡情怀的带动之下，4 名同学返乡和他一起奋斗，每人每年收入 5 万多元，更开心

▲李新括夫妇　　图片来源 / 共青团聊城市委

的是还能陪伴父母家人。

以人为本、可持续发展是鲁燊畜禽养殖专业合作社的宗旨。在为社会提供优质生态农产品的同时，李新括还主动担当，回报社会。搞好生态养殖、承担社会责任是他的目标。对于上门咨询如何养鸡的人，他知无不言、言无不尽。他还给一些有困难的养殖户免费发放鸡苗 2 万余只，然后统一回收，以保证他们能有稳定收益。2018 年，他还捐助 6000 元帮助两名有困难的大学生入学。

谈及青年创业，李新括丝毫不吝分享自己的经验："第一，最好做你感兴趣的事情。有兴趣，才能做得持久、做得好，把事情做好了自然会赚到钱。第二，做事要考虑周全。创业不是简单的事情，方方面面都要考虑到，才能做好。"

03 现状与未来

现代化养殖，高质量发展

李新括与附近村民共生共养共发展的经营模式也得到了政府机构的关注和支持。时任冠县团县委书记石鑫介绍："了解到李新括公司在发展过程中遇到了资金难题，我们通过'鲁青基准贷'为他争取到 100 万元的优惠贷款。"潍坊青州和聊城冠县的东西协作项目也看好李新括的经营模式，投入了 110 万的资金支持。资金支持助力合作社的高质量发展，李新括将资金投入到建设标准化育雏舍和购买产蛋箱中。

育雏舍和产蛋箱是李新括心心念念的项目，他说："2017 年，我购买了 1 万只小鸡，在长到第 5 个月时，正处于产蛋期的鸡却陆续死掉，随着 9000 多只鸡的死去，60 多万元也打了水漂。建好这个标准化育雏舍，按时做好疫苗注射，鸡苗的成活率会大大提高。把这样育出的脱温鸡苗发给合作户，即使是没有养过土鸡的人也可以放心饲养。正在安装的国内最先进的自动化产蛋箱，能够让产出的土鸡蛋更干净，品质更稳定，还能节省员工的劳动时间。”

2019 年 12 月，4 栋标准化育舍即将建成投用，年产土鸡苗可达 70 余万只，营业额将突破 3500 万元。天猫品牌店“百年梨园”也即将上线。此外，在县、乡政府的支持下，李新括百年梨园 20 多亩的农家乐正在修建之中……

▲在建的现代化鸡育舍

乡野之间，百年梨园，空间叠加，林下绿色养殖复式经济体模式显现，与附近村民的合作养殖模式正在加强。在乡村振兴的时代背景下，在返乡创业青年李新括的带动下，共生共养共发展的乡村经济共同体悄然形成。

在这方土地上，还会如何发展？未来，我们一起期待。

采访手记
INTERVIEW NOTES

记录调查笔记，探寻青年成长路径

石头村里、百年梨园间，我和李新括边走边聊，同行朋友在梨园观光桥上一边参观，一边随手拍下了我们的交流场景。

作为一个好奇的人，明知创业青年个性不同、经历不同，却妄图找到创业者的发展脉络，能给后来者一点儿小提醒。

闲聊中，我得知李新括经历丰富。在返乡创业前，他有四段完全不搭边的务工经历：中专毕业后，李新括先在村里的轴承厂工作，后去济南圣都食品厂，再回冠县销售手机，2008 年去了深圳，2012 年回村创业。若不注意，只是觉得过往经历丰富，可是细想，是不是“草蛇灰线，伏脉千里”？济南圣都食品厂的工作让李新括看到了肉食品的需求量强劲；深圳请客户吃饭的经历让他看见了利润点，激发了他的创业想法。

经历是另外一种启动资金，当有那么一刻，几个点重合形成灵光一闪，也许就会开启一段新的征程。而更重要的是李新括把握住了这个时代给予的创业机会，敢于付诸行动。在创业中，创新加努力，一点点叠加，形成了自己独特的创业模式和发展路径，这才有了今天的李新括。

▲梨园

有趣的是，当准备离开时，我碰见李新括的一双儿女正在追猫。猫窜娃跑、鸡飞狗跳，好不热闹。李新括的妻子从屋里探出身来，喊了一声："慢点跑，小心磕着……"李新括瞥了一眼，微微一笑，眼里满是爱意。美丽乡村，美好生活，不就是眼前的画面吗？

遗憾的是我去时是冬季，未能见到满园梨花如雪。听说每年 4 月 3 日，当地政府会举办冠县梨花节（Guan-County Ewha Festival）。梨园入口处有小饭桌，方便游客就餐。4 月，是最佳赏花季。梨树下面，坐个马扎，仰头看梨花满园白如雪，低头掀锅盖尝跑山鸡炖小蘑菇，想想，甚美。

人物 23

聊城阳谷薛景霞：
离京返乡养羊，规模养殖带动村民共同致富

采访时间：2019 年 12 月

▲薛景霞

□ 面孔

薛景霞，阳谷鸿运牧业有限公司总经理，2018 年度“山东省乡村好青年”。

薛景霞，1988 年 6 月生，聊城市阳谷县高庙王镇前薛村人。2012 年 7 月，他毕业于北京邮电大学企业管理专业，留京工作；2013 年 6 月，辞职回乡，创办阳谷鸿运牧业有限公司，开始了养羊育种之路；2014 年 7 月，创办阳谷县鲁西黑头羊养殖合作社，采取“合作社 + 基地 + 农户”模式，带动周边百姓共同致富。

目前，阳谷鸿运牧业有限公司从存栏 200 只羊的小型养殖场起步，发展成为年出栏 5000 余只羊的大型生态养殖场。

01 选择

离京回乡

是留在北京工作，还是回乡创业？面前有这两条路，你会怎么选？我们来看看薛景霞的选择。

2012 年 9 月，北京邮电大学毕业后，薛景霞留京工作，就职单位是一家国际展览公司。公司地处北京 CBD，出入白领，光鲜亮丽，同学们都很羡慕。然而，一年后，薛景霞辞去工作，要返乡养羊。

一边是北京工作，一边是乡村创业，多少年轻人都想挤入城市，薛景霞却要反向选择，逆流回村。反差太大，大学同学对他的选择百思不得其解。回到家乡，村里有人说：“这孩子在北京混不下去了吧？”薛景霞只是笑笑。

前薛村养羊已有 100 多年历史。村中养殖户不少，基本上都是传统的养殖方式，个体农户养上几只糊口营生。而薛景霞看好这个项目，要做规模养殖。

2013 年 11 月，薛景霞购入 1200 只小羊羔，准备育肥后销售。谁知饲料配比不精，卫生防疫不懂，正常养殖 3 个多月小羊就能出栏，而薛景霞饲养的小羊养殖 5 个月才出栏，出栏周期长，成本自然就高。辛苦付出 5 个月，没有收入，还倒赔 40 万。理想美好，但现实残酷。首批养殖给了薛景霞当头一棒，看着空荡荡的厂房，薛景霞想“要不不干了吧”，可是又不甘心。若要从头再来，又该怎么办？

02 问题与方法

科学养殖

2019 年 11 月的一天，我走进薛景霞的养殖场。一地肥羊，黑头白身，膘厚体肥，身躯如桶，十分温顺。一只小羊崽从栏里跑了出来，它并不怕人，任由我们把它抱起来。薛景霞看着它，脸上满是笑容：“看样子，它有点饿了。我们这里养殖的品种是鲁西黑头羊，经过连续 4 代选育后，黑头羊的遗传性能日趋稳定，产仔率高。养殖黑头羊，相对普通羊来说，效益高出接近一倍……”讲起羊来，薛景霞头头是道、滔滔不绝，十分专业。而我心里有一个大大的问号：“从第一次亏损 40 万，到今天发展势头良好，薛景霞是怎么走过来的？”

首次养殖亏损，虽然给了薛景霞当头一棒，但也打醒了他。思来想去，他认为自己输在养殖技术不精上，于是他到山东省农业科学院畜牧兽医研究所登门求教，并“赖”在研究所里不走了。

每天清晨 5 点多，薛景霞跟着所里的技术人员去喂羊、清扫，跟着学做防疫，一干就是 3 个月。他边干边学，看书求教，逐步掌握了饲料配方以及养殖、防疫等关键技术。研究所里喂养的鲁西黑头羊，当时还处于科研选育阶段，因为看好鲁西黑头羊的市场前景，薛景霞将其引入自己的农场，开始养殖。

2014 年 5 月，薛景霞购入 200 只鲁西黑头羊，进行养殖、育种。当时没有招到技术人员，育种、防疫等专业技术工作都要自己动手。特别是做育种工作时，十分辛苦。每天夜半零点起床喂一次，凌晨 5 点再喂一次，下午 4 点还要再喂一次……虽然很辛苦，但依靠新品种、科学养殖、精心饲养，公司出厂的羊肉品质上乘，得到了消费者的认可，一炮打响。

科学养殖使薛景霞的养殖场脱颖而出。2014 年，他承担高效特色畜牧

▲户外养殖场

▲室内养殖场

业项目；2017—2018 年，他又承担了“粮改饲”项目，获得“牧草创新团队”称号。养殖场还荣获“国家级标准化示范场”“畜牧业科技试验示范基地”“农业产业化市重点龙头企业”等荣誉。

养殖场步入稳步发展期后，薛景霞心生一念，想带动周边村邻，尤其是经济较困难的家庭共同发展、共同致富。他的初心很好：免费向较困难的家庭发放基础母羊，并提供配种、防疫等技术支持，再以高于市场价的价格回收所产羊羔。这样，只要跟着公司养殖，养殖户便不用承担什么风险，就能获得收益。

薛景霞挨家挨户送羊上门。谁料，他人还没到家，就听说送出的羊不是被卖掉换钱，就是被杀掉吃肉了，其中一只母羊肚子里还剖出了 3 只成形的小羊羔。原本是特意挑了大肚母羊送给养殖户，只为让他们能快速见到收益，激发他们的致富动力，万万没想到，收羊者会有如此行为。薛景霞难过地落了泪。

虽然送羊遭遇如此经历，薛景霞却没有放弃带动乡邻共同致富的想法。再度送羊时，他先是谨慎地找到十几户人家，并再三叮嘱，对方答应不会将小羊私自卖掉，而是按照薛景霞的方案进行养殖、统一回收。那十几户，每家领羊三四只。很快他们见到了收益，周边乡邻愿意合作的养殖户也逐渐多了起来。现在养殖场已经拥有 200 多户稳定的合作养殖户。

谈及青年创业，薛景霞百分百地支持：“在北京上学时，同学之间经常交流，10 人中有 8 人想留在北京、上海、广州、深圳，可是我觉得在北京并不幸福。北京生活成本很高，不仅是金钱成本，还有时间成本。我当时租的房子离公司特别远，每天上下班时间就要花费 6 个小时，十分辛苦。而回到村里，能够陪伴父母，还能创出一番事业。第一，创业要选择好行业，注意环保、民生等问题，要符合国家政策。如果不符合国家政策，利润再高也不能做。第二，选择的行业要对社会发展有带动作用，比如解决务工问题、扶贫，这样的事业做起来特别有成就感。”

03 现状与未来

三产融合发展，带动村民共同致富

在阳谷鸿运牧业有限公司院里，每只鲁西黑头羊的耳朵上都有一个小耳标。薛景霞介绍：“这个耳标是它们的‘身份证’。耳标能清晰地记录黑头羊的详细情况，为建立健全数据库、优化改良黑头羊品种奠定基础。我们现在的饲喂技术是‘TMR 全混日粮’技术，全株玉米、干草、精料充分搅拌后饲养，保证每只羊的营养均衡。绿色生态、科学养殖、科学管理是我们在养殖中一贯秉持的原则。”

2014 年 7 月，薛景霞创办阳谷县鲁西黑头羊养殖合作社，采取“合作社 + 基地 + 农户”的经营方式，按照“六统一”模式，携手乡邻共同发展。“六统一”模式是，对于周边传统养殖户，由合作社统一提供鲁西黑头羊、统一饲料、统一防疫、统一技术服务、统一配种、统一保价回收。合作社还给一些养殖户免费分发配种期的母羊，并提供免费配种、防疫、技术支持，再以每斤高于市场价一元钱的价格回收。目前，该合作社已将 1000 余只鲁西黑头母羊免费送给 600 余家养殖户，改善了许多养殖户的生活质量。2019 年，薛景霞被评为“山东省乡村好青年”。

从200只羊起步，发展为现在年出栏5000余只的大型生态养殖场，公司现在每年销售3000多只鲁西黑头羊，年销售额达1100多万元，逐步形成养殖、繁育、销售一体化。

谈及未来，薛景霞心中满怀憧憬："现在公司的发展目标是继续扩大养殖规模、增加存单量。等存单量达到目标数量后，上屠宰分割设备，这样就能三产融合，把公司打造成为集养殖、繁育、屠宰、销售于一体的现代企业。我也会继续利用公司的产业优势，不断扩大养殖合作户，带动周边村民共同致富。"

相关链接

阳谷县

阳谷县地处鲁西平原，黄河北岸，山东省的西部，聊城市南端。东临东阿县，西毗莘县，南与河南省台前县接壤，北接东昌府区，东南隔黄河与东平县相望。成功获评"山东省民营经济高质量发展先进县""农业绿色发展先行县"等荣誉称号，均为全市唯一。

（资料来源：阳谷县人民政府官网，2023年4月10日）

采访手记
INTERVIEW NOTES

青年返乡创业，另外一种可能

任由好奇心驱使，我驱车前往阳谷鸿运牧业有限公司。兜兜转转，若非共青团阳谷县委负责同志指引，想要找到高庙王镇前薛村，怕要费些周折。

天寒地冻，路上听着负责同志讲着本地返乡创业青年的故事。由于他讲方言，有三分之一的话要靠猜测，我似懂非懂地听着。我听不明白，但只觉鲜活生动。

纪录片里，有种主张是，好的创作者要做“墙上的苍蝇”。什么是“墙上的苍蝇”？首先，它不干预现场，不介入被拍摄对象；其次，它本身不带立场，对环境里的任何人都没有偏见，是无差别的观察记录。当他俩用方言聊得不亦乐乎时，我非但没有被忽略之感，反而很享受“墙上的苍蝇”这种状态。

薛景霞很沉稳，有些少年老成。与薛景霞交流时，言及的一件事情令人印象深刻。

几天前，薛景霞的一位大学同学找他借钱。那位同学大学毕业后留京工作，就职于一家软件公司，生活费用与孩子的托儿费用使他经济压力很大，有些入不敷出。如果薛景霞 6 年前没有从北京返乡，会不会也过着相似的生活？而 6 年前，薛景霞一个转身，离开北京、回乡创业，成就了今天的事业。2019 年公司纯利润 400 万元，不仅使他个人经济独立，还带动周围村民脱贫致富，引领个体农户与现代农业发展有机衔接，为乡村振兴贡献了力量。

留京工作，还是创业？都市工作，还是乡村创业？个人特质、地方资源等诸多情况不同，自然不能一尺度量、简单评判。青年人既可以融入都市打拼奋斗，也可以重新审视自己、审视自己家乡的乡土资源。在乡村振兴的时代背景下，乡村生态是否已经在悄然变化？包括关系网络、商业网络、行政网络在内的乡土资源，是不是因为某些条件被激活，因而能够转换为自己创业的“资源”乃至“资本”？

2019 年 12 月的那天，我一个人驾车 4 个多小时、行驶 200 多公里，从太阳升起跑到日落，紧着太阳走，心里有些赶。我在回济南的路上，车轮飞转，思来想去：因城乡之间资源的推拉角力，有多少青年在摇摆，薛景霞的选择虽然是他自己的选择，却为青年们提供了一个方案、一个真实的样本。他的返乡创业经历为我们展示出另外一条道路、另外一种可能，面对工作、生活，还可以怎么选择、还能够怎么应对。若他的经历能给青年们一点启发，我今日的辛苦也是值得的吧。

乡村振兴，战鼓声声催人紧，田野之间，青年归来，乡村还是那个乡村。但乡村还是那个乡村吗？演变正在进行，未来将是怎样的，值得期待！

每一位自主创业、自立利他的青年，都值得被关注、被记录。我用脚步丈量乡村，用文字记录现实，尽可能地贴近土地，接近真实，探寻青年创业路径，为未来保留今天的历史。

人物 24

聊城冠县郭鑫贤：回村种葫芦，打造全国最大单体葫芦基地

采访时间：2020 年 9 月

▲郭鑫贤

□ 面孔

郭鑫贤，山东葫仙工艺品有限公司总经理。

郭鑫贤，1983 年 2 月生，聊城市冠县定远寨镇银郭庄村人。2007 年 7 月，他毕业于江西工艺美术学院美术设计专业；2010 年，就职于济南一家电商培训公司；2012 年 5 月，辞职创业，销售葫芦；2016 年，创立山东葫仙工艺品有限公司；2018 年 10 月，回村创业；2019 年 10 月，创办聊城江葫文化传播有限公司。

目前，葫芦种植基地已经建成，形成了集葫芦种植、加工、销售于一体的完整产业链条。他在各平台开设的网店“葫仙旗舰店”，成为全国葫芦销售最大单体规模产业经营店。2020 年，公司年销售额达 900 余万元。

01 选择

辞职创业，销售葫芦

金秋九月，七转八拐，我进入冠县定远寨镇银郭庄村。

村里处处挂满了葫芦。其中一户大门开着，我进去。狗吠，主人便从里屋迎了出来。

“这些葫芦经过打皮、清洗，正在晾晒。需要晾 20 多天才能入库备用，不能被露水打湿，晚上得盖上塑料布。我 5 年前开始种葫芦，头一年种了 2 亩，今年种了 10 亩，每亩收入大约 8500 元，如果种小麦、玉米，每亩收入八九百元。”讲述的女主人是张霞，今年 37 岁。

“十亩葫芦！卖得了吗？”我问。

张霞笑笑，努努嘴：“有他啊。长好的葫芦，精选之后，达到标准的都被郭鑫贤收购了。”

这时，郭鑫贤走过来。穿着汗衫、凉鞋的郭鑫贤一副“我从山中来，自在又逍遥”的样子。郭鑫贤介绍：“村里种葫芦的，像张霞家这样的有七八户，每户种植 10 亩左右，但产量并不够我卖的，我每年葫芦销量需要

▲葫芦满院

▲仓库一角

二三百亩的种植面积。除了自己种植、本地村民种植，不足的部分，就在全国各地收购。”

我心里有点儿嘀咕：“葫芦销量能有这么多？”跟随郭鑫贤来到公司。我进入厂房，一楼是工作间。一个车间里面，四五个女工正在忙着接单。郭鑫贤介绍：“我们主要从淘宝、京东上销售，接到订单后，基本能当天发货。”二楼是仓库，入眼处满是葫芦。郭鑫贤说：“最小的葫芦 1 元购入，售价 3 元，这种小葫芦一年能销售 50 万个；10 厘米尺寸的，能销售 25 万个；20—30 厘米尺寸的，能销售 70 多万个；40 厘米尺寸的能销售 6000—7000 个。公司每天销售额 2 万多元。”

“有种说法，开公司选项目时首选大市场产品，你为什么会选择葫芦这样的小众产品？”我继续问。

郭鑫贤笑着说：“大学毕业后，我从事过美术设计，当过网店主管，也做过电商培训师。当电商培训师时，培训的对象多是四五十岁的人，他们想在网上卖货，但不会操作，我负责对他们进行技术培训。培训的学生中，很多人通过网络销售产品，销量暴增，我也心生创业念头。自己有技术、懂网络、会营销，别人能够创业成功，我也能行。”

郭鑫贤了解到：有位威海学员销售威海海参，一位临沂学员销售的是临沂面粉。他发现生意兴隆的电商项目多是地方特色产品。郭鑫贤动心起念：“我也要对接家乡资源，找到特色产品，自己当老板。”

经过考察，郭鑫贤了解到老家聊城葫芦种植量大。葫芦本身形状优美，观赏价值高，能够做瓢使用，还可以进行雕刻加工，做成工艺品。因为葫芦谐音“福禄”，有驱灾辟邪、吉祥幸福的寓意，很受人们喜爱。

家乡有资源，自己有技术。2012 年 5 月，郭鑫贤辞职返乡。他和妻子离开济南，回到聊城，开网店，销售葫芦。

02 问题与方法

融入家乡发展，建设手工艺人团队

创业之初，销量不少，却不赚钱。郭鑫贤笑称起步阶段的情形是“赔点小钱，赚个吆喝”。为了冲高销量、得到关注、快速发展，郭鑫贤大量购入葫芦，并以较低价格售出，达到了年销量排名前三的目标。2014 年全网销售第一，但仍然几乎没有利润。

究竟何故？原因之一是货源问题。郭鑫贤收购葫芦是从堂邑、芦庄等地收购，收购价格不低，成本较高。除了货源问题，产品易被模仿，没有特色，也是很重要的一点。

2014 年 5 月，郭鑫贤使用机器进行加工，比如在葫芦上雕刻福字或精美图案等。有些产品，一经推出即成爆款。可是机器制作技术门槛较低，他的原创产品推出之后，马上就被仿制。对此，郭鑫贤无奈地笑笑：“一直被模仿，从未被超越。”

即便如此，郭鑫贤仍一直坚守这个项目，因为对于葫芦、剪纸、木板烙画等传统艺术，他是打心里喜欢。

郭鑫贤积极参加全国各地举办的非物质文化遗产展览会，既推广工艺葫芦，又学习经验技术，开阔眼界。对他来讲，这是事业，也是爱好。

守得云开见日出，直到 2014 年底，公司才开始盈利，净收入 5 万元。有了这笔“巨资”，郭鑫贤立即开始推进早就有的想法：招收手工艺人。因为拥有自己的手工艺人，才能进行私人定制业务。

郭鑫贤介绍：“市场上千篇一律的产品太多，而每位顾客的喜好不同。有了个性化定制，每个产品都是独一无二的。只有个性化定制产品，才能满足顾客个人的审美偏好。最早从给葫芦编制吊缀等配件开始，随着技术提高，我们可以根据顾客要求，进行葫芦雕刻。根据裸葫芦大小、品相不同，还有雕刻工艺不同，价格差别挺大，从 1 元左右到几千元不等。比如‘三庭葫芦’，要求是三点一线。腰细、肚四六分、不偏不正，才是上好品相，能全部达标的极少，一万个葫芦里面挑出一两个也是稀罕。工艺不同，雕刻时间也不同。有的葫芦雕刻时间需要好几个月。目前售出最贵的一个葫芦是 1.7 万元。”

随着葫芦销量的不断攀升，郭鑫贤每年进货款项就需要花费百万余元，而他的创业经历也传到了村人耳里。听闻消息，当时驻村的市派第一书记王浩找到郭鑫贤，邀请他回村创业。

自己种植葫芦，能够降低成本，同时带动乡亲们种植葫芦，公司可以节省进货、房租、人工等成本，村民掌握一技之长，也能共同致富。郭鑫贤有技术、有销路，乡村有资源、有政策，于创业有益、于村民有益，何乐而不为？可是郭鑫贤仍有担心：毕竟村里条件相对落后，有基础的地方创业更容易。

▲手里、眼里都是葫芦的郭鑫贤

王浩书记多次主动登门拜访，不仅说明回村创业的优势和政策，还承诺："我这第一书记在村工作两年，有困难我帮你协调。"

2018 年，郭鑫贤回到老家银郭庄村，建起了 800 平方米的厂房，承包了 30 亩地，种上葫芦，扎下了根。

"创业过程中，会遇到各种问题。王浩书记对我帮助很大。走访时，他还邀请市人大常委会主任、市直有关部门、县委领导、镇委领导来共同调研，一些问题迅速得到解决，比如打井问题、葫芦晾晒问题等。"回望过往，郭鑫贤十分感慨。

葫芦采摘之后，需要及时晾晒，如果晾晒不及时、不彻底，就会发霉变质，无法进行再加工和销售，只能废掉。想发展产业，建设一个葫芦晾晒大棚迫在眉睫，可是需要 36 万元的建设资金，这怎么办？

了解到公司遇到的困难，王浩书记拿着详细的项目可能性报告向省委组织部汇报，并争取到 30 万元党费专项资金，企业自筹 6 万元。有了资金支持，1440 平方米的葫芦晾晒大棚建成了。

大棚产权归属村集体，每年收取 3 万元租赁费。如此一来，既解决了郭鑫贤晾晒场所缺乏的难题，也使银郭庄村历史上第一次有了村集体收入。

我问第一书记王浩："你是怎么发现郭鑫贤的？"

"我是 2016 年担任驻村第一书记，驻村之后，在抓党建的同时挨家挨户地走访村民，了解情况，从村民口中得知本村的郭鑫贤在外创业。我就主动联系郭鑫贤。经多次交流劝说，将其招引回村创业。了解到他急需资金建设葫芦晾晒大棚，我就向上级汇报情况、争取到省委组织部的相关资金，建起大棚，租给企业使用，租金交给村集体，这样也盘活了村集体经济。在郭鑫贤的带动之下，当时村里原有的 9 户贫困户共 22 人全部脱贫，外出务工的青年人开始回流家乡，村子发生很大变化。第一书记的职责之一是带领百姓脱贫致富，帮助村子发展。听村里百姓念叨'还是党的政策好啊，咱们日子越过越好'，所以再苦再累也觉得甜。"

银郭庄村原本是个贫困村，随着郭鑫贤的返乡创业，村集体有了收入，还带动 30 多名农民就业。不用出村，每月就有 3000 多元的收入，就业村民的幸福指数大大提升。尤其让郭鑫贤骄傲的是，在他的带动下，本村 10 名在外务工的青年人回到乡村。这 10 个青年人都是 30 岁出头，其中 4 人自己种植葫芦，其余的在郭鑫贤的公司工作。青年人回流家乡，沉静的村庄里多了许多生气，焕发出勃勃生机。

背靠家乡，有地可种，有人能干，还有好政策支持，郭鑫贤种下葫芦扎下根，利用网络连接世界，通过直播手工制作等形式进行电商销售，在淘宝、天猫、京东开设网店，集葫芦种植、加工、销售于一体的产业链条初步形成。

郭鑫贤说："没有当地镇党委政府的支持，公司不可能有这样的发展。"饮水思源，他把山东葫仙工艺品有限公司注册地设在镇上。如今他的团队已经发展到了 37 人，其中手工、机工人员 15 人，销售运营团队 22 人。

"项目很多，为何只取一瓢？如何选择创业项目？怎样才能练就慧眼？"我好奇地问。

郭鑫贤笑了："我是自己摸索着干出来的。之前做过很多项目。卖过汽车配件用品，质量好，销量多，最后算算还是赔钱，因为我没有一手渠道，所以我的进货价格比其他经销商的价格高，后来，我就选择聊城的地方特色产品，比如冠县灵芝、冠县面条、东阿阿胶等。创业前期，同时经营几个项目，因为资金、精力有限，效果并不好。2014 年，我下决心舍弃其他项目，破釜沉舟专注葫芦。"

言及青年创业，基于自身经历，郭鑫贤坦言："第一，大学生最好先工作，再创业。至少要干满一年再创业，因为创业之前，你要了解公司的经营过程。第二，要持之以恒。不以事小而不做，不以事大而妄做。第三，想开网店，要具备三个条件：资金、货源和技术。你至少要有两样，比如我，虽然缺少资金，但是有货源、有技术，我就能先干起来，资金问题慢慢想办法解决。但是如果三个条件里你缺少两样，就很难创业成功。"

03 现状与未来

打造葫芦民俗文化产业园

小葫芦里有大乾坤。公司发展向好，郭鑫贤开始建设葫芦种植基地，打造葫芦民俗文化产业园。在建设过程中，由于资金不足，项目一度停工。好在当地政府支持，注入 131 万元扶贫资金，解了公司的燃眉之急，同时给村子带来每年 10 万元的扶贫收益。

公司现在的工作重心就是手工制作。公司现有 15 位手艺人，其中有本科学历的 2 人。郭鑫贤说：“我从本地招收手工艺人，通过培训上岗，而我特别希望能够再招些大学生。现在客户需求越来越高，好的产品是需要艺术底蕴的，可是大学生多数还是愿意到城里工作。”

在产品展示间，我遇见手工艺人任国彪。任国彪说：“我今年 23 岁。这个葫芦是我的作品，葫芦制作工艺很多，有浮雕、墨刻、烙画、压花等，这是浮雕制作，立体感比较强。毕业后，我就来这里工作，已经做了 4 年。月薪 4000 元，我挺喜欢这份工作，会一直做下去。”

▲葫芦作品

郭鑫贤坦言："任国彪现在月薪 4000 元，手艺人的价值没有体现出来，其实给他月薪 8000 元比较合适。手工制作挺费时间，有些葫芦得用 30 多天才能完成工艺制作。我希望给他们再大点空间，比如将来能给他们双倍时间完成作品。多做产品，少点商业化、多些艺术性，我期盼公司能有好的发展，等经济状况好点，就能给手工艺人涨工资。"

郭鑫贤公司制作的工艺葫芦画面优美，人物栩栩如生，因其在传统的加工方式上进行了浮雕、黑刻等工艺创作，所以越来越受欢迎。2019 年，公司年销售工艺葫芦 3.5 万个，销售收入达 900 余万元。

2020 年，因疫情袭来，葫芦销量减少 1/3。疫情之前，每天营业额 2.5 万—3.5 万元，疫情后，每天营业额降至 1.5 万—2.5 万元。如此情形，如何应对？

郭鑫贤说："我们练好内功吧。手艺人就是'守'艺人，机器制作使产量倍增，中国的手艺人在减少，但我认为手工艺品是独一无二的、是不可替代的。手工制作产品既有商业价值，也有艺术价值。踏踏实实地创作，多做原创，并且注重创新，我们会在传统的加工方式上进行浮雕、黑刻等技艺创造。像这些工艺葫芦五福临门、柿柿如意，都是我们研究制作的。这个 45 厘米高的葫芦，售价 600 多元。"

总投资 461 万元的产业园，目前已投入 300 多万元，民俗产品直播大厅、葫芦育苗大棚、手工加工民俗区正在建设之中。

葫芦民俗文化产业园项目建成之后，将会依托天猫、京东等电商平台以及各直播平台，形成集葫芦种植、工艺葫芦制作、互联网销售、葫芦文化旅游于一体的成熟产业体系。

说起 2019 年聊城一所学校组织学生前来参观一事，郭鑫贤十分兴奋："两天，来了 600 人！我们村建村以来，从没一次来过这么多人。厕所都不够用了，孩子们就到村民家里上厕所。事后，还有几位家长单独开车带孩子前来参观。组织方兴奋又遗憾：'就是地方太小了，如果地方大一些，我们每年会有 5 万—10 万名学生来参观研学。'"

说起未来，郭鑫贤满是向往："村里种植葫芦 300 亩，葫芦文化观光园占地 10 多亩，葫芦民俗文化观光园建成后，集旅游、研学于一体，届时就能对接文旅资源、学校研学资源，这样便可以带动村里乡亲们增收致富，推进乡村振兴。”

站在冠县定远寨镇银郭庄村自家的葫芦种植区内，郭鑫贤手指一些老屋：“你看这些空闲宅基地和闲置老房，我准备盘活它们、重新修整利用，打造成民俗观光体验区，推进葫芦种植业与葫芦加工产业发展紧密衔接，同时引入聊城传统非遗项目，建设特色民俗村。”

畅想着美好未来，郭鑫贤挠了挠头：“我是越混地方越小，闯荡过北京、青岛、济南，回到聊城创业，现在扎根村里。”嘴上这么说，笑意却从眼角、嘴角漾出。

相关链接

第一书记

选派第一书记驻村帮扶是党中央作出的一项重大决策部署。习近平总书记对此高度重视，多次强调要坚持和完善向重点乡村持续选派驻村第一书记和工作队制度。

第一书记和工作队员主要从省市县机关的优秀干部、年轻干部，国有企业、事业单位优秀人员，以及以往因年龄原因从领导岗位上调整下来、尚未退休的干部中选派，有农村工作经验或涉农方面专业技术特长的优先。

根据全面推进乡村振兴、巩固拓展脱贫攻坚成果任务需要，第一书记和工作队主要做好以下工作：

1. 建强村党组织；

2. 推进强村富民；

3. 提升治理水平；

4. 为民办事服务。

第一书记和工作队要从派驻村实际出发，抓住主要矛盾，细化任务清单，认真抓好落实；找准职责定位，充分发挥支持和帮助作用，与村“两委”共同做好各项工作，切实做到遇事共商、问题共解、责任共担，特别是面对矛盾问题不回避、不退缩，主动上前、担当作为；注意调动村“两委”的积极性、主动性、创造性，做到帮办不代替、到位不越位。

从 2012 年到 2023 年 10 月，山东省已累计选派 5 轮 10 万余名第一书记和工作队员驻村开展帮扶工作，抓党建促提升，投身脱贫攻坚、乡村振兴等各阶段任务。

人物 25

滨州博兴祁国胜：

返乡种瓜，要使家乡成为中国网纹甜瓜第一县

采访时间：2020年4月

▲祁国胜

□ 面孔

祁国胜，博兴县顺丰高效农业开发有限公司经理，滨州市博兴县田丰网纹甜瓜专业合作社理事长，2018年度“山东省乡村好青年”。

祁国胜，1982年3月生，滨州市博兴县庞家镇祁家村人。2004年7月，他毕业于潍坊科技职业学院（现为潍坊科技学院）市场营销专业；2005年，在北京中信银行从事银行类产品销售工作；2010年，在海南从事热带水果生意；2013年，回到家乡，开始种植网纹甜瓜；2014年1月，主导成立博兴县田丰网纹甜瓜专业合作社；2016年，在老家庞家镇建起了50多个种植大棚，2016年网纹甜瓜的销售额达1500余万元，并帮助周边农村剩余劳动力100多人实现就业。

目前，博兴县网纹甜瓜种植面积已达1500多亩，2019年，年产值5000多万元。

01 选择

闯荡都市，回乡创业

2020年阳春三月，我走进博兴县田丰网纹甜瓜专业合作社示范基地，看见瓜棚里面的员工正忙着给瓜藤拴绳。祁国胜介绍：“我们种植的是网纹甜瓜。网纹甜瓜是哈密瓜的一个高端品种，源自日本。为了保证瓜品，我们会掐掉其他枝蔓，只留一个，一个藤只结一个瓜。”我环顾大棚，员工大都是女性。祁国胜介绍：“合作社成立后，吸收了周边农村闲置劳动力100余人，员工大都来自本村或邻村。”

眼前繁忙的景象，缘起2013年祁国胜的一次选择。2013年，祁国胜在海南种植、销售网纹甜瓜。由于时令原因，4月时海南网纹甜瓜的种植时间已结束，祁国胜就把种苗带回博兴，给村民试种。结合当地气候，检测、分析土质，后经多次试种、多方科学研判，祁国胜决定回乡创业。

回到家乡，祁国胜成立了田丰网纹甜瓜专业合作社。传统耕作模式下，村民低头耕作，各种各菜，随行就市。而合作社则采用了订单式种植模式。种植之前，合作社和村民先签合同。合作社给种植农户提供免费技术指导，统一提供种苗、统一提供农资、统一技术指导、统一订单回收、统一包装销售。

▲网纹甜瓜

这种定单式种植模式能够降低种植风险，提高种植效益。然而多数农户并不相信，多年来他们已经习惯了种植西红柿、黄瓜、辣椒等家常蔬菜，最后只有十几户愿意加入。

收益是最好的宣传。种植网纹甜瓜的农户，每亩 3 个月的收益比种植其他瓜果蔬菜每亩半年的收入多 1 万元左右。看到效益不错、管理省工，入社农户越来越多。第二年，合作社的种植户由十几户变成了 50 多户，此后逐年递增，如今已有 1000 多农户参与其中。

2016 年，祁国胜又在老家庞家镇建设了 50 多个种植大棚，2016 年网纹甜瓜的销售额达 1500 余万元。

谈起网纹甜瓜，祁国胜滔滔不绝："咱们的网纹甜瓜有三大特色。一是品种优势。这个品种来自台湾，适应力强，抗病性好。二是种植技术优势。经过多年种植，我们技术成熟、经验丰富、要求严格，种植过程中严禁使用膨大剂、速效肥料等，让瓜自然生长、自然成熟，我们的瓜是经过绿色食品认证的瓜。三是管理模式优势。统一采购农资，采购价格低于农户个体采购价；免费提供技术指导，能够提升产量；订单式销售，售价高于农户个体销售。我们的网纹甜瓜已经销售到北京、上海、广州、深圳等大城市，品种好、质量高、价不贵，产品一直供不应求。"

我很好奇："你是一开始就想扎根乡土，深耕农业吗？"祁国胜说："完全不是，我是阴差阳错地选择了农业。2004 年刚从学校毕业之时，我特别向往都市生活，想去大城市找一份体面工作。我初到北京一家银行，从事信用卡销售工作。随着信用卡市场饱和，我辞职去了海南，从事水果销售。最早贩卖水果，是把海南水果销售到北京，而后自己种植。随着订单的增加，规模做大，直到回乡创业，才是真正扎根乡土、深耕农业。决定从都市回到老家农村，我内心也是做了一番思想斗争的。刚开始回到村里，也有人问我：'咋了，北京混不下去了啦？'但我最终还是决定回到家乡。我是农村孩子，内心深处对农业是有情怀的。尤其在家乡，地多、人熟，不仅能成就一番事业，还能带动村邻共同致富。"

眼前的祁国胜，面带微笑，他的经历看似兜兜转转，却又水到渠成，看着他胸有成竹的样子，我心生疑问："你的创业之路是坦途吗？创业成功有何秘诀？"

02 问题与方法

定位清晰，做专做精

创业之初，祁国胜定位十分清晰：种植、销售中高端水果。随着网纹甜瓜销售额的不断增长，他更是坚定了要把网纹甜瓜这一单品做到极致的想法。祁国胜决定种植网纹甜瓜，始于与合作伙伴的一次旅游经历。

2011 年，他和合作伙伴去日本游玩，看到日本的高端网纹甜瓜，人民币 2000 元一个，质优价高，令人瞠目。如何让顾客用中低价格吃到高品质的网纹甜瓜？这成了萦绕在祁国胜脑海里的一个问题。

此后，他开始四处寻找网纹甜瓜种苗。买过日本的种苗，也在农业国际博览会上买过国内各地和其他国家的种子、种苗，结合节气、土壤、价格等各种因素的综合考量，反复试种，进行比较，最终选择了台湾的网纹甜瓜种苗进行种植。选好种苗，然后增加种植面积，提升销量，就这样一步步地设法降低成本，以达到好瓜不贵的目标。

祁国胜十分坦诚：“创业之路并不平坦，从事农业工作尤其不易。”最早在海南做热带水果生意时，祁国胜尝试包地种植。2014 年，因为台风登陆海南，大棚倒塌，损失了 100 多万元。一度想要放弃，但在合作伙伴的鼓励下，他咬牙坚持下来。2019 年 8 月，台风“利奇马”从青岛黄岛沿海登陆。台风过后，三天大雨，河渠水满，棚体受损，园区雨水无法

▲祁国胜介绍，“2019 年台风‘利奇马’过后，瓜棚被淹，积水严重，曾没过这里”

排出，瓜苗全部被淹死。3 个园区，祁国胜损失 80 余万元。

灾后，祁国胜积极自救：种植时令蔬菜，诸如有机菜花、西兰花、甘蓝等作物，用以弥补受灾损失；积极对接农业主管部门申请灾后亏损补贴；加强与农业保险公司的合作，通过参保降低损失。如今，祁国胜有个习惯：每天都看中央电视台的天气预报，经常查看手机上的天气 APP。天气预报随时看，防护工作提前做。这些习惯都是祁国胜历经风雨后得出的经验教训。

言及青年创业，祁国胜热情满满："政府倡导大众创业、万众创新，给青年人创业提供了良好的大环境，但是创业不能盲目。创业之前，一定要走出去，多看多学习，认真考察，多方考虑。既要清楚自己的行业，也要了解自己产业链的上下游等相关情况。选择好行业，考虑好自己能够承受的创业金额，谨慎投资，集中精力、财力于一点，坚持到底，不达目标不罢休。"

创业不易，却非独行，共青团组织的创业青年交流活动给祁国胜留下了深刻印象。祁国胜说："创业青年汇聚一堂，互相交流、互相学习，取长补短，获益匪浅。我很感谢团组织给我们创业者搭建了一个交流平台。比如，有'全国生菜大王'之称的凯盛浩丰农业有限公司董事长马铁民在企业管理和农场管理等方面给予我很多指导，对我帮助很大。"同时，祁国胜说："我这几年一直在农业种植领域摸爬滚打，对瓜果蔬菜都比较熟悉，如果有青年朋友想做这个行业，欢迎来参观、交流。"坦诚相告，不吝分享，彰显"乡村好青年"的责任与担当。

03 现状与未来

要把博兴县种成网纹甜瓜第一县

在自己创业致富的同时，祁国胜也带领乡亲们共同致富。从开始的十几户，到现在辐射带动了周边 1000 多户农户。网纹甜瓜种植范围影响到博兴县内的多个乡镇，还影响到博兴周边的滨城区、广饶县、桓台县等多个区县。在祁国胜的引领下，农户在致富路上稳步前行。

从 2013 年返乡创业至 2019 年，祁国胜稳扎稳打、步步为营，博兴县网纹甜瓜的总种植面积达 1500 亩，2019 年产值 5000 多万元。他主导成立的博兴县田丰网纹甜瓜专业合作社，已有固定职工 30 多人。

2017 年，祁国胜注册了“祁师傅”和“祁鲜生”两个商标，申报了中国绿色食品发展中心认证的绿色食品证书。

“客户第一，诚信至上”，依靠种植瓜果的过硬品质，祈国胜已与多家企业建立了长期的合作关系，还与线上生鲜电商等企业签订了长期供货合同。产品销至北京、上海、广州、深圳等国内 20 多个城市的水果专卖店和高端商超。

由于时令影响，单纯一个种植基地在收获时间上有限制。除了深耕山东、海南，祁国胜带领团队开疆拓土，新增新疆、云南、内蒙古、宁夏四地的种植基地。如今，种植基地分布全国 6 省，在全国总种植面积达 5000 多亩（两季），占全国网纹甜瓜市场 20% 左右的份额。地域组合打破了时令限制，使公司能够全年供应优质、新鲜的精品网纹甜瓜。

在网纹甜瓜种植 6 大基地中，祁国胜最看重老家博兴县。网纹甜瓜种植，冬天在海南，夏天在新疆，其他基地种植产量也比较分散，而博兴基地地理位置独特，一年能够种植两季。春天，可以连续上市 3 个月，秋季能够供应 1 个多月。另外，博兴网纹甜瓜种植时间已有 7 年，县里还有蔬菜大棚

1万亩左右，本县及周边县域大棚连片，发展空间很大。

言及未来，祁国胜目光灼灼：“我们做订单农业，对种植户实行‘五个统一’的种销产业链服务，让种植无风险，收益有保障。农户好好种，我们好好卖，合作社和农户紧密相连，成为利益共同体。我们的定位是做中国高端网纹甜瓜供应商，‘祁师傅’网纹甜瓜主要销往高端商超和中高端连锁水果专卖店。我们的目标是：继续扩大种植规模，使博兴县成为网纹甜瓜第一县。”

相关链接

博兴县

博兴县，位于滨州市东南部，总面积900.7平方公里。

博兴县境内有黄河、小清河、支脉河三大水系，盛产小麦、棉花、大豆、玉米以及林果、蔬菜等多种农副产品，是全国蒲草系列工艺制品的唯一产地、全国草柳编工艺品出口基地，柳编和草编分别入选国家非物质文化遗产名录和山东省非物质文化遗产名录，也是山东省重要的粮棉生产基地和无公害蔬菜生产基地，被命名为“中国草柳编之乡”“中国优质西红柿之乡”。

（资料来源：博兴县人民政府官网，2023年1月2日）

采访手记
INTERVIEW NOTES

解开心结，成为“祁师傅”

交流中，祁国胜说起他心中的一个“结”。

1998 年 2 月，祁国胜只有 16 岁。他因腰受伤，在家休养。通过电视节目，祁国胜了解到高青一家外资企业屠宰加工肉食鸭，效益可观。于是，祁国胜便自行联系企业，改造了父亲的蔬菜大棚，开始养殖肉食鸭。

养殖肉食鸭起初效益不错，受他影响，10 多户村民也开始养鸭。2000 年禽流感暴发，鸭子几乎一夜死光，养殖亏损。养殖本就是随行就市，且因禽流感而亏损，村里并没有人埋怨他。可是此事，祁国胜一直放不下：“这件事是我心中的一个结。2013 年回乡创业时，他利用自己销售渠道的优势，首先和村民签署订单合同，保障村民利益，以此让村民种得放心、种得安心。”

这个“结”，显示的是祁国胜的责任感。订单式种植是经营模式，也是责任担当。祁国胜说自己注册商标“祁师傅”“祁鲜生”，是受到“褚橙”品牌的启发，做农业需要匠人精神。姓氏为标，是在用自己的姓氏为产品作背书，匠人匠心。

祁国胜，走向都市，走回家乡，走成了“祁师傅”，完成了个人的蜕变与成长。

我从未如此期盼：愿有更多乡村好青年走得出去，回得来！

人物 26

滨州博兴贾培晓：返乡创业，带动家乡编织成为亿万产业

采访时间：2020年8月

□ 面孔

贾培晓，目暖家居董事长，博兴县草柳编产业带头人。

贾培晓，1980年6月生，滨州市博兴县锦秋街道湾头村人。1999年7月，他毕业于河南理工大学计算机专业，分配到东营胜利油田孤岛社区工作；2006年，辞职创业，和妻子两人做草编、上淘宝开网店“目暖家居”；2009年，正式注册公司。

2009年，“目暖家居旗舰店”入驻天猫商城，2019年，公司营业额达3000万元。

▲贾培晓

01 选择

屡败屡创，回头要编家乡草

2020 年 8 月的一个周末，我来到博兴县，弯弯转转，进入湾头村一户院内。这是天猫“目暖家居旗舰店”的所在地。院内是两层小楼，既有办公室，又有仓库、打印室等。

进入仓库，库里摆放着许多家居、生活产品，有坐垫、提篮、鞋帽、枕席等产品，材质多是蒲草、柳条，就地取材，村民编制，具有地方特色。

随意拉开一扇屏风，负责人贾培晓介绍：“这种屏风是我们根据客户需要改进的。早期屏风全是草编，改进之后，通透性更好、省工省料。中间部分的图案可由顾客自己挑选或者提供。只要你有图，我们就能做出来，也就是说图案可以私人订制，‘你的屏风你做主’。这个屏风，2019 年‘双十一’那天销售了 6 万多片。6 万多片屏风，10 天左右就能够全部交付。”仓库旁边，打印室的机器一直在响。2019 年，“目暖家居”营业额达 3000 万元。

▲贾培晓介绍产品　　图片来源 / 赵龙

时任锦秋街道便民服务中心主任程纪东介绍：“‘目暖家居’这个企业的成长，也带动了铁架、木架以及纸箱、包装、物流等相关行业的发展，目前湾头村已经形成了一个完整的产业链。因为草柳编产业，我们村不存在‘空心村’现象。湾头村有1700多户5000多人，目前网店经营户已有800多户，辐射周边乡镇村庄2000多户网店店铺，2019年，湾头村网上店铺营业额4.6亿。”

惊叹之余，我心生疑问：草柳编，一个地方特色产品，怎么做成了亿元大产业？更是好奇贾培晓的眼光怎么如此之准？他是怎么想到选择草柳编行业的？贾培晓笑言：“做草柳编实属‘无奈之举’，因为当时刚刚创业失败。”

▲公司产品展示

大学毕业后，原本工作安稳，但贾培晓一心想创业，在他的坚持下，他和妻子孟丽丽双双辞职回到博兴创业，经营鸡胗火锅店。刚刚营业小半年，一场禽流感突然袭来，原本火热的鸡肉市场瞬间转冷，殃及小店，贾培晓只好关门。

此前，贾培晓已经折腾过很多生意了，比如销售图书、农产品等，屡创屡败，屡败屡创，斗志不减。这次火锅店关门，不仅没有盈利，还花光了夫妻两人的全部积蓄7000元。闺女的奶粉钱都成了问题。怎么办？再干点啥？正在苦思冥想之际，贾培晓从电视上看到一个真实的故事，讲的是一位单身妈妈的奋斗经历：丈夫去世，单身妈妈身患绝症，她通过网络销售衣服抚养女儿。贾培晓灵光一闪："村里有草柳编，我何不做做电商！"

湾头村里，"编筐、编柳，家家有"，草柳编手艺几乎家家都会。身边有产品，网上能销售，家乡特色产品和自己学计算机专业的优势能够结合起来，尤其重要的一点是电商创业资金压力较小。灵感突至，贾培晓如获至宝，与别人交流，却被连泼冷水。

彼时，互联网在农村还是新鲜事物。在乡邻眼里，网络基本等同于游戏，大多认为不务正业的小孩才会天天对着电脑。再加上时有报道青少年痴迷网络游戏、父母送去戒网瘾的消息，村民对网络并无好感。父亲更是无法理解："你并不认识人家，就敢把产品发出去。你这边是寄出去了，那钱怎么收？钱能顺着电线回来吗？"发小十分耿直："好马不吃回头草，有本事你往城里闯。"

草柳编是村里祖上传下来的手工艺，是用本地的蒲草、柳条等材料编制成坐垫、篮子等生活用品。在村里人眼里，草柳编只是赚点零钱，补贴家用，没听说谁能靠这个发家致富的！尽管无人看好，贾培晓不为所动，坚持开启了自己的电商之路。谁能想到这位本村小伙，不仅自己致富，还带动全村发展成为"淘宝村"，并且走上联合国讲台分享他的电商成长经历。

这个土生土长的村里娃，是如何把村里手艺做成地方产业的？

02 问题与方法

诚信是基石，创新方行远

灵机一动，说说容易，如何实现，仍然问题重重。贾培晓的应对之道是先干起来再说。

创业之初，网银怎么开通，去银行咨询；网店怎么开，买本书来看。贾培晓从淘宝上买了本《如何在淘宝上开店》，这是他的淘宝第一单。就这样，靠着多问多学，照葫芦画瓢，夫妻两人先把小店开了起来。

2006年秋天，小店初开，无人问津。贾培晓一有时间就去淘宝论坛、博客上面发帖，推广产品。偶有人问，妻子孟丽丽十分耐心地讲解。孟丽丽说："草柳编产品都是纯天然的，我自己很喜欢。介绍我们的产品，即使顾客不买，我也高兴，因为让大家知道这个产品、了解这个行业，就是有意义的事情。"

在贾培晓夫妇看来，经营生意，要讲究诚信。起步阶段，为了攒点销量，没有利润也卖。有了销量，就是积累。随着信誉度的提升、好口碑的积累，顾客越来越多。后来，他才知道在商业运营中有一种打法叫"战略性亏损"，道理相似。

经营过程中，贾培晓头脑灵活，善于创新，根据顾客需求，不断改进产品，上新设备，增加品类。

草柳编产品，随着季节变化，价格起伏较大。贾培晓在淡季也会购入产品，收购之时，他也不因淡季而随意压价，而是按照约定价格收购，重诺守信。贾培晓说："对我来说，淡季收货只是增加库存，影响不大。对于编工来说，这是他们的全部收入，我不愿意看到乡亲们因为积压货物而发愁。"销售旺季，发货期紧时，为及时交货，编工们也会主动加班赶制。

诚信是基石，创新方行远。夫妻两人讲究信誉，以诚待人，用心经营，并且注重创新，订单渐增，人气不断攀升。2009年，贾培晓正式注册公司，推出品牌"目暖家居"。名字是妻子孟丽丽取的，意为"目中恬淡，心中温暖"。

2009年8月，贾培晓买了人生第一辆车，也是村里的第一辆车。之后跟他搭伙干的两个伙伴也相继买车。汽车进进出出，这对乡邻影响很大。榜样、标杆的力量是无穷的，贾培晓的发家致富就是最好的宣传，乡邻开始重新认识网络销售，主动"拥抱"电子商务。

乡邻开始登门求教，希望了解贾培晓的经营之道，而贾培晓总是大方分享。就在我们交流的过程中，一位 50 岁上下的村民敲门而入，直截了当地问：“我网店开了一个多月了，怎么没人买啊？你啥时候去帮我看看啊！”

自己的经营方法告诉乡邻，岂不是在给自己培养竞争对手？面对我的疑问，贾培晓坦言起初他也是这么想的，自己辛辛苦苦摸索着干出来的方法，并不愿意告诉别人。而他的改变始自杭州之行。

贾培晓前往杭州阿里巴巴以及淘宝总部学习，不仅学到了电子商务技术、运营管理知识，更是眼界大开，随之格局也发生了变化：“如果只有我一人发展起来，顶多能把公司做成集团，而做不成产业。做草柳编的人越多越好，大家抱团发展，形成产业，才能越做越大。我很乐意和乡邻一起把草柳编做成产业。”

2006 年，贾培晓开淘宝网店，销售草编制品；2009 年，注册了自己的品牌，进入天猫商城销售；2013 年网上店铺销售额突破 1000 万元；2019 年，销售额达 3000 万元。贾培晓的公司在快速发展。同时，在他的带动、影响下，越来越多的乡亲投身电子商务，当地草柳编产业规模也不断壮大。木制加工、铁器加工、纸箱包装、物流快递等相关行业快速发展，一个完整的产业链条已然形成。

当下，青年创业是个热点。贾培晓大学刚毕业时，少年气盛，心比天高，尝试过好多行业，但都以失败告终，他屡败屡战，仍拥有青年创业的热情，他说：“我不喜欢那种一成不变、一眼看到头的安稳日子。我的想法比较多，不愿被人管。我和妻子同时辞职创业，就是想要破釜沉舟，不逼自己一把，难以成事。”经历过残酷现实的贾培晓也给出忠告：“大学生毕业后，可以先工作几年，历练历练，再去创业。”

创业路上，如何成长，各人有各法。贾培晓善于在与人交流中汲取知识，他坦言：“创业，要多走出去。2013 年下半年，我飞杭州的机票就有 50 多张，出去与各行创业者交流，互相启发，共同成长。我也参加过共青团山东省委组织的活动，和省内优秀的青年企业家一起交流，受益匪浅。在行万里路、与万人谈中，我收获很大。”

企业快速发展，贾培晓也迎来自己的高光时刻。2014 年，他受邀参加阿里纽交所上市敲钟活动。赴美之前，他和其他三位去大使馆面签。没有想到，自己没有通过面签。这事给了贾培晓警醒："面签前夜，我准备好西服，便十分潇洒地出去吃饭了。同行的山西小伙拒绝外出，他一个人闷在房间里准备材料。我们三个人还笑话他，有什么好准备的。第二天的面签结果是我们三个人都没有通过，错过了一次美好经历。这件事提醒我，顺境时不能张狂，要谦虚谨慎、做事认真。"

贾培晓是淘宝上较早的一批电商，是伴随着淘宝的快速发展而成长起来的企业。那么，当下这个阶段，其他青年人还有像他这样能够快速发展的机会吗？

当我说出这个问题时，贾培晓脱口而出："当然有机会！只要细分领域、有创新，就有机会。我们的发展，不仅是靠传承，更重要的是创新。草柳编，这是老祖宗的秘籍，现在你来做这个行业，就看你怎么'练'，就像你练咏春拳，力道看似绵软，实际上能不能打出拳道的冲劲就靠你个人修炼。机会永远有，看你做不做、怎么做！要参透悟透，更要创新！"

03 现状与未来

希望能把草柳编做成百亿产业

贾培晓返乡创业，成就了自己，也带动乡邻发展致富，成为农村淘宝致富的典型人物。2017 年 4 月，贾培晓出席第三届联合国电子商务周，分享自己的农村电商创业经历。2019 年 8 月 30 日，在第七届中国淘宝村高峰论坛上，贾培晓荣获"淘宝村'十年十人'的杰出人物"。

高光背后，愈发繁忙。为了方便工作，贾培晓把运营、美工、客服等部门设在杭州，制作、仓库等仍在老家，他在杭州和老家之间两地奔波。

言及未来怎么走？贾培晓却先讲起了他的童年记忆："草柳编是祖辈传

下来的手艺，姥姥妈妈都会编织，村民常年靠此改善生活。自小我和姥姥感情最好，每天放学，父母下地干活，我就跑去姥姥家。昏暗灯光之下，姥姥弯腰做工的情景深深地印在脑海里。5 天一个交货期，连我们小孩子都知道哪天交货，因为交货就意味着有好吃的。交货之后，姥姥就会拄着拐杖颤颤巍巍地来看我，当然我手里就多了 1 斤油条或两段甘蔗……”

草柳编里有贾培晓童年的美好记忆。编工的经纬之间，织进了对亲人的关爱，对未来的期许，对美好生活的向往。

对于编工，贾培晓十分尊重：“希望编工成为一个光荣的职业。下一步，我想细分领域、加大创新力度，把草柳编做成工艺品、奢侈品，推出具有收藏价值、具有升值空间的草柳编产品，比如手工旅行箱等能够世代相传的产品。我希望通过制作高档编织产品，也能让编工得到更好收益，得到社会尊重。”

公司处于高速发展期，对于未来，贾培晓信心满满：“我们会继续做大产业，让更多人了解草柳编，让更多人使用草柳编。我相信这个产业很有发展前景，希望能够做成百亿产业。”

采访手记
INTERVIEW NOTES

为什么是博兴？博兴做了什么？

与贾培晓交流时，他讲了一件小事：“我第一次去杭州学习是政府提供的机会，不仅学到了电子商务技术、运营管理方法，也提升了眼界、打开了格局，从而激发我不只做企业，而是要做产业的想法。2013 年，我们湾头村成为全国首批‘淘宝村’。没有政府的支持、推动，我们村不可能有今日的发展。”

我想起一则新闻：上半年，博兴成功入围“全国电子商务进农村综合示范县”。了解了贾培晓的成长经历和博兴“淘宝村”的情况，我愈发好奇：生长出贾培晓这样走上联合国讲台的“中国农民”，博兴县做了什么？为什么又是博兴？我们能否从博兴的做法中有所受益？

我一边参观博兴草柳编文化创意产业园，一边听博兴县商务局负责人讲解：“草柳编，是中国传统手工艺品之一，是国家级传统美术类非物质文化遗产，博兴已经形成了草柳编电商产业链。目前，博兴有‘淘宝镇’5个，‘淘宝村’26个。电子商务年交易额近30亿元。博兴电商现有1.3万户、4万人在做，带动从业人员12万人。”

言及“为什么博兴电商发展得这么好”，博兴县商务局负责人介绍，主要是因为县委、县政府高度重视，推出了系列支持政策。政策很多，其中两件“小事”，给我印象最深。

一是为争取“全国电子商务进农村综合示范县”，县委书记亲自参加答辩。想成为示范县，需要先评审。评审会上，只有博兴县是县委书记亲自参加答辩。县委书记参加答辩，不仅能够在“答辩人”一项上加分，更能彰显县委的重视程度。

二是春节过后，博兴县发放了消费券100万元。100万元消费券怎么发放，如何使效益最大化？博兴县的做法是：通过博兴的线上平台“惠买·千乘优品”发放。为吸引更多企业入驻，凡新注册企业，每户奖励1000—3000元不等。年底，政府还会根据销售额度不同，按一定比例给予企业奖励。消费者需要关注平台，成为会员，方可申领消费券，这样也给平台带来人气。同时，政府倡议商家提供优惠折扣，让利于消费者，带动消费。

危机，危中有机。利用这100万元消费券，博兴县吸引企业入驻，吸引消费者关注，带动农产品、商家销售。100万元的消费券，给“千乘优品”平台引流会员253366位，入驻商家增至591家，线上线下交易额达477万。

政府的每一项政策背后，是千万百姓的生计与发展。两件“小事”，随意聊起，雪泥鸿爪之间，博兴态度可窥一二。支持电商发展，用数字说话，用真金白银说话。

看一个人愿意花钱、花时间在哪里，就能看出他最看重什么，人的命运，往往由此分岔。对于政府来讲，愿意花钱、花精力投入之处，是其所看重和想要发展的领域。

没有一个人能够随随便便成功，没有一个‘淘宝村’是单独崛起的。所有河流都有节点和源头，一切繁茂都是历史与当下冲积后的结果，无论是个体、村庄，还是一县一城。期盼能看见更多像贾培晓这样的“中国农民”。

（感谢山东省政府办公厅派驻博兴县“四进”工作组推荐、支持）

相关链接

“淘宝村”

“淘宝村”是指活跃网店数量达到当地家庭户数 10% 以上、电子商务年交易额达到 1000 万元以上的村庄。

阿里研究院对“淘宝村”的认定标准主要包括：

1. 经营场所：在农村地区，以行政村为单元；

2. 销售规模：电子商务年销售额达 1000 万元；

3. 网商规模：本村活跃网店数量达 100 家，或活跃网店数量达到当地家庭户数的 10%。

一个乡镇或街道的“淘宝村”大于或等于 3 个，即为“淘宝镇”。

人物 **27**

菏泽曹县胡春青：博士返乡创业，发展汉服产业

采访时间：2022年1月

▲胡春青

□ 面孔

胡春青，曹县辰霏服饰有限公司总经理，2019年度“山东省乡村好青年”。

胡春青，1986年3月生，菏泽市曹县大集镇胡楼村人。2014年10月，他开始边上学边做电商；2017年1月，返乡创业，创办曹县辰霏服饰有限公司，主营汉服、演出服，同时攻读博士（中科院与大连理工大学共同培养）。

2021年，公司的年销售额达700余万元。

01 选择

博士在读，返乡创业

听闻曹县大集镇有位博士返乡创业，我益发好奇：曹县，吸引力何在？博士为何选择返乡创业？一个镇如何发展成为特色小镇？政府发挥了什么作用？一县一镇能否作为中国乡村振兴的一个样本来解读？个人创业经历、政府支持政策的方法与路径是否可供借鉴？带着这样的问题与思考，我来到曹县，走近返乡创业青年胡春青，希望从他的创业经历里管中窥豹、一探究竟。

2022 年 1 月 3 日，还是元旦假期，我乘坐刚开通的高铁，从济南前往菏泽。菏泽东站下车，坐车 1 小时后，到达“e 裳小镇”。

山东省首批特色小镇 e 裳小镇项目，占地 842 亩，投资 19.8 亿。在这里，镇政府免费提供办公场所给胡春青使用，门口挂着“博士工作室”和“乡村好青年”“小荷电商”的牌子。这间办公室被胡春青用于设计、打版、制作。

▲博士工作室　　图片来源 / 程大超

“听说你是博士？”我问。

“我是中国科学院金属研究所和大连理工大学材料加工专业共同培养的博士。”胡春青回答。

胡春青身穿高领毛衫、羊毛外套，戴着眼镜，文质彬彬。他是大集镇胡楼村里考出来的第一个博士，返乡创业的他，如今成了当地电商发展的代言人。

我们首先参观的是汉服展示厅。胡春青介绍：“这些汉服都是我们曹县本地制作的。”

我问：“怎么不介绍自己公司的产品？”

胡春青说：“我也是曹县汉服协会的会长。对于汉服，有人误解为汉朝的服装，实际上汉服并不是汉朝的服装。汉服的全称是‘汉民族传统服饰’，各个朝代并不一样。染织绣工、配饰体系各有特色，服装里面承载了匠心工艺和艺术美学。这件衣服按照剧组要求定制而成，仿制的是山东博物馆展示的出土文物。”

“多少钱？”

“这件属于高端定制，由我们曹县一家汉服公司制作。这是 2017 年的一个订单，当时售价 3.5 万元。”

出了办公楼，我们走向产业园区的南边楼宇，那里是胡春青公司的所在地。公司租赁了 1 万平方米，包括办公室、车间、仓库、电商直播间、演示厅等。办公室里，3 名女员工使用电脑接单。仓库已经搬迁过来，车间正在装修之中。直播间里，工作人员正在直播销售。随意进入一个直播间，有的正在销售童装，有的正在展示汉服。每个直播间里通常有两人在镜头前面直播。我们进进出出，她们丝毫不受影响，继续讲解和展示汉服。

“直播销售人员收入多少？”

“每月工资六七千元。”

在一个直播间里，胡春青指着一排衣服，随口介绍：“我们现在并不限于汉服、演出服。你穿的这种衣服我们本地也能做。你看，这里有类似的面料、款式。”

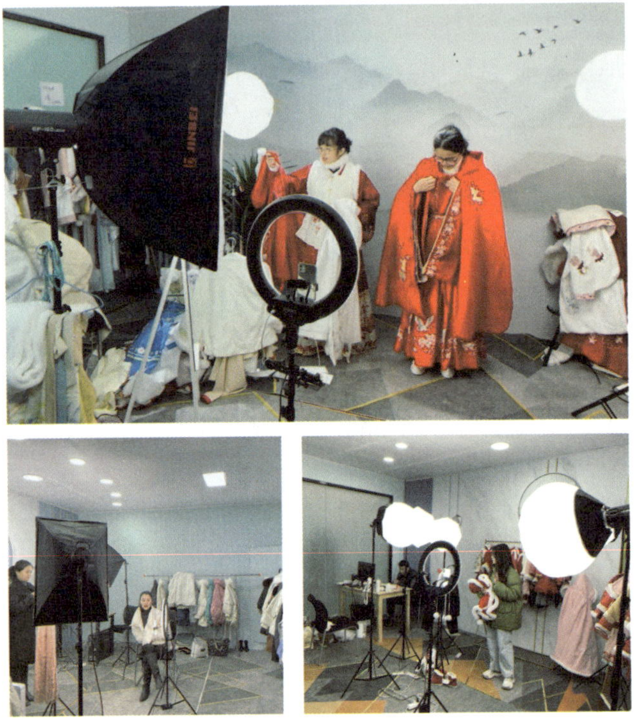

▲直播销售汉服、演出服

从一个又一个直播间里出来，是一个空荡荡的大厅。胡春青介绍：“这里将要装修成展示大厅，可以用作大型汉服直播展示秀。公司现在是边使用边装修，今年（2022 年）能够全部投入使用，届时全产业链小生态基本形成。”天寒地冻，这里却是热火朝天。参观间隙，胡春青还不忘给直播间的工作人员叮嘱几句。

“决定回村是一念之间还是源于慎重思考？”我询问道。

胡春青说：“是否回村，当时还挺纠结。每年春节回家过年都会看到家乡的变化，的确是一年一变样。演出服、汉服产业链条越来越完整，路修得越来越好，村里的好车越来越多，人们的精神面貌也不一样了。”

纠结了几年，胡春青最终还是决定回到家乡。当时村里人的传统观念是：农家子弟，考上博士，自然是要留在城里的。走在村里，有人问：“怎么回来了？”胡春青只言学校放假了。过了“假期时间”，他就躲在家里，网络接单，能不出门就尽量不出门，减少见面机会，因为不想解释。可是随着“山东曹县博士返乡创业投身电商”的新闻报出，这个博士藏不住了。邻居村人多是沾亲带故，并不见外，有人把话说到当面：“电商这活，初中毕业生就能干，念书、上大学有啥用？”而胡春青心中自有主意，他说：“我不会和人争论，争论没有什么意义，做好自己的事就行。创业与读博、做科研有不同也有相通之处。读书就要读到最好，科研需要做到极致，做企业也是同理。我心里十分笃定，我一定会干得不一样。”

02 问题与方法

夫妻联手，原创出头

公司实地走访结束之后，回到设计室。胡春青介绍：“这是我妻子孟晓霞。她是内蒙古人，毕业于内蒙古呼伦贝尔大学美术专业。网络技术、电商销售等方面由我负责，服装设计、技术方面主要由她来管。”夫妻两人，联手创业，堪比黄金搭档。胡春青出去接听电话，我和孟晓霞聊了起来。

▲胡春青和妻子孟晓霞

见她有点不高兴，我问：“出了什么问题？”

孟晓霞说：“裁片没有隔层，面料出现色差，都是我不好。我接的单，是我没和工人交代好，才出现这个结果。”嘴里说着话，手里活不停，像是惩罚自己一般，孟晓霞狠狠地干着活。

“怎么对自己这么苛刻？”

“我们完全是靠自己双手打拼出来的事业，决不允许有半点松懈。”

“听胡春青讲，最早是你先回村的，然后他才回来？”

“是的。我们俩起步之初是做电商销售的。因为春青老家有演出服、汉服产业，当时我们在沈阳。他在读博，我没有工作，在家照看孩子。平时通过网络联系业务，再从家乡采购，进行销售。因为一单 500 套的博士服，拿着订单，我回到大集镇。在这里，从布料、辅料、配饰，到加工、绣花、物流，整个产业链都非常完备。顾客只要提供款式，不用出镇，所有程序都能在五公里之内完成。”

当时沈阳工资两三千元，胡春青尚在读书，孩子想吃菠萝，孟晓霞一次只能买半个。接单之时，孟晓霞计算，这单能赚八九千元，于是满怀信心地回到老家。她联系好制作厂家，定好所有工序，只等交工，可是没想到因为外包加工出现不少问题，比如钉扣、锁眼这样的细节要反复修改，耽误了不少时间。为了不误工期，最后全部顺丰发货。所以这单生意几乎没有利润。然而发货之后，孟晓霞决定留在村里：“这一单我是没赚到钱，可是我掌握了演出服制作的所有程序。我们俩相信，回村打拼，能给我们的小家带来更美好的生活。”

2017 年 1 月，胡春青和妻子孟晓霞回到老家，创办曹县辰霏服饰有限公司，主营演出服等相关制作。起步之时，发展很顺。背靠大集镇，这对高学历夫妻有知识、懂技术，公司发展良好。临近年底，公司加班加点地备足好货，库里有货心不慌，准备美美地过个春节，2020 年乘势再上台阶。

没人能够料到，井喷订单还没等到，2020 年疫情却突然袭来，工作、生活突然被按下暂停键，各种演出活动相继取消。演出服装的销量出现断崖式下降。产品库存积压严重，演出市场解禁无期。封禁之下，何去何从？

逼到绝处，想到出路，孟晓霞与胡春青商量：演出服市场暂停，可否转型生产汉服？

演出服、汉服有相似处，也有不同点。演出服多是一次性使用，面料、工艺要求不是很高，而汉服是日常着装，穿着时间更长，面料、工艺要求更高，市场前景很好，最关键的是汉服不受禁演等因素的影响。

孟晓霞大学时期学的是美术专业，她发挥特长，学习中国传统花纹画法，设计仿制汉服，选用更好的面料，不断提高工艺，边学边干、边干边学，硬生生地闯出一条新路。

开弓没有回头箭，关关难过关关过。说到难处，孟晓霞说："困难永远都有，读书改变命运，奋斗要靠自己。"

我说："创业成功，你功不可没。"

孟晓霞嘴角漾出笑意："我们俩是互相商量、相互支持。我们是大学同学，上大学时我父亲患上肠癌，因为治病，家里一贫如洗。最难的时候学费都是通过奖学金、打工来凑齐的。当时胡春青还拿出他的生活费来帮助我。"患难见真情，创业情更坚，夫妻联手，背靠大集镇完整的产业链，公司发展迅速。

尤其令胡春青感激的是，他在起步之初得到了很多帮助。他说："当时大集镇党委书记李涛看到我们返乡创业，就把我作为典型加以扶持，帮助减免房租、降低贷款利率。在我们创业起步之处，团市委主动联系我们，通过'鲁青担保贷''鲁青基准贷'等项目发放低息贴息贷款 300 万元，帮助我们解决了资金难题。2020 年 6 月 23 日举办的'菏青好物江湖'直播活动中，团市委通过'小荷电商'直播销售汉服。"

随着企业发展向好，用工不断增加，也带动周边村民就业。公司员工有 30 多人，设计、销售 5 人，电商直播团队 15 人，公司订单还带动了周边十几家工厂，为四五百人提供了工作机会。胡春青还与曹县职业教育中等专业学校进行校企联合，培养电子商务人才。胡春青这样的高学历返乡创业者，在被家乡吸引改变人生轨迹的同时，也为家乡发展注入新的发展动力，成为乡村振兴的内生动力。

言及青年创业，胡春青和孟晓霞两人观点一致：支持青年创业，但避免盲目创业。孟晓霞坦诚相告：“第一，创业不是一拍脑袋就上手，而是先要打好基础、做好储备。我做第一单 500 套博士服时，有人笑我：‘大学生有什么了不起？不也是和我们干一样的活儿。’跟单跑了每一道工序、做了每一道工序，我知道俯下身来做的点滴小事，都是在为创业做准备。第二，创业不易，不能轻言放弃。每个阶段都有每个阶段的难处。有困难是正常的，想办法解决就是了。第三，善于学习、钻研，才能不断进步，成功应对外部的不确定性，跟上时代发展的步伐。”

03 现状与未来

做好电商直播，弘扬汉服文化

每年的“六一”儿童节，孩子们都盛装登台庆祝自己的节日。全国 70% 的表演服来自大集镇。大集镇，生产的表演服、汉服、校服、工装、舞蹈鞋等产品远销全国及海外。大集镇上的人自己开玩笑说，镇上的快递点比垃圾桶都多。

大集镇党委书记李涛给出一个数据：2019 年，大集镇年销售收入 70 亿；2020 年，受疫情影响，年销售收入 40 多亿；2021 年，表演服市场火爆，“汉服热”的兴起，年销售收入超过了 100 亿。

看到此处的朋友，“六一”时不妨注意一下：身边小朋友的盛装行头，是不是来自大集镇？

“那么每年 5 月是不是你们一年中最忙的时期？”我问道。

“从前是。现在全年都忙，因为汉服订单越来越多了。”胡春青回答。

的确，近几年汉服越来越受到追捧。节庆之时常有女孩身着汉服到景区打卡，人美景艳。“我在济南的街头经常看到身着汉服的小女生，汉服客户是不是十几岁的女孩？”我问。

胡春青说：“汉服早期客户年龄段主要是18—25岁，现在客户的年龄段是在18—50岁，当然还是年轻人居多。每个时代的年轻人都有表达自己的方式和特点。随着中国经济的迅猛发展，中国人民文化自信明显增强，汉服国潮的兴起就是一种外在表现，服装是一种文化载体。”

“直播间见到的红色斗篷110元一件，设计室的汉服成本则需六七千元。为何价格差距如此之大？”

孟晓霞说：“红色斗篷是批量生产，这些汉服是单款定制，面料高级。单款定制，自然价格就高，高级定制价格过万也是正常的。希望公司能够稳健发展，我也能腾出精力多做原创设计，打响自己的品牌。”

而胡春青则忙于电商。从2021年3月开始，胡春青把大部分精力投入电商直播。公司的直播销售团队现已有15人。

胡春青说：“我先从网上学习直播销售，还去浙江实地参观，研究透了之后，再指导电商团队。直播销售之初，我每天从上午8点盯到晚上12点。通过直播，汉服销售额增加了30%。”

“公司凝聚着我很多感情，有对家乡的情感和汉服的情感。没有家乡的产业链基础，我们不可能创业成功。随着电商的发展，我也在变化。农村十里八乡都是亲戚。2009年镇上有几个村民在做影视道具，那时还是全国各地寻找客户，然后线上销售。2010年，我表哥开始从事电商，当时他告诉我，我还不敢相信，仍是按部就班地读书、工作。2014年，学习、工作之余，网上开店、小打小闹地联系订单，当年就有盈利。企业发展得好，是因为站在父老乡亲的肩膀之上。家乡产业发展好了，每个曹县人都受益。”胡春青个人的经历里面展示了大集镇的发展历程。

十几年前的胡春青怎能想到有一天自己会成为曹县汉服协会会长？如今，他把汉服当成文化来看、当成事业来做：“中华民族历史悠久，服装文化尤其讲究。制作精品汉服、推广汉服文化，彰显对国家历史与文化的尊重，这是很有意义的事情。”

“现在公司主营汉服？”

“公司现在 80% 的订单是汉服。曹县汉服品牌很多，能够满足不同层次的消费。行业协会也发挥了作用，大家抱团发展。参加上海进博会、深圳文博会时，我不仅代表自己的企业，更是代表曹县几百家汉服生产企业，我希望把我们曹县汉服做成地方区域品牌。”

“就像章丘大葱、乳山牡蛎、莱芜姜这样的国家地理标志品牌？”

“是的，希望把曹县汉服做成区域特色，然后推向全国、走向世界。”

曹县一行，走访创业青年，看见一枝一叶的生长，听到一县一镇的奔腾。

采访手记

INTERVIEW NOTES

采访完胡春青的创业故事，绕到舞台背后，听听大集镇党委书记李涛讲讲小镇作为、曹县电子商务服务中心主任张龙飞介绍曹县支持电商发展的政策招法，期盼能有更多小镇崛起，县域经济形成规模。

对话人 1：大集镇党委书记李涛

从胡春青的个体创业故事可以看到“大集模式”。在大集镇，村民创业一路向前，政府护航全面助攻，企业经营市场，政府创造环境，成就一个红红火火的中国乡村振兴样本。

大集镇 32 个行政村全部都是淘宝村。镇上从演出服、汉服、舞蹈鞋的加工、销售，拓展到布匹、辅料、CAD 打版、绣花、印花、美工设计、淘宝摄影、快递物流等各个环节，产业链条完整，形成了“互联网 + 演出服、汉服、农副产品”等多品类发展的“大集模式”。

目前镇上有大型绣花厂 200 多家，印花厂 150 多家，布匹批发商 160 家，快递公司 27 家，年销售额在百万元以上的企业有 1000 家，布匹销售

▲对话人：大集镇党委书记李涛

企业年销售额上亿的有 10 多家。全镇有 80% 的村民从事演出服、汉服加工及上下游行业。另外，全镇拥有网店近 1.8 万家，表演服饰公司 3000 余家。

李涛说："很多地方的农村出现空心化，劳动力外出，宅基地等很多资源闲置，而这种现象在大集镇是不存在的。大集镇没有留守儿童，因为我们的劳动力不会外出，现在都是人才回流，不仅是本地人回归，还有江浙地区的人来此开设布料店。"

李书记提出大集镇电商发展经历的三个阶段。

第一，淘宝村 1.0 模式阶段。

2009—2013 年，村民自发创业、开设网店。

20 世纪 90 年代初，大集镇丁楼村部分村民创作、制造影楼布景和摄影服装，整体特点是零散加工、家庭作坊，销售方式主要是在城市设点，肩挑人扛，上门推销，因此发展比较缓慢。

2009 年，淘宝网渗透到了鲁西南乡村。丁楼村村民任庆生、周爱华夫妇在朋友的介绍下在淘宝网上开店，并卖出了第一单影楼服饰。这使得多年加工销售服装的丁楼村找到了新的发展方向。在外务工的年轻人纷纷回乡，利用网店销售摄影服饰和表演服饰，电商无中生有、自由生长。

第二，淘宝村 2.0 模式阶段。

2013—2017 年，大集镇人民政府成为全镇淘宝化的主要推动力。

大集镇党委、政府开始引导、推动电商产业发展。首先，人才招引。逢年过节时，招人抢人季。只要有外出打工的年轻人回乡探亲，镇政府就会给他们递来一封信——《致返乡青年的一封信》。信上说："在外东奔西跑，不如回家淘宝。"其次，资金扶持。比如从 2013 年起，镇政府帮助网商免费注册公司，所用费用全部由政府买单。镇政府成立了电商办，免费进行电商技能培训。再次，基础设施方面。政府对"路、电、网"等基础设施进行完善，实现道路“户户通”，安装了照明路灯，光纤全部入户，增设变压器，提供良好的外部环境。规划淘宝一条街、建设淘宝辅料市场两处，建设电商产业园一处，布局“前店后厂”模式。最后，规划产业园区，助推企业产业升级。2015 年，镇政府规划出 500 亩淘宝产业园区，帮助 45 家规模较大的企业做产业升级。

第三，淘宝村 3.0 模式阶段。

2018 年至今，政府投资，打造汉服产业孵化园。

山东省首批特色小镇曹县大集 e 裳小镇项目，占地 842 亩，投资 19.8 亿元。大集镇想要把它做成汉服服装产业的孵化园。镇政府吸引汉服产业相关的优秀企业、优质资源入驻，举办各种展会，旨在把大集镇变成中国汉服产业集群镇。

随着项目落地，从 2019 年以来，镇上先后投资 1000 万元提升桑万路和淘宝村基础设施建设。引进物流公司，降低物流成本，27 家物流快递公司驻镇设点。整合物流公司，入驻 e 裳小镇新建成的 4 万平方米县级电商物流配送中心，使快递物流价格和济南、郑州等省会城市持平。

自产业发展以来，吸引了 7000 多名外出务工人员返乡创业，其中大学生 700 多名。下一步，还要通过与有关院校合作，引进外地高等院校的大学生来大集实习或就业，解决电商人才不足的实际困难。

对话人 2：曹县电子商务服务中心主任张龙飞

近年来，随着电子商务的蓬勃发展，5 万多名年轻人返乡创业就业，胡春青和孟晓霞是其中的代表人物。人才回流，集聚成势。目前，曹县电商企业发展到 5500 余家，网店 6.6 万余个，直接带动 35 万人创业就业。农村电商的发展，已经成为推动乡村振兴的重要力量。曹县每 5 个村就有一个淘宝村，每 5 个人里就有 1 人从事电商。

这个数字惊人，现象背后，曹县政府做了什么？

第一，成立机构，部门联动。曹县人民政府率先在全市成立县政府直属正科级一类事业单位——曹县电子商务服务中心，负责全县电子商务发展的规划制定和组织实施。同时成立县电商工作领导小组，书记、县长任双组长，与电商相关的30个职能部门任成员。各镇街成立电商办，定期召开会议，研究电商发展，解决相关问题，服务电商企业。

▲对话人：曹县电子商务服务中心主任张龙飞

第二，出台政策文件。曹县人民政府出台各种相关政策，进一步健全了农村电商政策支撑体系。

第三，顶层设计。曹县人民政府聘请商务部、中国社会科学院、中国人民大学、浙江大学、南京大学等全国科研院所和著名高校的电商专家学者成立了“曹县电商发展专家咨询委员会”，在顶层设计上为曹县电商发展出谋划策，促进曹县电商企业转型升级、做大做强。

第四，金融支持。为打破传统贷款流程长、时间久的困局，2018年12月，曹县人民政府与浙江网商银行签署《“数字化普惠金融项目”战略合作协议》，真正实现了“三分钟申请、一秒钟到账、零人工干预”的速度。

第五，考核监督。曹县人民政府将电商工作发展列入全县经济社会发展规划和年度工作任务，将电商村镇培育同招商引资、大项目建设一样，纳入全县考核，对各镇街进行排名，奖优罚劣，催生内生动力。

第六，电商人才培养方面。为了吸引、培育更多人才，县里出台各种政策措施，同时依托全国33处县级返乡创业服务站和10个招才引智工作站，“招、引、培、挖”电商人才。

后记

通过此书，看见什么?

写完此书，一张张鲜活的笑脸、一帧帧真实的画面仍然在眼前萦绕。这本书，写了青年创新创业，写了青年成长成才，写了家风民风，也写了乡村振兴，从第一篇文章至今，已过去了近 4 年。完成此书，于我而言，如同是又读了一次研究生。通过调研记录，我收获了什么？我看见了什么？

一、见时代

写作的初心缘于一段工作经历。2018 年 9 月，中共山东省委组织部开展“千名干部下基层”工作，为期两年。我被单位派出，参加乡村振兴工作。

记得 2018 年 9 月 27 日，我们乡村振兴工作队一行 10 人，从济南出发，赶到聊城，参加了聊城市的对接会议。下午赶到冠县，参加了县里的对接会议，然后赶到烟庄街道办事处，与街道领导、村支书开展对接工作会议。

从省里到市里、到县里、到街道，一天三场会，会会同主题，相同又不同。马不停蹄地走下来，给我一种感觉：仿佛随着我们一路走下来，政策思路一线通下来。

人在乡村，走在街头，少见青年。见不到青年的乡村，希望何在？我问自己：乡村振兴的内生动力是什么？返乡创业青年发展如何？由此，我开始调研走访返乡创业青年。从冠县乡村开始，到聊城乡村，再到全省 16 市的各个村庄。

多年以后，有关乡村振兴时代的记忆是什么？乡村振兴时代主题宏大，我的记录没有宏大视角，只是贴着中国乡村肌理行走，走访返乡创业青年。

这些返乡创业青年，他们的公司厂房建在乡村驻地，很多车间工人来自周边四里八村。青年走出乡村、学习提升，他们回到乡村、开启创业，他们连接城乡资源、打通循环，在自我发展的同时振兴乡村，也在振兴乡村之中得到更好的发展。他们向下扎根、向阳生长，他们把事业融入家乡发展，他们改变了家乡，家乡厚土也滋养了他们。他们是中国经济的“毛细血管”，他们值得“被看见”。

返乡创业青年周广胜说：“木雕手艺，家族传承了300年。”我问：“为什么祖上都是手艺人，而你不仅是传承了手艺，还成了创业者？”他说：“因为我赶上了好时代，产业化是其中的重要因素。父亲经历过啃树皮、嚼树叶、吃地瓜干儿的挨饿时代，他比我更加努力，他勤勤恳恳地干了一辈子，但是生活水平只能达到温饱，没有做产业的环境。有了互联网的发展，我才可能通过淘宝、京东等电商把产品销往全国、销往海外。”

这个时代，危机与商机并存。一个个普通个体能够崛起的时代，才是一个好的时代；一个好的时代，只要个人努力，即便普通，也会随着时代潮水不断向前。很多个人加起来，便是“时代”。

当济泰高速通车后，我自驾前往新泰调研，刚修好的济泰高速一路畅通，还有地图软件引路，我一天完成两人采访并且当日返回济南。一个路痴女子能够高效完成采访，这也是时代给予的红利。

这本书的完成，是命运的馈赠，是时代机遇的造就。见时代，看见伟大，方知自己渺小。之所以能够做成一些事情，因为我们都共同乘坐在中国的“高速列车”之上。

二、见青年

百年大变局交织演变，科技变量一路狂飙。多少事翻云覆雨，多少物烟消云散，多少高楼起，多少楼塌了……世界如同拼图，一切都在重构。努力，不一定成功；但不努力，一定不会成功。创业的不确定因素很多，而创业青年选择躬身入局绝不放弃。

创业青年宋楠说：“不少农业企业要靠补贴才能发展，而我要自己生长。

做，就要做到最好。我要种出高品质苹果，比肩世界一流品牌。”青年自立自强、敢想敢干，我亲眼所见！

创业青年祁国胜学生时代养过鸭子，感觉效益不错，便联合10多户村民一起养鸭。可是因为禽流感袭来，养殖全面亏损，没人怪他，他却十分自责。返乡创业之时，祁国胜和村民签署了订单合同。他说：“16岁时的养鸭经历我一直心存歉意。当有销售渠道时，我选择订单农业，带动乡邻共同致富，也解开了我的心结。”心有责任感，肩可挑万担。何谓青年担当，我亲眼所见！

创业青年刘超从上海国企辞职，返乡创业。她说：“我们农场工资不少、空气还好，青年可以来村里赚钱、回城里花啊。”何谓青年开风气之先，我亲眼所见！

创业青年蒋世波手拎装有锦鲤的袋子送给客户，双手冻僵勒麻却不放下，他说：“我不能放下手里的锦鲤，那是我的梦想。”眼里有光，那是热爱和坚持。我亲眼所见！

创业青年王倩大学学的是护理专业，即将出国之时，父亲查出患有胃癌，她放下一切，精心照顾父亲。父亲去世后，她毅然选择回乡创业，完成父亲生前遗愿。她说：“放弃专业，我不后悔，我把大学所学知识都用在我爹身上了，值得！”中国人骨子里的孝道与坚强，我亲眼所见！

创业青年袁奇军说：“采茶时间，用工量大。不少稍微年长的村民也来。年长者做工慢，可是我们仍然同工同酬，还给购买保险。父亲经常念叨：他们要来，定有原因，只要想来，咱们就收。”何谓好的家风民风，我亲眼所见！

创业青年穆峰说：“我读初中时父亲去世，生活贫困，高中毕业就参加工作，后来选择创业。我想只有我才能改变家庭的命运，真就是赤手空拳一路摸爬滚打着闯过来的。”贫困乡村娃依靠自我奋斗、创业成功，向阳生长、向前奔跑，成为企业家。我亲眼所见！

奋斗创造幸福，创业成就梦想。站在此刻，回望来路，他们大多经历了外出求学、工作，然后转身回乡创业。城市的虹吸效应令人惊艳，而他们选择回到家乡，蹚出路子、成就事业，同时改变家乡样貌，带动村民共同致富。左转，还是右拐？向前，还是转身？一个又一个选择决定了人生的走向，命运的分水岭由此开启。先走一步、先行先试，从来都是机遇与挑战共存。创业者过关斩将，一步步把理想变为现实。流水争先，靠的是绵绵不绝。

创业成功是小概率事件。青年创业，从来不缺激情热血，青年创业，理性地无畏、科学地作为尤为重要。本书特意记录了创业者应对问题的解决方法。如果这些创业成功者的成长路径、应对方法能被看见、被参考，善莫大焉。

三、见自己

整理此书、完成此书，用了近 4 年的时间，地理跨度山东省 16 市。乡村振兴时代，我在现场。两年乡村振兴工作之后，回到济南，我继续利用周末时间实地走访返乡创业青年。起初亲友并不支持："你为什么要做这件事？为什么要采访记录返乡创业青年？"

文字如同一点微光，我的初心就是让光打在创业青年身上，因为他们值得被看见。这本书，是我正心正念、用笨功夫完成的作业。需要克服惰性阻力才能完成的调研走访，反而让我更加清楚地看见自己对文字的热爱。

完成此书后，我感觉自己就像展翅飞出的鸟儿，深入乡村腹地了解真实情况，而读者朋友们可以通过我的眼睛，看见青年返乡创业的场景。不知道你看见了什么？哪些事情于你有益？

写书就是在极有价值和毫无意义之间摇摆，很多时间我都在自我怀疑、甚至想要放弃，好在创业者的精彩给我信心。他们的选择、应对问题的智慧里面既有创业宝典，也有路径招法，他们的成长经历不仅对创业者、想要创业者有借鉴参考意义，也适合每位读者朋友了解借鉴。有的方法，是交了百万学费得到的经验，而他们如同师兄师姐一样毫不藏私、坦诚相告，供创业者和想要创业的青年参考借鉴。谢谢创业者们的真诚！

幸好有山东省委党校新动能研究院副院长王景强的指引鼓励。王教授的治学严谨、写作态度影响着我，让我不敢有丝毫懈怠。幸好有大众网财经部主任周海升、副主任孔秀对乡村振兴、对青年返乡创业专题的关注，给予了返乡创业者展示平台，也增强了我的写作信心。幸好有山东人民出版社马洁主任对选题的认可提升、吕卫卫编辑的耐心专业，才有了这本书。谢谢指点鼓励我的亲人师友！幸好有你们！

致敬每一位为了自己梦想和所爱之人奋斗拼搏的人。祝每位创业者、每个有梦想的人都能与自己的时代狭路相逢，终不被埋没。让我们互相激荡、彼此点燃。愿你心里有火、眼里有光、脚下有路。

指针嘀嗒嘀嗒，时光转瞬即逝，好在有文字，瞬间定格，便是永恒。见字如面，我们隔空相伴，一起观复，一路同行。今日冬至，一阳初动处，万物未生时。从此白日逐日增长，各种态势力量向阳生长。

李　妍

2023 年 12 月 22 日